KB070574

다시 보는 역사의 현장

공산정권은 왜 붕괴했나

나남
nanam

나남신서 1839

다시 보는 역사의 현장
공산정권은 왜 붕괴했나

2015년 11월 20일 발행
2016년 12월 10일 4쇄

지은이 • 崔孟浩
발행자 • 趙相浩
발행처 • (주) 나남
주소 • 10881 경기도 파주시 회동길 193
전화 • (031) 955-4601 (代)
FAX • (031) 955-4555
등록 • 제 1-71호 (1979. 5. 12)
홈페이지 • http://www. nanam. net
전자우편 • post@nanam. net

ISBN • 978-89-300-8839-8
ISBN • 978-89-300-8655-4 (세트)

나남신서 1839

다시 보는 역사의 현장

공산정권은 왜 붕괴했나

최맹호 지음

흔히 '기자는 역사의 공저자 共著者'라고 부른다. 나는 1989년부터 5년간 소련과 동유럽 공산정권이 도미노처럼 붕괴하고 독일이 재통일되는 엄청난 역사의 현장을 온몸으로 체험했다. 기자로서 역사의 현장을 직접 보고 기록하는 대단한 행운을 누린 것이다.

오스트리아의 빈과 독일의 베를린에서 상주常駐특파원으로 활동하면서 세계사적 변화를 취재하는 일이 개인적으로는 힘들기도 했지만 의미 있는 일이었다. 갑자기 맡아 미처 준비하지 못한 상태에서 벌어지는 격동의 연속이라 공부해가면서 일을 해야 하는 어려움도 있었다. 외교관계가 없었고 내왕來往도 극히 드물었던 공산권은 우리 국민에게는 전인미답前人未踏과 같아 보고 듣는 모든 것이 기사의 재료였다. 그런 상태에서 벌어지는 민주화 혁명을 독자에게 바르게 알리기 위한 노력을 게을리 하지 않으려고 했다.

20세기 후반기에 일어난 세기의 격변을 취재하게 된 계기도 우연이었다. 1988년 4월 제13대 국회의원 선거를 취재하고 파리 특파원으로 내정되어 그해 6월부터 한국외대에서 프랑스어를 공부했다. 그해 8월에 열린 서울올림픽 취재팀에도 편성되어 체조취재를 담당했다. 한참 프랑스어를 공부하던 1988년 12월 초순, 동유럽 출장명령이 떨어졌다. 회사의 취재지시는 명령이다.

"어디어디를 가야 하죠?"

"헝가리부터 시작해서 동유럽 공산국가를 돌아보게…. 입국은 자네가 현지에서 추진해 보게."

"다른 나라는 국교가 없어 비자를 받을 수 있을지도 모르겠는데…."

"그것도 현장에서 부딪혀보게."

좀 막막한 생각이 들었다. 그러나 훗날 격변의 현장을 뛰면서 거듭 감탄했던 것은 공산권의 변화를 감지하고 나를 현지에 보낸 남시욱 당시 편집국장과 선배들의 혜안이었다. 현장에 가서야 느꼈던 변화의 미풍이 반년 만에 메가톤급 태풍으로 발달했기 때문이었다.

1988년 서울올림픽이 끝나고 막 외교관계를 수립하기로 한 헝가리를 제외하고는 동유럽 국가를 드나든 한국 사람은 국제회의 참석자 등 극소수였다. 비자를 받는 방법을 구구하게 알아볼 길도 없어 우선 헝가리의 부다페스트로 갔다. 기획성 해외취재는 귀국해서 느긋하게 여유를 갖고 기사를 쓰는 것이 관행이어서 일단 취재만 했다. 그러던 어느 날 새벽 3시경, 문명호 국제부장으로부터 전화가 왔다. 서울 시간은 오전 8시경. 당시의 〈동아일보〉는 석간신문이라 오전 편집회의를 앞둔 무렵이었다.

"혹 현지에서 부를 만한 기삿거리가 있어?"

마침 전날 오후 헝가리 공산당의 개혁주도 핵심인물인 레조 니에르스(Rezso Nyers) 정무장관과 인터뷰했기에 그 내용을 보고했다. 부장의 입이 귀에까지 걸린 느낌이 느껴졌다. 전화가 목소리의 기계음만 전하는 것이 아니라 감정과 미소까지 전달할 수 있다는 걸 그때 처음 알았다.

"당장 기사를 부를 수 있나?"

30분 후에 서울에서 호텔로 전화를 걸어달라고 했다. 기사를 정리할 시간도 필요했고 외국인이어서 전화요금이 엄청 비쌌기 때문이기도 했다. 호텔교환은 부다페스트에서 서울로 30분 통화하면 요금이 무려 3백 달러 이상일 것이라고 말했다.

전화로 기사를 부르고 눈을 붙였다 깨어나 본사로 전화를 걸어 현지시각으로 꼭 두새벽에 기사를 송고했어야 하는 이유를 물어봤다. 대답은 이랬다.

그날 아침 경쟁지가 동유럽 담당특파원을 부다페스트에 파견한다는 회사방침을 알리는 사고社告를 실었다. 이 내용을 본 회사는 신문 1면에 〈동아일보〉는 이미 순회특파원을 현지에 파견했다'는 내용의 사고를 얼굴사진과 함께 싣고 니에르스 정무장관의 인터뷰 기사를 보도했다. 언론사 간에 일종의 기氣 싸움이었다. 출장자가 한순간에 순회특파원이 된 셈이다.

동유럽 담당 순회특파원으로 발령이 난 상황이라 헝가리만 취재하고 귀국할 수는 없었다. 폴란드와 체코슬로바키아의 입국비자를 거부당하고 유고슬라비아 연방공화국의 베오그라드를 비자 없이 무작정 들어갔다가 공항에서 입국허가가 날 때까지 8시간을 억류당했던 일, 기차로 베오그라드에서 북부 슬로베니아 공화국의 수도 류블랴나까지 종단하면서 그곳 사람들의 삶의 애환을 들었던 기억도 새롭다. 이 출장이 결국은 소련과 동유럽 전체를 취재지역으로 하는 특파원 생활의 시발始發이 됐다.

이 책은 늦은 보고서이다. 특파원을 마치고 귀국하면 책을 내려고 준비했다. 본사에 보낸 기사와 소화하지 못한 취재자료와 뒷이야기를 CD에 담고 가방에 넣어 이삿짐에 실었다.

서울에 온 이삿짐 컨테이너를 여는 순간 도둑맞았다는 직감이 들었다. 짐이 마구 헝클어져 있었다. 느낌대로 CD를 담은 가방과 오디오 기기가 없어졌다. 새 가방에 넣었는데 도둑은 아마 값나가는 물건이 들었다고 생각한 모양이었다.

그나마 가지고 온 취재노트와 자료가 이 책을 쓰게 된 바탕이었다. 취재현장에서 기록한 것이기에 글씨가 엉망이었다. 신문 스크랩을 찾아 해당 기사를 보면서 취재수첩의 내용을 확인하는 과정을 거쳤다. 암호를 푸는 작업도 이런 것일까 싶었다. 기사와 취재수첩을 바탕으로 현지 신문과 잡지의 스크랩, 연구소와 관련 기관에서 나온 각종 자료와 보고서를 참고했다.

취재자료 등을 모두 CD에 담았기에 버리고 온 자료도 수두룩했다. 그래서 주장이나 발언, 분석과 해석, 통계자료를 쓰면서도 출처를 상세히 나타내지 못한 점, 인터뷰 등 취재하면서 기록한 인명의 누락에 대해 독자에게 양해를 구한다. 적잖은 내용이 〈동아일보〉에 보도된 것이기도 하지만 보도되지 않은 기사와 취재 뒷이야기도 함께 실었다. 현장을 본 사람만이 가질 수 있는 소중한 경험이다.

내용이 충실하지 않을 수도 있다. 한 나라의 변화가 단순히 공산주의를 벗어나기 위한 정치 · 경제 체제의 변화뿐만 아니라 정치 · 경제 · 사회 · 문화 · 민족적 특성까지 포함해 특파원 한 사람만의 시각으로 상황을 파악하는 데 한계가 있기 때문이다. 예를 들어 1991년 8월 구蕭소련 공산주의 보수파의 쿠데타 때 미국의 CNN은 무려 120여 명의 인력을 투입했다. 방송은 그렇다 하더라도 일본의 주요 신문사는 회사별로 10명 안팎을, 미국의 〈뉴욕 타임스〉(The New York Times), 런던의 〈더 타임스〉(The Times), 독일의 주요 신문은 8~10명을 투입했다. 여기에다 현지 프리랜서를 서너 명씩 운용했다.

반면 한국 언론사는 대부분 한 회사당 한 명이었다. 취재원에 대한 접근과 콘텐츠에서 엄청난 질적 차이가 날 수밖에 없다. 그래도 나름으로는 현장과 현상에 충실하기 위해 많은 노력을 기울였다고 자부한다.

민주정권이 들어선 이후 쏟아져 나온 수많은 증언과 기록을 보면 내가 쓴 기사와 취재노트의 내용이 너무나 얄팍하다는 점도 부인할 수 없다. 이 글을 쓰는 데 참고하려 옛날 기사를 들여다보면 단편적 취재, 치우친 내용, 부정확하거나 부실한 콘텐츠가 눈에 띈다. 신념과 확신에 찬 공산주의 사상을 가진 사람들을 만나는 일도 쉽지 않았다. 도매금으로 매도되는 상황에서 그들 스스로 나서지도 않았지만 설령 만난다 해도 나는 대화를 나눌 정도의 깊은 지식을 갖추지 못했다. 부족하고 부끄럽게 느껴지는 대목이다. 직접 가보지 못한 현장이 많은 것도 아쉬움으로 남는다.

뒤늦게라도 책을 내는 이유는 소련과 동유럽의 민주화, 독일의 재통일로 대표되는 역사의 격변 현장을 취재하면서 느낀 점을 기록해두는 것이 내게 부여된 사명使命이라는 생각에서이며 민주화 이전과 변화 당시의 모습을 남겨두기 위함이다. 나라별로 어떤 변화가 어떻게 진행됐고 왜 공산국가들이 붕괴될 수밖에 없었는지 그 이유도 보고 들은 대로 기록해둘 필요가 있다고 판단했다. 작게는 나 개인의 기록이지만 동유럽 전체와 소련의 공산정권이 붕괴하는 역사의 현장을 전부 목격한 우리나라 유일한 기자의 체험이므로 나름으로 가치가 있다고 보기 때문이다.

1989년 4월부터 1년 동안은 출장의 연속이었다. 어떤 때는 공항에서 출장가방을 바꿔 현장을 찾아간 경우도 있었다. 가방 안에는 늘 출장기간에 아침식사용으로 베개만 한 빵과 잼, 과일, 햄, 톱으로 자른 비누조각이 들었다. 빈 특파원 3년 동안 14번이나 소련으로 출장을 갔고 동유럽 모든 나라에 최소한 2차례 이상 갔다. 회사의 많은 선후배는 지금도 내가 모스크바 특파원이었던 걸로 기억한다.

이 책을 쓸 수 있었던 배경에는 특파원 시절에 아내 이명숙과 두 아들의 고생이 많았다는 점도 기록해두고 싶다. 알파벳도 배우지 않았던 두 아들은 현지 학교인 분데스 김나지움(인문계 공립학교)에 입학하면서 영어와 독일어를 동시에 공부해야 했다. 아이들에게 쌓인 스트레스가 이만저만이 아니었다.

동유럽과 서울 간의 통신수단이 여의치 않았던 당시 빈의 집은 중간 연락처였다. 내가 빈을 떠나 다른 나라에 출장을 가면 아내는 내가 전화로 부르는 기사를 받아 적어 서울로 보내고 팩스를 받아 본사로 재전송하는 등 조수역할을 해야 했다. 내가 현장을 뛰는 동안 집안일과 아이들 교육은 고스란히 아내의 몫이었다.

막상 빈을 떠날 준비를 하면서 뭔가 허전했다. 잃어버린 추억을 찾는 사람처럼 곰곰이 생각해도 떠오르지 않았다. 가족이 먼저 떠나던 날 아침에야 아쉬움의 원인을 찾았다. 3년 동안 빈에 머무르며 가족사진 한 장 찍지 못했다는 사실이 떠올라 아연실색했다. 공항으로 나가는 길에 여기저기 들러 추억사진을 찍는 바보 같은 짓도 했다.

같은 시기에 〈동아일보〉 런던 특파원이었던 고故 남중구 선배에게 감사드린다. 남 선배도 통신 오지에서 후배가 부르는 기사를 받아 적어 본사로 중계하는 뒷바라지를 하느라 자주 밤잠을 설쳐야 했다.

20세기 말 격동, 격변기에 동유럽 현장에서 취재한 내용을 정리한 이 책이 공산정권의 실상과 오늘날 동유럽을 이해하는 데 도움이 된다면 저자로서는 큰 기쁨이 되겠다.

2015년 8월 15일 광복 70주년에 탈고脫稿하며

최 맹 호

나남신서 1839

다시 보는 역사의 현장
공산정권은 왜 붕괴했나

차 례

12

프롤로그

유럽 출장 중에 현지에서 순회특파원으로 발령받고 부임 준비차 서
둘러 귀국했다. 마음은 급했으나 자료와 정보는 부족했다. 그래도
힘에 닿는 한 관련 책자와 정부기관에서 출간한 국가별 보고서를 챙
겨봤다. 회사에서는 "순회특파원이 서울에 있으면 어떻게 하느냐?"
며 출국을 종용했다. 아이들 학기문제도 있고 무엇보다 활동근거지
를 어디로 잡아야 할지 결정하지 못했다.

그러던 차에 1989년 2월 우여곡절 끝에 소련[1] 입국비자를 받고 〈동
아일보〉 김병관 회장을 모시고 모스크바로 갔다. 냉전 이후 〈동아일
보〉의 공식적인 취재기자로서는 처음이었다. 당시 김 회장은 발행인
이었고 볼쇼이발레단을 초청하기 위해 〈동아일보〉에서 문화사업을 관
장하는 사업국장이 동행했다.

모스크바 일정을 끝내고 레닌그라드(Leningrad, 상트페테르부르크의

---

1 소련은 연방국가로 '소비에트 사회주의 공화국 연방'의 줄임말이다. 연방을 구성한 공화국
은 러시아를 포함해 15개. 레닌이 주도한 볼셰비키 혁명이 끝난 1922년부터 연방이 해체된
1991년 12월 25일까지 존속했던 나라이다. 이 글에서는 문맥과 당시의 상황에 따라 '소련',
'소비에트 연방', '구(舊) 소련', '소연방' 등 다양하게 사용했다.

전 이름)를 거쳐 핀란드의 수도 헬싱키(Helsinki)로 나오니 사람 사는 세상 같았다. 레닌그라드 시가지 곳곳에 붙었던 '공산주의 만세!', '마르크스레닌주의 만세!'라는 구호가 음산하게 느껴졌기 때문이었다.

거기서 또 한 번 놀랐다. 회장 지시는 이랬다.

"최 특파원, 이곳에서 헤어집시다. 자네는 회사에 들어오지 말고 특파원 업무를 수행하시게!"

회사의 명령이었다.

임지任地를 찾기 위해 프랑크푸르트(Frankfurt), 부다페스트, 취리히(Zürich), 베를린(Berlin) 등을 둘러봤다. 마침 오스트리아의 수도 빈(Wien)에서 열리는 동서유럽의 군비감축 회의를 취재하면서 동유럽 취재의 최적지로 이곳을 선택했다. 중립국인 데다가 동유럽 각국의 이민자도 많았고 교류가 활발해 정보의 흐름이 비교적 원활했다. 또 빈에 상주하는 외국특파원이 2백여 명이나 되었다.

어떻게 취재할까? 걱정과 중압감이 느껴졌다.

동유럽은 폴란드의 발트(Balt)해에서부터 유고슬라비아 연방공화국과 알바니아 공화국의 발칸(Balkan) 반도에 이르기까지 8개국이었고 소련은 공산주의 종주국이었다. 나라마다 민족과 문화가 달랐다. 정치·경제 체제는 스탈린식 공산 체제의 강제화로 틀은 같지만 사정은 나라마다 달랐다. 경제 역시 코메콘이라는 공동체에 묶였지만 나라마다 큰 차이가 있었다.

더구나 당시 소련은 미하일 고르바초프 서기장이 개혁·개방 정책을 추진하면서 그 영향이 동유럽 각국에도 미쳤다. 마르크스레닌주의의 핵심, 그 이념에 따라 생겨난 공산국가의 어두운 현실과 원인,

소련이 주도하는 바르샤바 조약기구라는 집단안보체제와 경제연합체인 코메콘이라는 기구의 특성과 부작용 등 현장에 가기 전에 먼저 이해해야 할 내용이 태산 같았다. 나부터 먼저 알아야 독자에게 변화의 배경과 이유, 전망을 충실하게 전달할 수 있기 때문이다.

무엇보다 공산권의 전체적 흐름과 나라별 현황을 파악하는 것이 급했다. 빈의 소련 및 동유럽연구소 연구원들로부터 많은 조언을 들었고 이런저런 자료도 얻었다.

추천받은 책을 우편으로 주문해 당시로서는 가장 최신 서적인 즈비그뉴 브레진스키(Zbigniew Brzezinski)가 쓴 《대실패: 20세기 공산주의의 출현과 종말》(*The Grand Failure: The Birth and Death of Communism in the Twentieth Century*, 1989)과 1980년대 중반 뉴욕지사에 근무하면서 구입했던 아르카디 세브첸코(Arkady Shevchenko)의 *Breaking with Moscow*(1985)와 데이비드 쉬플러(David K. Shipler)의 *Russia: Broken Idols, Solemn Dreams*(1983)도 참고했다.

세브첸코는 소련의 고위 외교관으로 1970년대 유엔 사무차장으로 근무하다 1978년 뉴욕에서 미국으로 망명해 전 세계 외교가에 충격을 주었던 인물이다. 그는 저서에서 추악한 권력 이면과 공포정치, 삶의 의욕을 꺾는 이념의 문제를 적나라하게 지적했다. 쉬플러는 1970년대 후반 〈뉴욕 타임스〉(*The New York Times*) 모스크바 특파원을 지낸 경험을 책으로 엮었는데 공산주의 세계의 어둡고 소름끼치는 분위기와 절망적인 삶의 모습을 다루었다.

또 빈 주재 〈아사히신문〉朝日新聞 특파원과 교토통신 특파원의 조언도 들었다. 〈아사히신문〉은 빈과 바르샤바(Warszawa)에 특파원을 두고 체코슬로바키아와 헝가리에는 현지인을 보조원으로 운용했다. 교토통신도 빈의 사무실에만 3명의 현지보조원의 도움을 받았다. 그 정도라면 특파원도 해볼 만하겠다는 부러움이 들었다.

그들의 조언은 동유럽 담당기자를 많이 사귈 것, 로이터 뉴스서비스를 받을 것, 동유럽 뉴스가 많은 독일계 신문을 정독할 것, 가능한 나라별 현지보조원을 운영할 것, 한 달에 한 번 이상 현지를 방문할 것, 한국과는 외교관계가 없기 때문에 현지 반체제 인사 접촉은 허가받기 전에는 피할 것 등이었다.

한편으로는 언제든지 비자를 받기 위해 빈 주재 각국 대사관의 문화 또는 공보담당자와도 안면을 터 두었다.

1989년 하반기는 정말 격변의 시기였다. 폴란드와 헝가리의 정치개혁이 본격화되고(1989. 2~8), 동유럽 국가에 휴가 중이던 동독인의 대탈출이 발생하며(1989. 9), 나라마다 민주화 요구 시위가 불붙기 시작했다.

특히, 동독 시위가 격화되면서 베를린장벽이 무너졌다(1989. 11. 9). 동독은 소련의 안보를 지켜주는 최일선으로 소련의 첨단군사력이 대규모로 배치된 곳이었다.

장벽이 무너진 다음 날 불가리아의 토도르 지프코프(Todor Zhivkov) 서기장이 축출되고(11. 10), 그로부터 일주일 뒤에 시작된 체코슬로바키아의 민주화 혁명이 성공적으로 이루어졌다(1989. 11).

뒤이어 루마니아의 38년간 1인 독재정권이 민주화 시위를 시작한 지 불과 일주일 만에 무너졌고(12. 22), 그날 체포된 차우셰스쿠(Nicolae Ceausescu) 대통령 부부는 크리스마스에 사형선고를 받고 바로 처형(12. 25)됐다. 이런 일련의 급작스러운 사태를 감당하느라 눈코 뜰 새 없이 바빴다.

이듬해 독일통일이 마무리되고(1990. 10. 3) 동유럽 국가들은 제2차 세계대전 후 처음으로 시행하는 자유선거를 통해 민주주의 새 정부를 구성하고 개방과 자율, 경쟁을 바탕으로 하는 경제·사회 체제 구축에 들어갔다.

소련에서는 이념과 강제로 묶여있던 연방국가의 각 구성공화국이 모스크바의 통제가 이완된 기회를 이용해 분리독립을 추구하기 시작한 것도 이때였다.

공산정권 종말의 하이라이트는 1991년 8월에 발생한 소련 보수파의 쿠데타였다. 정통 공산주의 체제로 돌아가려는 쿠데타가 3일 만에 실패하며 1991년이 저무는 12월, 74년 동안 무소불위無所不爲의 권력을 행사하던 공산당의 권력독점이 무너지면서 CCCP(Союз Советских Социалистических Республик: 소비에트 사회주의 공화국 연방, 영어식 표현은 USSR)라는 이름도 역사 속으로 사라졌다.

공산정권이 무너졌다고 해서 하루아침에 민주적 정부가 작동될 수는 없었다. 45년에 걸친 공산주의 이념이 어느 날 갑자기 민주적 가치를 지닌 시민사회로 변화될 수도 없었다. 그곳 국민은 복종과 순응이 최선의 생존방법이었는데 갑자기 다가온 자율에 혼란스러워했다. 순응이라는 가치를 버리고 경쟁과 창의, 노력이라는 시장경제 체제에 적응하기도 힘들어했다.

빈 특파원으로 있던 3년 동안 이 모든 현장을 누비며 변화의 온도를 온몸으로 겪었다. 동유럽 공산정권이 모두 무너진 후 베를린으로 임지를 옮겼다. 베를린에 있던 장행훈 선배가 모스크바 특파원으로 이동하면서 내가 그 자리를 이어받아 2년 동안 근무했다. 통일된 지

이미 1년이 지난 시점이라 내적內的 통합이 한창 진행 중이었다. 나도 훗날 우리나라가 통일될 경우 남북한 간의 통합이 중요할 것으로 생각해 분야별 내적 통합을 들여다보려고 노력했다.

지금은 누구든지 이들 나라의 구석구석을 아무런 제약 없이 여행할 수 있다. 어디를 가도 교통이 편리하고 잠자리와 식사에 불편이 없으며 어느 시골에서도 서울을 비롯한 전 세계 어디든 통화가 가능할 것이다. 그러나 1990년 무렵엔 이 책에서 기술하는 바와 같이 참으로 불편했고 생필품이 부족했다.

통신사정도 열악해 출장지에서 서울로 전화하기란 정말 힘들었다. 취재를 다해놓고도 전화연결이 되지 않아 기사를 보내지 못한 경우도 흔했다. 게다가 통화료도 외국인에게는 바가지요금을 물렸다. 출장을 가면 미리 날짜와 시간을 정해 서울 본사에서 전화해달라고 연락해야 했다.

한국과는 미未수교국이라 비자받기도 쉽지 않았다. 빈에 있는 체코슬로바키아, 불가리아, 폴란드 대사관을 찾아가면 담당 영사는 공보관을 먼저 만나보라고 했고 공보관에게 입국목적을 설명하면 본국에 조회해 본 뒤 연락하겠다고 했다. 그 기간이 보통 3~5주나 걸린다. 그것도 먼저 연락해주는 법이 없으며 먼저 물어보면 그때서야 "안 된다" 또는 "본국에서 아무런 회신이 없다"는 식으로 대답해주었다.

외교관계가 수립된 후에도 비자면제협정이 맺어지기 전에는 비자를 받는 데 며칠씩 걸렸다. 대신 급행료를 내면 당일로 발급해주었다. 공산국가들의 경우 급행료는 대사관 운영경비로 사용한다는 설명을 들었다. 헝가리의 경우 15달러로 기억된다. 소련을 비롯한 공산국가 나라는 대사관과 직원의 거주지가 한 울타리 내에 있다. 개인별 거주비용이 비싸기도 하지만 무엇보다 감시와 통제가 쉽기 때문이기도 했다.

철의 장막 9000km

스웨덴
핀란드
노르웨이
헬싱키
탈린
에스토니아
라트비아
리가
리투아니아
그단스크
빌니우스
모스크바
베를린
동독
폴란드
소 련
바르샤바
서독
프라하
체코슬로바키아
빈
오스트리아
부다페스트
헝가리
류블랴나
루마니아
자그레브
부쿠레시티
이탈리아
베오그라드
유고연방
불가리아
소피아
티라나
알바니아
그리스

저자가 취재 다녔던 동유럽과 소련

제 1부

세기말
격변의 현장을 가다

———————————————

당신의 공산주의
과연 무엇이었나?

1989년부터 1991년까지 3년간은 20세기 후반에 일어난 최대의 역사적 전환기였다. 특히, 1989년은 세기적인 격변의 한 해였다. 4년 전인 1985년 공산주의 종주국인 소비에트 사회주의 공화국 연방에 들어선 미하일 고르바초프(Mikhail Gorbachev) 서기장이 개혁·개방, 신사고 정책을 추진하면서 소련과 동유럽 전체에 체제 변화의 열망이 고조되기 시작했다. 고르바초프 서기장의 모토는 '인간의 얼굴을 가진 사회주의' 국가 건설이었다. 이는 공산주의 체제에 문제가 있으며 인간다운 삶을 위해서는 정치제도와 경제체제를 바꾸어야 함을 뜻한다. 70여 년이나 된 공산주의 적폐積弊를 바로잡지 않고는 더는 존속할 수 없다는 선언이기도 했다.

그러나 사회주의는 본질적으로 인간의 얼굴을 가질 수 없다는 평가도 있다. 폴란드 출신의 영국 옥스퍼드대학 철학교수인 레제크 콜라콥스키(Leszek Kolakowski)는 "사회주의는 공산당 1당 독재로 자유를 박탈하고 재산은 물론 인간의 마음과 역사, 인간관계까지 국유화한 것으로 '인간의 얼굴을 가진 악어'라고 표현하면 맞을 것"이라고 주장했다.

뉴욕 지사에 근무할 때인 1985년 1월 뉴욕의 WNEW-TV가 방영한 〈Inside Russia〉라는 다큐멘터리를 참 재미있게 본 기억이 있다. 소련 국민의 일상을 소개하는 프로그램이었다. 얼굴 표정은 밝았지만 배경은 참으로 서글퍼 미국의 번화하고 활기찬 모습과는 확연한 차이를 보여주었다. 억눌려 살아가는 사람들로 보였다. 지금도 취재 기자의 질문에 대답하는 젊은이의 힘겨운 목소리가 기억난다.

"(소련에서) 살아가기가 불가능한가?"(Is it impossible?)

"불가능하지는 않다. 다만 살기가 엄청 힘들다."(It is not impossible, but It is very severe difficult.)[1]

1989년은 공산사회주의의 변화가 본격화된 시기였다. 아시아에서는 6월 중국의 천안문天安門 사태[2]가 있었지만 동유럽에서는 구질서가 붕괴됐다. 특히, 그해 하반기에 폴란드, 헝가리, 베를린장벽 붕괴와 동독 체제의 와해, 체코슬로바키아(이하, 체코),[3] 불가리아, 루마니아의 공산정권이 도미노처럼 무너졌다. 이 나라들은 통상 소련의 위성국가로 불렸다.

체코의 바츨라프 하벨(Vaclav Havel) 대통령도 1990년 1월 1일 자 신년사에서 "우리가 잊어서는 안 될 것이 다른 나라 국민도 오늘의

---

1 1985년 1월 14일 자 메모.

2 베이징의 천안문 광장에서 벌어진 체제개혁요구 시위를 정부가 유혈 진압한 사건.

3 체코슬로바키아는 1918년 체코와 슬로바키아의 합병으로 탄생한 나라로, 제2차 세계대전 중 독일에게 점령되었다가 전후에 독립한 뒤 1948년 사회주의공화국이 되었다. 1993년 체코와 슬로바키아의 두 공화국으로 갈라지며 현재에 이르렀다. 이 책에서는 분리 이후의 체코와 슬로바키아를 언급하지 않으며 현재의 체코 지역을 다루기에 편의상 '체코'로 쓴다.

자유를 위해 우리보다 높은 대가를 지불했으며 우리에게 간접적으로 영향을 미쳤다"면서 "소련과 폴란드, 헝가리, 동독에서 변화가 없었더라면 체코의 발전도 없었을 것"이라며 이웃나라 국민의 용기와 희생에 감사를 표시했다.

1990년도 격변의 연속이었다. 독일이 재통일되고 동유럽 6개국에는 새로운 정치·경제 체제가 도입됐다. 소연방을 구성하던 발트 해의 리투아니아, 에스토니아, 라트비아 등 '발트 3국'이 본격적인 독립운동을 시작했으며 소련은 국가의 진로를 놓고 이념적, 정치적 혼란에 빠져들었다. 또 이해에는 유럽에서 가장 가난한 알바니아 공화국(이하, 알바니아)이 1당 독재를 포기했다.

1991년은 가장 놀라운 일이 벌어졌다. 공산주의가 그 종주국인 소련에서 붕괴됐기 때문이었다. 그해 8월 보수 공산주의자들이 일으킨 쿠데타가 실패하면서 1917년 레닌이 세웠던 공산정권이 74년 만에 무너지고 연방국가가 해체되는 결과를 가져왔다. 볼셰비키는 역사에서 사라졌다.

이에 앞서 6월에는 유고슬라비아 연방공화국(이하, 유고 연방)을 구성하는 북부 2개 공화국인 슬로베니아 공화국(이하, 슬로베니아) 및 크로아티아 공화국(이하, 크로아티아)이 전격적으로 독립을 선언하면서 인종분규가 시작됐다. 특히, 보스니아헤르체고비나(Bosnia-Herzegovina)의 영토를 두고 세르비아와 크로아티아, 무슬림 사이의 분규는 '인종청소'라는 이름 아래 3년 반 동안 계속됐다. 서유럽은 무엇보다 인위적인 국경변화를 가장 우려했다. 1, 2차 세계대전은 물론 그 이전에 벌어졌던 유럽대륙의 전쟁이 국경 변경에서 비롯됐기 때문이었다.

동유럽을 묶어놓았던 코메콘은 1990년에, 집단안보체제인 바르샤바 조약기구(WTO)는 1991년에 해체됐다. 체코, 헝가리, 동독, 폴란드에 주둔하던 소련군도 철수를 시작해 1994년 완전 철군했다. 이해 말 미국의 조지 부시(George H. W. Bush) 대통령과 소련의 미하일 고르바초프 대통령은 냉전종식을 공식적으로 선언했다.

소련이 해체되면서 좌파예술가로 이름 높았던 블라디미르 마야콥스키(Vladimir Mayakovsky)와 알렉산드르 게라시모프(Aleksandr Gerasimov)의 명성도 우습게 됐다. 마야콥스키는 마르크스의 저서를 문학 장르로 엮으려 했던 사람으로, 공산사회를 지상낙원이라고 칭송했던 소비에트 최고의 선동시인이었다. 그는 문인에게 예술의 창조성과 자유로운 의식을 용납하지 않고 공산주의 이상을 찬양토록 강요한 인물이었다. 게라시모프 역시 레닌과, 특히 스탈린의 궁정화가로 우상숭배 그림을 그려온 사람이었다.

공산주의는 왜 망했을까?

"구질서의 회복을 기도하는 쿠데타는 공산주의 해체를 가속화하는 데 기여할 것이다."

미국의 지미 카터(Jimmy Carter) 대통령 때 백악관 안보보좌관을 지낸 즈비그뉴 브레진스키 박사는 1988년 8월에 《대실패: 20세기 공산주의의 출현과 종말》라는 책의 서문을 쓰면서 공산주의의 붕괴를 이렇게 전망했다. 그러면서 "공산주의의 역사적 해체가 가속화되어 이 책이 독자의 손에 들어가기 전에 중요한 변화가 일어날 것 같다"고 적었다. [4]

책을 읽으면서 이런 의문이 들었다. 과연 그렇게 될까? 그러나

1991년 8월에 발생한 구舊소련의 쿠데타와 그 후의 진행과정을 보며 그의 통찰력과 혜안에 놀라움을 금치 못했다. 쿠데타는 구질서를 되찾기 위한 보수 공산주의자들의 시도였다. 쿠데타가 3일 만에 실패하고 그 영향으로 소연방이 해체되고 소멸되는 역사적 과정을 직접 취재하면서 그가 예측한 전망과 정확히 맞아 떨어졌기 때문이었다.

공산주의 국가는 왜 자유민주주의 국가처럼 발전하지 못했을까? 1989년 동유럽 혁명이 한창일 때 모스크바에는 이런 농담이 나돌았다. "공산주의는 자본주의에서 자본주의로 가는 가장 길고도 가장 고통스러운 과정이다."

착취와 잉여가치, 빈부격차라는 자본주의의 모순을 고치고 노동자와 농민이 주도해 전 인민이 고르게 잘 사는 공산주의 건설이 마르크스와 레닌이 주장했던 새로운 사회였다. 그것을 평등하고 정의로운 사회라고 규정했다. 공산주의자에게는 이 마르크스레닌주의가 신앙이었다. 자본주의의 폐해를 고치기 위해 공산주의식 정치·경제 체제를 도입했으나 결국 실패하고 다시 시장경제의 자본주의 체제로 돌아가는 당시 상황을 꼬집는 절묘한 해학적 표현이었다.

74년이란 오랜 세월 동안 그들이 실현코자 했던 정의와 평등사회를 위해 피비린내 나는 투쟁과 엄청난 희생이 뒤따랐다. 스탈린(Iosif Stalin) 치하의 소련과 전후 소련의 통치하에 놓였던 동유럽 국가, 마오쩌둥毛澤東 치하의 중국, 프롤레타리아 계층의 국제적 연대와 단결

---

4 Zbigniew Brzezinski, 1989, *The Grand Failure: The Birth and Death of Communism in the Twentieth Century*, N.Y.: Macmillan, 명순희 역, 1989, 《대실패: 20세기 공산주의의 출현과 종말》, 서울: 을유문화사.

을 위해 소련과 중국 두 나라가 당시 아프리카와 중남미에 경쟁적으로 수출했던 공산주의 혁명.

그런 사회를 만들기 위해서는 가진 자를 위해 존재하는 기존의 법과 질서를 뒤집어야 했고 그 수단은 폭력혁명이었다. 그리고 마르크스의 '노동자 정의'를 구현하고 모두가 평등하기 위해서는 강압적 수단이 동원됐다. 이런 평등의 강제화 과정에 인류역사상 최대의 인명이 희생됐다.

공산권이 붕괴하면서 '평등하고 정의로운 사회 건설'이라는 마르크스레닌주의의 신앙 같은 명분이 모두 헛된 것이었음을 인정해야 했다. 아마 골수 공산주의자에게는 이것이야말로 가장 받아들이기 어려웠고 또 가장 큰 상실감이었을지도 모른다. 공산주의를 찬양했던 장 폴 사르트르(Jean Paul Sartre) 같은 프랑스 좌파 인텔리 계층도 그 모습을 어떻게 봤을지 참으로 궁금했다.

쇠락한 경제, 궁핍한 일상생활, 무기력, 만성적인 부패, 작동되지 않은 관료 체제 그리고 암울한 미래, 공산국가들은 이런 모습으로 허물어졌다.

노동자, 농민이 건설하는 정의로운 사회에서 정작 노동자와 농민이 가장 힘든 삶을 살아야 했다. 공산주의자가 주장했던 '자본주의의 필연적 붕괴'와 '프롤레타리아의 세계적 연대'는 모두 틀린 것으로 드러났다. 자본주의는 자체수정 능력을 보였고 중산층이 늘어나면서 프롤레타리아는 상대적으로 줄었다. 적어도 20세 후반에는 그랬다. 더 나은 삶을 위해 노동자는 프롤레타리아의 계층에서 머물려고 하지 않았다.

1991년 9월, 소련에서 공산당이라는 간판을 내리던 인민대의원대회 마지막 날, 모스크바 출신의 50대 남성 대의원에게 물었다.

"당신이 믿고 추종하던 공산주의는 과연 무엇이었나?"

돌아온 대답은 이랬다.

"왜 그렇게 어려운 질문을 하는가?"

동유럽 공산권 국가들이 도미노처럼 무너지는 역사의 현장을 보면서 가진 궁금증이었다.

체코의 하벨 대통령은 "자칭 노동자의 국가라고 지칭한 나라가 노동자를 천시하고 착취해왔다"고 비판했다.

태양은
모스크바에서 뜬다

공산주의 국가의 모습

"태양은 모스크바에서 뜬다."

빈부격차가 없고 차별이 없으며 물질적으로 부족한 것이 없는 유토피아, 즉 이상理想사회를 만든다며 볼셰비키 혁명을 일으키고 공산주의 국가를 처음으로 세운 소련을 따르며 전 세계, 특히 동유럽 공산국가의 공산주의자가 흠모하고 추앙했던 말이다.

공산주의라는 단어의 역사적 배경이나 정치·경제적 의미 또는 사회·철학적 개념을 잘 알지 못하지만 궁금한 건 사실이었다. 고대 그리스의 철학자 플라톤의 《국가론》(Poliiteiā)이나 15세기 영국 튜더(Tudor) 왕조 시대에 살았던 토마스 모어(Thomas More)의 《유토피아》(Utopia, 1516)⁵라는 책에서 묘사된 이상사회를 공산주의적 관점

---

5 《웹스터사전》(Webster's Third New International Dictionary, 1993)은 utopia를 다음과 같이 설명한다. 1) a place(as a region, island, country or locality) that is imaginary and indefinitely remote. 2) a place state or condition of ideal perception esp, in laws, government and social conditions.

에서 차용한 것이 그 바탕 아닌가 생각한다.

《국가론》에서 그리는 이상사회는 모든 사람의 행복이 국가 전체의 행복이라는 관점에서 사유재산을 불허하고 평등가치를 내세운다. 빈부격차는 국가분열의 주요 원인이며 이를 최소화하기 위해 맹목적인 생산활동을 해서는 안 된다. 더구나 국가를 지키는 수호자 집단은 사유재산을 가져서도 안 된다고 강조한다.

《옥스퍼드 사전》(Oxford Advanced Learner's Dictionary, 1990)에 유토피아는 그리스 어원으로 ou(not) + topos(place), 즉 '어디에도 없는 곳'이라는 뜻이다. 이 책의 줄거리는 인간세상에서 이루어질 수 없는 이상향을 소개한다. 내용상으로 '존재할 수 없는 이상적 사회'를 유토피아, 즉 '어디에도 없는 곳'이라는 해학적인 제목으로 엮은 것이라 생각한다.

《유토피아》의 내용은 라파엘 논센소(Raphael Nonsenso)라는 여행가의 입을 빌려 빈부격차와 사유재산이 없으며 계획경제 아래 '완벽한 복지를 제공하고 완벽한 평등'을 누리는 유토피아라는 어느 섬나라의 이상사회를 소개한다. 그러나 정작 모어 자신은 "그런 사회에서 합리적 생활수준을 누리는 것을 믿지 못하겠다"며 부정적 반응을 보였다. 모든 것이 획일화되고 통제되는 사회에서 개인의 자유가 없고 여행도 허가를 받아야 하는 공산주의 사회를 비판했다.

동유럽과 소련을 취재하면서 좀처럼 이해되지 않는 단어가 있었다. 공산주의(communism)와 사회주의(socialism)였다. 서방에서는 이 공산국가의 이념을 공산주의라고 불렀지만 정작 이들 나라에서는 사회주의라는 단어를 사용했다. 공산주의라는 말을 거의 사용하지 않았다. 고르바초프 대통령도 줄곧 '인간의 얼굴을 한 사회주의'라는 표현을 써왔다.

　사회주의 사회의 발전에 관한 책은 많지만 공산주의 사회에 관한 책은 거의 없다. 공산주의 사회가 실현된 적이 없기 때문 아닐까 생각한다. 고르바초프 대통령의 고문이었던 국제정치학자 로이 메드베데프(Roy Medvedev)가 말한 "공산주의 사회 건설은 슬로건으로만 반복적으로 주장된 것"이라는 진단을 정확한 표현으로 봐야 한다.

　니키타 흐루쇼프(Nikita Khrushchev) 소련공산당 서기장은 1961년 "앞으로 20년 이내에 공산주의 시대가 도래할 것"이라고 장담했지만 당시에도 그런 사회가 있을 것이라고 믿는 당 간부는 없었다고 한다.

　베를린자유대학의 한 교수는 이렇게 설명했다.

　"공산주의는 이상사회를 추구하는 높은 단계이다. 그보다 낮은 단계를 사회주의라고 부르지만 기본적으로 공산주의나 사회주의를 같은 의미로 사용한다. 서유럽의 사회민주정치가 정치적으로 자유롭고 경제적으로 부유하며 상대적으로 복지제도가 잘된 점을 공산국가들이 차용한 개념으로 이해하면 될 것이다."

공산주의 사회의
현주소

빈에 있으면서 동유럽 각국을 취재하러 다니다 보면 우선 겉으로 확연히 드러나는 모습이 있다. 기차나 자동차로 헝가리나 체코, 폴란드에 갈 경우 국경을 사이에 두고 동·서유럽 간에 두드러진 차이가 난다.

도로는 울퉁불퉁하고 집은 낡은 그대로 방치되었으며 수리한 흔적은 보이지 않는다. 밭에는 잡초가 우거져도 정리가 안 되었다. 사람들의 입성은 초라했고 얼굴에는 웃음이나 밝은 모습을 찾아보기 어려웠다. 시골동네로 갈수록 더욱 어려워 보였다. 겨울인데도 난방이 충분치 않아 늘 점퍼나 스웨터를 입고 살아야 했다. 그래도 사람들은 순박하고 따뜻했다.

도시의 공기는 공장의 오염물질과 자동차에서 뿜어 나오는 매연 탓에 탁했다. 특히, 겨울에는 숨이 막힐 지경이었다. 건물은 아예 까만 페인트를 칠한 것 같이 어두웠다. 생필품도 다양하지 않았고 식료품은 부족했으며 배급을 시행하는 나라도 있었다. 패션이나 유행을 따른다는 것은 사치였다.

1989년 2월, 모스크바(Москва)의 첫 인상은 참으로 황당했다. 일본 도쿄에서 출발한 아에로플로트 소련 국영항공사의 여객기는 서방세계의 항공기와는 달랐다. 항공편은 SU 574, 기종은 소련제 투폴레프, 보잉 727과 같은 크기였다. 안내방송은 러시아어뿐이었다. 왜 안내방송을 러시아어로만 하느냐고 물었더니 스튜어디스는 그렇게 되었다고만 대답했다. 좌석 간의 간격이 너무 좁아 무릎도 포갤 수 없었다. 비즈니스석을 샀는데 보이질 않았다. 승무원은 이코노미석 맨 앞을 가리켰다. 나무탁자가 앞에 놓인 것이 이코노미석과 다른 점이었다. 기내식도 오렌지주스 1잔이 차이였다. 그런데 가격은 2배였다. 짓궂은 질문을 던져봤다.

"평등을 추구하는 사회에서 왜 빈부격차를 나타내는 비즈니스석을 둡니까?"

여승무원은 웃기만 했다.

비자는 여권이 아니라 누런 종이에 입국증과 출국증을 인쇄한 별도 종이였다. 출국 때 회수하기 때문에 여권만 봐서는 소련을 출입한 흔적이 남지 않는다. 외국 신문이나 〈타임〉(Time) 등 시사주간지를 손에 들고 들어가다가 들키면 그 자리에서 압수당했다. 비판정보의 차단이었다.

공항에 도착해 입국심사에 이어 세관검사를 하면서 가진 돈을 화폐 종류별로 기록하라고 했다. 예를 들어 100달러짜리 몇 장, 50달러 몇 장, 1달러 몇 장, 합계 얼마, 이런 식이었다. 기록한 서류를 주면 도장을 찍어 건네주면서 출국 때 제출하라고 했다. 안내인은 체류기간에 정당하게 사용한 금액을 확인하기 위함이며 그 증명을 위해서는 환전영수증과 외화상점에서 물건을 구입할 경우 반드시 영수증을 챙겨야 하며 소련 화폐인 루블은 가지고 나가지 못한다고 했다. 당시 미화 1달러는 0.6루블이었다.

숙소는 시내 중심가인 고리키(Gorky) 거리에 자리한 인투리스트 호텔이었다. 소련 국영관광공사가 운영하며 모스크바를 방문하는 외국인 전용호텔이었다. 가격은 런던이나 파리보다 비쌌다. 싱글룸을 예약했는데 1인용 침대 2개가 길쭉하게 놓인 방이었다. 미니냉장고도, 음료수도 없었다. TV는 먹통이었고 라디오도 러시아어 채널 2개뿐이었다. 벌어진 틈 사이로 들어오는 찬바람 때문에 거의 잠을 잘 수 없었다.

호텔 욕실의 수건은 광목을 잘라놓은 천 조각이었고 비누는 물에 풀리지 않았으며 화장실 휴지는 뻣뻣해 뒤가 아플 정도였고 물에 잘 풀어지지 않아 10여 분이나 기다려 물을 내려야 했다.

호텔 레스토랑의 아침 모습도 특이했다. 외국인 전용이라고 했는데 현지인이 더 많았다. 커피와 차는 순식간에 동이 났다. 설탕은 구경조차 어려웠다. 어쩌다가 종업원이 각설탕 박스를 풀어놓으면 앞쪽에 있던 두툼한 점퍼를 입은 현지인이 큰 주머니를 벌려 쓸어 담았다. 서너 사람이 다녀가면 각설탕은 사라지고 얼마간 남는 설탕 가루도 청소하듯 사라졌다.

물건이 텅 빈 상점

모스크바에서는 이르면 9월 하순부터 눈이 온다. 1989년 10월 중순. 영상이지만 차가운 날씨인데도 세레메티예보(Sheremetyevo) 국제공항으로 가는 도로 옆 널따란 밭에 20~30여 명의 주민이 길가에 차

담배 등 잡화가게 선 시민들. 시내 곳곳에 이런 모습을
볼 수 있어 생필품 난의 심각함을 말해주었다.

를 세워두고 비를 맞으며 진흙덩이 밭에서 감자를 캐고 있었다.

"수확을 대충했기 때문에 남아있는 감자가 제법 있습니다. 시내
상점에서는 사기가 어렵고….."

운전사 올레그 씨가 귀띔한 내용이다. 한국계 교포 아파나시에프
씨는 "모스크바에서 시민들이 굶는다는 기사가 중앙아시아 지역신문
에 보도되어 타슈켄트(Tashkent, 우즈베키스탄 공화국의 수도)나 알마티
(Almaty, 카자흐스탄 공화국의 도시)에 사는 동포들이 쌀과 곡물류를 보
내준다"며 쓴웃음을 짓기도 했다.

모스크바 시내에서는 남자나 여자나 항상 천으로 된 쇼핑백을 들고
다녔다. 직장인도 대부분 오후가 되면 자리에 없었다. 생필품을 사기
위해 자리를 비우기 때문이었다. 길을 가다가 줄이 있으면 무엇을 파
는지도 모르면서도 줄을 섰다. 상점이 있기는 해도 물건이 없었다.
쓸 만한 물품은 외국 화폐만 받는 외국상품 전용매장에 가야 했다.

차의 윈도우 브러시는 숨기고 다닌다. 훔쳐가기 때문이라고 했다. 어느 여름날 택시를 타고 가던 중 비가 쏟아지자 모세의 기적처럼 자동차가 바다 갈라지듯 도로 양쪽으로 흩어졌다. 트렁크에서 윈도우 브러시를 꺼내 다느라 대 혼잡이 빚어졌다. 비 오는 날이면 흔히 보는 모습이었다.

일본 신문 특파원이 농담같이 들려준 이야기다. 식당 앞에 주차하고 점심 먹고 나오니 누군가 뒷바퀴를 빼고 있었다. 도둑이었다. "왜 빼느냐?"고 물으니 돌아온 대답이 걸작이었다고 한다.

"당신은 앞바퀴를 빼라."

크렘린(Kremlin) 궁 건너편에는 굼(ГУМ, 영어표기는 GUM)이라는 소련 최대의 백화점이 있다. 굼은 정부 직영 백화점이란 뜻이다. 식료품 코너에는 버터와 생선통조림이 전부였다. 생필품 선반도 대부분 텅 비었다. 물건 사는 방법도 상품을 고르고 계산대에 가서 가격을 지불한 뒤 그 영수증을 가져가야 건네주었다. 종업원은 엄청나게 퉁명하고 무뚝뚝했다. 업무 종료시간이 되자 "시간이 끝났다"며 팔던 것도 원래 자리로 갖다 두고 자리를 떴다. 손님이 오는 것을 싫어했다. 자리만 지켜도 급여가 나오는데 왜 고객이 와서 귀찮게 하느냐는 투였다.

크렘린 궁, 붉은 광장(Красная площадь), 레닌 묘를 찾는 관광객의 손에는 보따리를 든 사람이 많았다. 노보시비르스크(Novosibirsk)에서 왔다는 중년 여성은 "관광하기 전에 먼저 쇼핑을 했다"며 웃었다.

1990년 8월, 모스크바에서 타슈켄트로 가는 비행기는 화물기인지 여객기인지 구분이 되지 않았다. 좌석 뒤편에는 승객이 들고 온 짐이 쌓였다. 앞과 뒤의 무게균형이 맞지 않았는지 승무원이 뒤쪽 승객을 앞쪽으로 옮겨 앉게 했다. 천장에서는 물이 떨어졌다. 이 비행기가 뜰 수 있을까? 이륙하면 추락하지 않을까? 내릴 때까지 마음을 졸여야 했다.

당시 동아일보사는 중앙아시아에 살고 있는 우리 동포를 위문하기 위해 〈아리랑〉 창극을 공연하는 대규모 순회공연단을 구성해 파견했다. 공연단과 같이 와야 할 무대장치와 소품이 오지 않아 타슈켄트의 공연을 하루 연기해야 했다. 물어봐도 대답을 못했고 아무도 미안해하지 않았다.

1990년 1월 루마니아의 수도 부쿠레슈티(Bucureşti). 유혈 혁명 직후이긴 했지만 영하 30도나 되는 추위에 호텔도 예외일 수는 없었다. 대궁전 앞 큰 길 양쪽에 세워진 아파트는 과시용 건물로 서민이 살았다. 내가 들른 이오네스쿠 씨의 집은 10평 정도였다. 콘크리트로 지어진 아파트는 난방은 하루 2시간, 전기는 밤에만 3시간, 가스 공급은 아침과 저녁에 1시간씩이 전부였다. 난방이 안 되니 바깥보다 집 안이 더 추웠다. 냉동고 같았다.

자유총선거를 치르던 1990년 6월, 비밀정보요원이었다는 사람의 안내로 30㎞ 정도 떨어진 교외의 특별농장에 가봤다. 차우셰스쿠 일가와 공산당 고위간부를 위한 전용 농장이었다. 농장은 구릉지에 널따랗게 펼쳐졌고 철조망이 외부인의 접근을 막았다. 밭에는 당근, 양배추, 무 등 채소가 풍성했다. 물론 농약을 치지 않는다고 했다. 축사와 풀밭에는 초우량 육우와 젖소가 보였다. 그렇게 큰 소는 지금까지 본 적이 없다. 사진촬영 금지지역이라고는 했지만 기념사진을 찍었다.

1991년 1월 유럽의 최빈국 알바니아의 수도 티라나(Tirana). 공항과 20㎞ 정도 떨어진 시내를 오가는 버스 등 대중교통이 없었다. 택시도 누군가 시내에서 타고 와야 볼 수 있었다. 시내버스나 트럭은 매연을 뭉게구름처럼 쏟아냈다. 말만 들었던 목탄차를 처음 봤다. 호텔 방의 전구는 30W짜리 하나. 책을 읽을 수 없었다. 외출했다가 저녁에 돌아오면 알전구도, 화장실의 변기커버도 없어진다. 종업원을 불러 1달러를 주면 다른 방의 것을 가져다주었다.

　　이들 나라에서는 서유럽 비누가 바나나처럼 귀한 선물이 되었다. 프라하 시내의 가장 큰 광고판은 젊은 여인의 윤기 나는 머리칼에 'SAVON'이라고 쓰인 프랑스제 비누였다. 비누가 없어지면 외국상품 전용매장에서 구입해 잘라서 사용했다. 비누를 칼로 자르는 건 정말 힘든 일이다.

유토피아는 없다

공산주의 74년, 자본주의의 모순을 극복하고 노동자, 농민이 주체가 되어 인류의 이상향을 만든다며 추구해온 공산주의의 실상은 이랬다. 칼 마르크스가 발표한 《공산당 선언》(Manifest der Kommunistischen Partei, 1848)을 보면 공산주의 국가는 자본주의를 넘어서는, 문자 그대로 이상주의 국가가 건설되어야 했다. 선언의 핵심은 노동자 중심의 정의롭고 평등한 사회 건설이다.

마르크스는 "사유재산제도를 폐지하면 그 순간부터 일체의 활동이 중단되고 사회 전반에 게으름이 만연할 것이라는 비난이 있다. 그런 논리라면 노동을 안 하는 부르주아 계층은 오래전에 몰락했어야 했다"며 비판을 비웃었다. 비웃었던 비판이 나중에는 사실로 검증됐다.

또 "모든 생산수단을 국가의 수중에, 즉 지배계급으로 조직된 프롤레타리아의 수중에 집중시키며 가능한 시급히 생산력을 증대시킬 것이다"고 주장했다(《공산당 선언》 제2장). 생산수단의 국유화와 사유재산제도의 폐지는 이 주장에서 비롯됐다. 그러나 공산주의 실험 74년의 결과는 정반대였다. 게으름과 무기력이 사회를 억눌렀고 생

42

산력은 떨어졌다.

또 소유문제를 공산주의 운동의 근본으로 삼고 기존 사회질서를 폭력적으로 전복해야 목적을 달성할 수 있음을 선언한다(제6장)고 주장하며 프롤레타리아 지배를 위해서는 "노동계급정당들과 대립하는 다른 정당은 결성해서는 안 된다"(제2장)고 선언했다. 공산국가에서 통치제도의 근간이었던 1당 독재의 논리적 근원도 여기서 나왔다. 프롤레타리아 독재를 위해서는 다당제가 있을 수 없다고 정리했다.

폭력혁명을 정당화하는 운동의 근본적 배경은 계급투쟁이다. 즉, 법과 도덕, 정의는 가진 자와 지배자의 이익에 봉사하는 것으로 '가진 자의 정의'를 '노동자의 정의'로 바꾸기 위해서는 혁명적 수단이 필요하다는 주장이었다. 이른바 '당파성의 원칙'이며 계급투쟁의 핵심가치가 됐다.

당파성의 원칙은 "영원한 자유와 정의는 없다. 모든 계급이익에 동시에 봉사하는 진리는 없으며 자본가의 철학과 노동자의 철학은 다르다"는 관점에서 출발한다. 약자가 정의이며 약자의 정의에 반대하는 세력을 '반동'으로 규정하고 이를 타도해야 한다는 계급투쟁이 역사를 발전시킨다는 이론으로 민중을 선동했다.

비판을 적대감으로 봤고, 대안代案을 배신으로 간주했다. 노동자의 정의와 평등을 부인하는 '반동'에 대한 야만적 학살이 자행된 역사는 소련의 스탈린, 중국의 마오쩌둥, 캄보디아의 크메르 루주(Khmer Rouge) 정권이 대표적이다.

정의正義가 시대에 따라, 인간의 주장에 따라 달라질 수 있다면 그건 정의라고 할 수 없다. 정의의 핵심적 정의定意는 공정하고 합리적이며 타당하고 의義로움으로 언제 어디서나 보편타당성을 지닌 가치이지 상황에 따라 다르게 해석하고 규정할 수 있는 것은 아니지 않는가.

성경에도 정의에 대한 언급이 있다.

> 재판할 때 다수를 따라 정의를 왜곡하는 증언을 해서는 안 되며(〈출애굽기〉 23장 2절) 가난한 자의 송사라고해서 정의를 굽게 하지 말며 가난한 자의 권리를 왜곡해서도 안 된다(〈출애굽기〉 23장 6절).

> 너희는 재판할 때 불의를 저질러서는 안 된다. 힘 있는 자라고 우대해서도 안 되고 가난한 자라고 두둔해서도 안 된다(〈레위기〉 19장 15절).

마르크스는 종교(기독교)를 '아편'으로 규정했다. 레닌도 "교회가 지배계급과 결탁해 민중을 탄압했다"며 "신을 믿는 사람은 어리석은 사람"이라고 비판했다. 공산주의자가 종교를 배척하는 이유도 여기에 있다.

이처럼 공산국가는 프롤레타리아 독재와 계급투쟁을 기본으로 하는 공산당 중심의 통치 체제였다. 공산당을 노동자 중심인 프롤레타리아의 전위前衛조직으로, 국정 전반에 지도적 역할을 하는 권력기관으로 바꾼 것은 레닌이었다.

소연방이 해체되기 전 소련에서 발행되는 모든 신문 1면의 머리에는 레닌 사진과 함께 "만국의 프롤레타리아여, 단결하라"(Пролетарии всех стран, соединяйтесь!)는 문구가 반드시 들어갔다. 이 문구와 소비에트의 흔적은 지금도 러시아 곳곳에 남았다.

공산당은 정당이 아니다. 국가운영기관이자 통제기구였다. 이는 정부와 사회가 공산당 하부기관임을 의미한다. 당의 결정은 사법부의 판결과도 같은 효력을 가졌다. 재판부에는 당의 입장을 반영하는 참모가 늘 배치되었다.[6]

제 2차 세계대전(이하, 2차 대전)이 끝나고 스탈린은 소련군이 점령한 지역에 스탈린식 정치·경제 체제를 강제로 구축했다. 특히, 서유럽과 소련의 안보에 완충지대인 동독과 폴란드, 체코, 헝가리, 불가리아를 위성국으로 편입하고 가혹할 정도로 엄격했다.

체코의 반체제 작가로 프랑스로 망명한 밀란 쿤데라(Milan Kundera)는 1984년에 쓴《참을 수 없는 존재의 가벼움》(*The Unbearable Lightness of Being*)이라는 소설에서 공산정권의 부도덕성과 반인류적 행위와 무책임성, 불법성을 고발했다. 그는 "공산주의 정권은 자기들이 이상理想의 세계로 가는 유일한 길을 발견했다고 믿는 광신자들, 열광자들에 의해 만들어졌다. 그들은 그 길을 용감히 방어하기 위해 수많은 사람을 처형해왔다. 훗날, 이상의 세계는 존재하지 않음이 밝혀졌다. 그 열광자들은 살인자였다"고 지적한다. 그는 또 "시민을 평가하고 점검하는 것이 공산국가에서 중요하고 끊임없는 사회활동"이라며 통제와 감시 체제를 비난했다.

국가정책이나 행정은 비밀주의였다. 소련은 1935년부터 외국인의 출입을 금지했다. 심지어 1980년까지만 해도 모스크바 주재 서방외교관의 소련 내 여행은 허가를 받아야 했다. 모스크바 시에서 겨우 몇 ㎞정도 거리도 그랬다. 소련이 무너지기 전까지도 외국인은 외국인 전용 주거단지에만 살아야 했다. 외국인은 외국인 전용호텔에만 투숙할 수 있었다. 외국인의 방문이 금지된 도시도 13개나 됐다. 주

---

6 R. J. Crampton, 1997, *Eastern Europe in the Twentieth Century and After*, London: Routledge, p. 255.

로 군사기지나 과학기술연구소가 있는 도시였다.

1980년대 초반에도 외국인이 군사도시와 민감지역을 방문할 경우 기차나 승용차만 가능했고 항공기 이용은 금지됐다. 비행기에서 사진을 촬영할 수 있다는 이유에서였다. 항공기 승무원은 이민도 가지 못했다. 소련 지도를 안다는 이유에서였다. 지상에서도 군사시설이나 항구, 교량, 경찰서도 사진촬영 금지대상이었다.[7]

외교관 차량은 물론이지만 상사주재원이나 특파원 등 외국인이 소유한 차량도 번호판 색깔이 달랐다. 통제와 감시를 위한 제도였다. 소련이 붕괴할 때까지 그랬다.

1989년 2월 모스크바를 방문했을 때 신문이나 방송에서 보도하는 일기예보는 아주 적었다. 다음 날 기온이 어떤지, 어떤 옷을 입어야 할지 짐작할 수가 없었다. 〈프라우다〉(*Правда*) 신문의 오른쪽 상단에 '모스크바 -15도', 안쪽에 실린 기상도는 너무 간략해 도움이 되지 않았다. "다른 도시의 일기예보는 왜 없느냐?"는 질문에 노보스티 통신사의 안내원 알렉산드르 세르게이 씨는 씩 웃으면서 "국가기밀!"이라고 대답했다.

1970년대에 모스크바 특파원을 지낸 〈뉴욕 타임스〉 기자 시플러는 자신의 저서에서 "소련 신문에 일기예보를 싣기 시작한 것은 1970년대 말부터였다. 날씨를 군사보안 사항으로 간주했기 때문이었다. 날씨에 관한 정보를 물어보면 '그런 걸 왜 알려고 하느냐?'며 '꼭 알고 싶으면 편지를 보내라'라는 말을 들었다"고 썼다.

---

7 David K. Shipler, 1983, *Broken Idols, Russia: Broken Idols, Solemn Dreams*, N.Y.: TIMES BOOKS, pp. 209~211.

공산정권은
피로 물든 범죄의 역사

브레진스키 박사가 쓴 《대실패: 20세기 공산주의의 출현과 종말》라는 책의 후반부를 보면 전 세계 공산주의 통치로 인해 희생된 인명이 5천만여 명으로 나온다. 9개 범주로 나누어 나라별 희생자 숫자를 기록했다.

1997년 프랑스에서 발간된 *The Black Book of Communism: Crimes, Terror, Repression*은 전 세계 공산정권의 범죄를 최초로 폭로한 책이다.[8] 이 책은 전 세계 공산국가에서 9천4백만 명, 최대 1억 명이 희생된 것으로 기록했다. 스테판 쿠르투아(Stephane Courtois) 등 6명이 집필한 책으로 국가별 폭력형태와 종류는 물론 개인적 사례까지 기록했다. 전쟁과 내전의 피해자를 제외한 숫자이다. 쿠르투아는 서문에서 소련 공산정권이 무너진 후 공개된 많은 자료를 참고했다고 밝혔다.

두 책은 모두 권력을 잡고 체제를 유지하기 위한 방법으로 무자비한

---

8 Stéphane Courtois, Mark Kramer, 1999, *The Black Book of Communism: Crimes, Terror, Repression* (Eng. ed), Cambridge: Mass. : Harvard University Press. 우리말로 옮기자면 '공산주의의 검은 책'이라 할 수 있다.

탄압과 테러, 총살, 대량학살, 시베리아 유형, 오지추방, 굶겨 죽이기餓死 등 갖가지 악랄한 수단을 동원한 것으로 썼다. 쿠르투아는 "권력을 확립하기 위해 대규모 범죄행위를 통치와 행정제도에 조직적으로 도입한 결과"라고 단정하고 "공산주의 범죄는 심판받은 적이 없어 역사적으로도, 윤리적으로도 부당하고 이상한 일"이라고 규정했다.

이 책은 마오쩌둥 치하의 중국이 대약진운동 시절의 기근으로 인한 사망자를 포함해 문화혁명과 대장정기간 등 6천5백만 명, 소련이 2천만 명, 캄보디아가 2백만 명, 에티오피아가 170만 명, 아프가니스탄이 150만 명, 베트남과 동유럽에서 각 백만 명 등등 모두 9천4백만여 명이 정권범죄로 희생된 것으로 집계했다.[9] 1980년대 후반 모스크바에서 발행되는 잡지도 스탈린 치하에서 전쟁과 테러로 인한 희생자를 4천만 명으로 기록했다.

북한 편에는 북한전문가와 탈북자, 각종 자료를 참고해 정리한 것으로 김일성 집권 후 정적과 정치범 처형, 영양실조와 기근으로 50만 명이 사망하는 등 과거 50년간 3백만여 명이 희생된 것으로 기록했다.[10]

물론 이 책이 나온 후 프랑스를 비롯한 유럽에서 격렬한 논쟁이 있었다. 공산주의의 폭압수단이 히틀러의 수법을 따랐다는 점과 피해자 숫자가 지나치게 과장됐다는 점에서였다. 쿠르투아는 "나치의 대규모 학살행위는 소련의 스탈린 방법을 원용했다"고 지적했다. 브

9 *Ibid.*, pp. 239~242.
10 *Ibid.*, p. 547.

레진스키 박사가 1989년에 낸 《대실패: 20세기 공산주의의 출현과 종말》에도 '히틀러 = 스탈린, 이들의 스승이 레닌'이라는 논리가 담겼으나 논쟁이 있었다는 이야기는 들어보지 못했다.

두 책이 공통적으로 지적하는 차이점은 스탈린의 경우 계급철폐를 통한 마르크시즘의 실현 차원에서, 히틀러의 경우 인종차별과 영토확장 차원에서 악랄한 방법을 구사했다는 것이다. 브레진스키 박사는 집단행동에 국가를 최고기관으로 활용하고 국민을 복종시키는 수단으로 잔인한 테러를 사용했으며, 매스컴을 완벽히 통제하고 인류 역사상 유례없는 대량학살을 자행한 것이 공통점이라고 지적했다.

히틀러는 테러를 기본으로 하는 국가를 어떻게 건설하며 비밀경찰을 어떻게 완비하느냐를 레닌으로부터 배웠다고 기록했다. 그는 "히틀러는 레닌주의자였고 스탈린은 나치주의자였다는 것은 전혀 과장이 아니다"라고 주장했다.[11]

2006년도에 국내에 소개된 《마오: 알려지지 않은 이야기들》이라는 책도 중국 공산당 지도자 마오쩌둥의 범죄내용을 다룬 기록물이다. 저자인 장융張戎과 남편 존 할리데이(John Halliday)가 공동집필한 이 책에서 "마오毛는 철저한 권력지상주의자이며 그의 집권기간에 7천만여 명이 희생됐으며 수법은 폭력과 테러에 의존했다"고 고발했다.[12]

저자들이 10년간에 걸쳐 집필했다는 책의 말미에 담긴 감사의 글, 인터뷰 목록, 문서 목록을 보면 방대한 자료와 인터뷰를 통해 마오

---

11 *Ibid.*, pp. 14~17; Zbigniew Brzezinski, *op. cit.*, pp. 7~8.
12 Jung Chang & Jon Halliday, 2005, *Mao: The Unknown Story*, London: Jonathan Cape, 황의방·이상근·오성환 역, 2006, 《마오: 알려지지 않은 이야기들》, 서울: 까치글방, p. 17.

의 전 생애에 걸쳐 그가 저지른 범죄행위를 다뤘다. 감사를 표시한 인물과 인터뷰 대상 목록을 보면 마오의 친인척, 측근, 동료와 그 가족, 당 고위간부, 현장 목격자 등 수백 명이나 된다. 또 해제된 소련의 비밀문서, 중국 등의 미공개 자료도 언급했다.

마르크스의《공산당 선언》과 레닌의 프롤레타리아 독재, 스탈린의 1국사회주의[13]는 이런 점에서 인류역사상 재앙적 유산이었다. 이들은 공산당을 국가 전체를 통괄하는 전위조직으로 내세우고 정치권력을 당에 집중시켰다. 정치·경제·사회문화적 문제를 해결하는 핵심적 수단으로 폭력을 사용하고 이를 위해 비밀경찰 조직을 이용한 것이 공산정권이었다.

비밀경찰의 냉혹성과 잔인성은 소련의 KGB와 루마니아의 세큐리타테(Securitate)가 특히 심했다. 루마니아의 정치범 허버트 질버(Herbert Zilber)는 비밀경찰의 업무를 하나의 산업으로 분류했다. 그는 "사회주의의 첫 번째 산업은 파일생산"이라며 "인간과 물건은 파일을 통해서만 존재하며 파일 없이는 사회주의 생존이 불가능하다"고 비판했다. 제조업보다 파일산업의 비중이 더 컸던 것은 불신과 의심에서 출발하는 것.

유엔 사무차장으로 근무하다 망명한 아르카지 세브첸코는 자신의 저서에서 "KGB는 전 세계에서 가장 경험 많고 고도로 훈련된 잔혹한 기구"라면서 "공산당의 권력유지는 KGB에 달렸다"고 말했다. 그는 "KGB 인력은 10만여 명이며 해외공작 인원은 미국과 서유럽 전체를 합친 숫자보다 많았고, 그 밖에도 탱크와 야포는 물론 첨단장비와 특

---

13 1924년 스탈린이 내세운 사회주의 건설 이론으로 사회주의 완성은 서유럽 혁명의 지원이 있어야 하지만 사회주의 건설, 즉 부르주아 계급타도와 산업기반 및 군사력 건설은 한 나라의 노력만으로도 가능하다는 주장이다.

수훈련을 받은 50만 병력이 소련의 안보를 책임지고 있다"고 썼다.

독일의 기민당 원내총무였던 볼프강 쇼이블레도 동독의 비밀경찰에 "10만여 명의 요원과 수십만 명의 협조자가 있었으며 이들이 생산해낸 1백㎞나 되는 파일을 어떻게 처리해야 할지 난감했다"며 결국 공개하지 않는 것이 동서독 국민의 갈등과 불신을 줄이는 길이라고 썼다.[14]

레닌은 혁명 당시 러시아는 사회주의가 성숙되지 않았기 때문에 '위로부터의 혁명', 즉 프롤레타리아 독재가 불가피하다고 봤다. 그는 '(프롤레타리아) 독재의 과학적 정의'를 "어떤 법률에도 구애받지 않고 어떤 규칙에도 얽매이지 않으며 힘을 직접 사용하는 권한"이라고 설명했다. 섬뜩함이 온몸을 움츠리게 만드는 말이다.

동유럽과 소련의 공산주의 정권이 무너지고 한참 후인 2006년 유럽의회는 '공산주의 범죄에 대한 국제적 비판'이라는 제1481호 결의안을 채택했다.[15]

이 결의안 제2항은 "동유럽을 지배한 공산체제와 지금도 일부 국가에서 권력을 장악한 공산체제는 예외 없이 인권을 짓밟고 있다. 인권침해는 나라마다 다르지만 암살, 처형, 추방, 수용소 감금, 고문, 굶겨 죽이기, 테러뿐만 아니라 인종적·종교적 이유로 처형하고 양심과 사상, 표현의 자유를 위반했다"고 지적했다.

---

14 Wolfgang Schäuble, Dirk Koch, & Klaus Wirtgen, 1991, *Der Vertrag: Wie ich über die deutsche Einheit verhandelte*, Stuttgart: Deutsche Verlags-Anstalt, 한우창 역, 1992, 《나는 어떻게 통일을 흥정했나: 협상의 주역 쇼이블레가 증언한 독일통합 18개월의 대드라마》, 서울: 동아일보사, 276쪽. 슈타지 문서담당기구의 자료는 690만 명의 기록물 파일(늘어놓으면 150㎞나 됐다)과 사진과 필름도 170만 건이었다.

15 Counsel of Europe Resolution 1481, 2006, "Need for international condemnation of crimes of totalitarian communist regimes".

또 제3항에서는 "범죄행위는 계급투쟁과 프롤레타리아 독재라는 이름을 정당화했다"고 비난하면서 제5항에서는 "범죄행위에 대한 국제적 조사도 이루어지지 않았고 범죄자들은 재판에 회부되지도 않았다"고 지적했다.

집단농장 콜호스는 강제수용소

1929년 최고 권력을 장악한 스탈린은 마르크스 이론을 충실히 따르면서 프롤레타리아의 국제연대(《공산당 선언》의 "만국의 프롤레타리아여, 단결하라!")이론은 포기하고 러시아만의 '1국사회주의'의 길을 택하면서 끊임없는 테러와 숙청으로 국가를 공포와 위협으로 몰아넣었다. 전임자인 레닌이 합리화시킨 국가폭력을 사회통제수단으로 활용했다. 생산수단의 국유화 조치로 군대를 동원해 전국 농토를 집단농장화하면서 5백만여 명의 지주를 시베리아로 추방했고 가축도살 등으로 집단농장화에 반발하는 지주는 처형했는데 그 숫자만도 150만여 명으로 기록되었다.

'굴라그'라는 강제노동수용소도 공산통치의 잔인한 범죄유형의 하나였다. 1993년 비밀 해제된 자료와 서방 언론의 보도를 보면 1934년부터 1941년까지 굴라그를 거쳐 간 인원은 7백만여 명으로 나왔다. 1941년에는 수용된 인원이 2백만 명이나 됐고 1953년에는 270만 명이나 됐다. 이들은 소비에트화를 반대한 반체제 지식인들로 재판 없이 끌려간 사람들이었다.

1929년에 4월부터 시작된 강제노동수용소는 전국 53개 수용소에 423개 지부를 설치했다. 독일군에 포로가 됐다가 돌아온 군인 150만여 명도 자본주의 색깔을 빼야 한다는 이유로 수용소를 거쳐야 했다. 수용된 사람들은 하루 기초대사량에도 못 미치는 1,400kcal의 음식으로 연명해야 했다. 1934년부터 1953년까지 수용소에서 사망한 인원이 백만여 명이나 된다.[16]

시베리아 유형流刑은 제정 러시아 시대부터 정적을 탄압하는 수단으로 이용됐다. 도스토옙스키도 1849년부터 시베리아에서 10년의 유형 생활을 했다. 무명의 소설가 솔제니친(Aleksandr Solzhenitsyn)은《수용소군도》(Archipelago Gulag, 1973)라는 책을 통해 굴라그의 참혹함을 전 세계에 고발했다. 이 책이 그에게 1970년 노벨문학상을 안겨주었다. 짐승처럼 얻어맞으며 영양실조에 시달리는 수형자의 비참한 모습을 소름 끼치게 묘사한《수용소군도》는 1970년대에 국내에도 소개되었다.

정치적 반대는 처형, 추방으로, 집단적 반발자는 황무지로 대량이 주시켰다. 연해주 지역에서 우리 민족 17만여 명 전원은 중앙아시아로 강제이주당했다. 우크라이나와 발트 3국의 민족도 중앙아시아와 시베리아로 대량이주당했다. 그렇지만 민족 전체가 강제이주당한 것은 우리 민족뿐이었다.

농경사회를 산업사회로 전환한다는 명분 아래 5개년 계획으로 모든 농지의 집단화를 추진했다. 이른바 그 유명한 집단농장 콜호스나 협동농장으로 불렸던 숍호스였다. 콜호스는 농민이 모든 재산을 갖다 바치고 공동으로 일하며 노동시간에 따라 생산물을 분배받는 형태이다. 반면 숍호스에서 일하는 농민은 임금노동자로 일한 만큼 임

---

16 Stéphane Courtois, Mark Kramer, *op. cit.*, pp. 203~235.

금을 받는 형태였다.

콜호스는 강제수용소나 다름없었다고 한다. 땅 주인은 자본주의의 원천으로 간주해 주인의 모든 재산을 빼앗아 집단농장에 귀속시켰다. 농민은 노동시간의 절반 내지 3분의 1 가격으로 식량을 배급받아야 했다. 콜호스에서 태어난 아기가 그곳을 벗어나려면 당의 허가를 받아야 했다. 집단농장을 거부하면 반동으로 몰렸다. 우크라이나 국민은 집단농장을 거부하다가 스탈린의 곡물 수탈로 기아飢餓가 발생해 3백여만 명이 굶어 죽었다.

이 두 기구의 전례는 고대 러시아의 기본 사회 단위인 농촌공동체 (Община)와 러시아 정교의 정신적 가치인 소보르노스찌(Соборность: 단합정신)에 바탕을 뒀다. 농촌공동체는 광대하지만 척박한 농지와 인구부족 및 고약한 날씨를 고려해 공동체의 상부상조를 위해 토지를 공동소유하고 공동체 내부의 장로들로 구성된 협의회에서 생산과 분배를 결정하던 구조였다. 하지만 공산정권은 마르크스레닌주의의 계급투쟁 이념을 농촌에 강제 적용한 것이다.

콜호스나 솝호스는 소련이 붕괴할 때까지 농업 부문에서 비효율의 극치를 보였다. 헤드릭 스미스(Hedric Smith)가 1975년에 펴낸 《러시아인》(Russian)이라는 책을 보면 "경작면적이 전 농토의 2%에 불과한 자영농지에서 생산된 농산물은 소련 전체 농업생산의 25%나 됐다"며 콜호스의 비효율성을 지적한다. 1990년 소련정부의 통계를 보면 농업생산성이 콜호스는 36%, 솝호스가 38%였으며 자영농지가 26%나 됐다. 특히 고기 등 육류와 채소, 달걀은 자영농지에서 3분의 1을 생산했다.

고르바초프 대통령은 후일 《선택》(Memoirs, 1996)이라는 회고록에서 집단농장을 이렇게 비판했다.

54

가장 유능한 소농(小農) 집단이 몽땅 사라졌다. 그들은 부농, 흡혈귀라는 이름으로 매도당했다. 수백만 명이 자신의 경작지에서 쫓겨나 가축처럼 집단농장에 수용됐다. 그들의 가축과 농기구들은 공동소유가 됐다. 집단화는 농민들을 완벽하게 통제하기 위해 구축된 제도였다.

그는 또 "제대로 농사를 지으면 곡물이 2억 6천만 톤으로 오히려 남아도는 것을 걱정해야 할 판인데도 그렇다"며 "국가는 서서히 멈춰 서고 있었다"며 개탄했다.[17]

1989년부터 1991년 8월까지 모스크바에 출장을 다니면서 집단농장 취재를 요청했으나 "다음 기회에 보자"며 미루어 끝내 현장을 보지 못했다.

절대권력은 공포정치로 유지한다

"절대권력은 절대부패한다"는 말이 있다. 영국의 역사가이자 법철학자인 액튼(Lord Acton) 경卿의 말이다. 독재자는 대부분 사후에 비판의 대상이 되고 격하의 대상이 되기도 했다. 스탈린의 후계자인 흐루쇼프는 1956년 2월 24일 20차 당 대회의 비밀연설을 통해 전임자를 혹독하게 비판했다.

비공개 회의에서 낭독된 이 연설은 소련 언론에 보도되지도 않았다. 대신 폴란드에는 슬쩍 흘렸다. 이 문서가 미국으로 흘러가 세계에 알려졌다. 당시 연설내용을 보면 스탈린을 "야비하고 변덕스러우

---

17 Mikhail Sergeyevich Gorbachev, 1996, *Memoirs*, New York: Doubleday, 이기동 역, 2013, 《선택: 미하일 고르바초프 최후의 자서전》, 서울: 프리뷰, 168~170쪽.

며 권력을 남용하는 인물"로 평가한 레닌의 말을 인용하면서 "스탈린은 '인민의 적'이라는 개념을 만들어 테러와 악랄한 고문수단을 사용해 반대자와 비판자를 잔혹하고 무자비하게 처형했다"고 비판했다.

그 예로 "17차 당 대회에서 중앙위원으로 선출된 139명 중 98명을 체포, 처형했으며, 1,946명의 대의원 중 1,108명도 같은 방법으로 처형하는 등 1930년대 후반 당 고위간부들을 무참하게 처형했으며, 1941년 히틀러의 소련침공 조짐이 여러 상황에서 파악됐음에도 이에 대비하지 않아 전란에 휩싸이게 한 잘못을 저질렀고, 현실감각이 무뎌져 유고 연방의 탈퇴를 방조하는 등 스탈린은 오만과 독선, 독재와 테러로 사회주의 정당성을 훼손했다"고 비판했다.

공산주의 국가의 범죄행위를 처음으로 인정한 것으로, 그것도 서방이 아니라 모스크바에서, 공산당원이 아니라 공산당 최고지도자가 했다는 점에서 참으로 아이러니라는 생각이 든다. 고르바초프도 자서전에서 스탈린 시대, 특히 1937년을 "당원 수십만 명이 처형당하고 3백만 명이 수용소로 간 시절"을 "피로 물든 범죄의 역사"라고 규정했다. [18]

스탈린 비판의 여파는 같은 해 폴란드의 노동자 시위(1956. 6), 헝가리의 반소反蘇시위(1956. 10~12)의 원인이 됐고 1968년 체코의 자유화 운동으로 이어졌다. 그러나 소련은 동독, 헝가리, 체코 시위에 대해서는 무자비한 무력진압으로 대응했다. 소련은 소련군 73개 사단을 비롯한 동독, 폴란드, 헝가리, 루마니아, 불가리아 등의 군대를 모두 바르

---

18 *Ibid.*, p. 254.

샤바 조약군으로 묶어 126개 사단병력으로 공산권을 통제했다.

공산혁명을 이끌어 공산주의자에게 성인으로 추앙받던 레닌도 비판의 대상이 됐다.

1990년 가을, 소련에서 헌법을 바꿔 대통령제를 도입하기 위한 대의원대회가 열렸다. 대통령제 도입은 권력의 추錐가 공산당에서 행정부로 넘어가는 중대한 변화였다. 나는 이 대회를 직접 취재했다.

지루한 논쟁이 이어지다가 한 대의원이 등장해 폭탄발언을 하면서 긴장이 높아졌다. 아파나시예프 대의원으로 그는 역사학 박사이자 대학교수였다. 그는 "레닌은 폭력, 테러, 불법을 국가정치의 원칙으로 삼았다"며 레닌에게 직격탄을 날렸다. 회의장이 고함과 소란으로 뒤덮였고 회의가 한동안 중단됐다. 이어진 연설에서도 그는 주권재민, 시장경제, 생산수단의 인민화 등을 주장했다.

그 회의에서 대통령제 도입안은 찬성 1,889표, 반대 133표, 기권 67표로 확정되고 고르바초프와 리쉬코프 수상, 바카친 내무장관 3명이 후보로 올랐으나 고르바초프가 압도적으로 추대됐다.

고르바초프 대통령도 1991년 3월 우크라이나의 수도 민스크에서 가진 연설에 "민주적으로 선출된 의회를 해산하고 무력으로 일당지배체제를 구축했다"며 처음으로 레닌에 대한 재평가를 내렸다.

마오쩌둥은 1976년 9월 9일 사망 후 비판의 대상이 됐다. 마오의 생애 역시 권력투쟁의 하나였다. 대장정과 1958년 인민공사 설립운동에서 시작한 대약진운동, 3년에 걸친 대기근, 1966년부터 시작해 10년을 끌어온 문화대혁명을 거치면서 전시가 아닌 평시에 7천여만 명이 희생된 인류역사상 가장 잔혹한 독재자였다. 그런 그도 신에서 인간으로, 무결점에서 결함 있는 인간으로 격하되었다.

또한 1981년 6월 중국공산당 중앙위원회의 '역사결의'에서 "1966년 5월부터 1976년 10월에 이르는 문화대혁명으로 당과 국가와 인민은 건국 이후 최대의 좌절과 손실을 입었다"며 "문화대혁명이라는 중대한 과오는 마오쩌둥 동지에게 주된 책임이 있다"고 비판했다.[19] 문화대혁명 10년 평가에서는 과오를 지적하면서도 "중국 혁명에 대한 공적은 과오보다 크다"는 원칙을 설정했는데 '공功7 과過3'이란 말도 이때 나왔다. 또 "건국에는 공이 있지만 치적은 잘못이 있다"建國有功 治積有罪는 비판을 받았다.

모스크바의 바세슬라브 쇼스토콥스키라는 고교 교사는 "어떤 사회든 위대한 신화가 진실이 아닌 선동과 환상에 기초한다는 것은 파멸적인 일이다. 커튼이 쳐진 방안에서 TV선전만 보다가 어느 날 창문을 열고 현실세계를 보는 순간 정신세계가 온전할 수는 없다"고 한숨지은 사람이다. 수십 년에 걸친 전체주의적 정치에 이데올로기를 동원한 통제에 길들여질 수밖에 없는 무관심과 무의식, 무기력이 일상화된 박제剝製된 세상은 오래 갈 수 없었다.

고르바초프는 후일 그의 자서전 《선택》에서 이렇게 탄식했다.

우리 세대는 정신적인 면에서 공허한 삶을 살았다. 공식 이데올로기가 먹여주는 한 줌의 양식만 받아먹었다. 스스로 비교해 보고 다양한 철학적 사상을 접하며

19 이채주, 2011, 《해서(海瑞)를 찾아서: 중국 문화혁명 연구》, 서울: 화정평화재단, 370~371쪽.

스스로 옳은 것을 선택할 기회를 박탈당한 채 살았다.

고르바초프는 농업담당 정치국원으로 있을 때 "삶의 질을 개선하는 것이 시급하고 중요한 과제"라며 "연료는 그럭저럭 꾸려간다 해도 식량을 포함한 생필품 부족으로 소련 국민이 겨울을 지나 봄을 넘길 수 있을지 걱정"이라고 기술했다.[20]

그런데도 공산주의는 왜 오래 유지됐나? 1987년 10월 미국 뉴욕에서 '공산주의 국가는 생존할 것인가? 그 내부의 관점들'이라는 주제로 세미나가 열렸다.[21] 고르바초프의 개혁·개방 정책에 기대를 걸던 시기였다. 소련 출신의 반체제 인사인 알렉산드르 지노비에프는 "악어는 결코 날지 못한다"며 공산주의 종말을 주장했다. 체코 출신의 남 스비타크(Nam Svitak)도 "고르바초프의 개혁은 눈에 먼지를 닦는 정도일 뿐"이라고 평가절하했다.

미국의 칼럼니스트 리처드 리브스(Richard Reeves)는 칼럼에서 샤를 드골 프랑스 전 대통령과 조셉 케네디(존 F. 케네디 대통령의 부친)의 공산주의에 대한 비판적 시각을 전하면서 다음과 같은 결론을 내렸다. "공산주의는 기본적으로 작동하지 않았고 그 스스로의 무게 때문에 붕괴할 것". (Communism was fundamentally unworkable and would fall of its own weight) 특히, 드골은 "공산주의 이데올로기는 기본적으로 사기다"라면서 '소련'이라는 단어 대신 '러시아'라고 표현했을 정도로 강한 거부감을 나타냈다고 했다.

---

20 Mikhail Sergeyevich Gorbachev, *op. cit.*, 306쪽.
21 Vladimir Tismaneanu, 1992, *Reinventing Politics: Eastern Europe from Stalin to Havel*, New York: Free Press, p. 281.

이 칼럼은 또 공산주의가 과대평가됐으며 미국을 비롯한 서방의 확고한 대응책이 없어 지속됐다. 그 예로 1956년 헝가리 봉기 때는 영국과 프랑스 등 서유럽이 수에즈 운하 사건에 매달리고 1968년 체코의 '프라하의 봄' 때는 미국이 베트남전쟁의 수렁에 빠져 제대로 대응하지 못했기 때문이라고 주장했다. 공산주의는 1960년대나 1970년대에 종식됐어야 할 체제였다는 것이다. [22]

---

22 *Baltimore Sun*, 1993년 8월 4일 자.

통신오지의 현장

대한민국 현직 장관으로 정부가 수립된 후 소련에 처음으로 공식 입국한 사람은 신현확申鉉碻(1920~2007) 당시 보건사회부 장관이다. 1977년으로 기억하는데 국제보건기구(WHO) 총회가 당시 소연방의 카자흐스탄 공화국의 수도 알마티(현재는 아스타나)에서 열렸을 때이다. 소련 영토에 처음으로 입국한 신 장관과 인터뷰하라는 것이 당시 주니어 기자인 나에게 떨어진 회사의 취재지시였다.

회사교환원을 통해 스위스, 오스트리아, 프랑스, 핀란드 등 소련과의 관계가 비교적 긴밀하다고 생각되는 나라의 교환대와 씨름했다. 새벽이 되어 포기하고 국제교환대에 부탁한 뒤 회사 외신부 소파에서 잠이 들었는데 아침 5시경 전화벨 소리에 눈을 번쩍 떴다. 신현확 장관의 투숙호텔을 찾았다며 연결해주는 것이었다. 아마 8시간 정도 걸렸으리라. 어떻든 신 장관과 통화했다.

신 장관도 서울에서 걸려온 전화를 받고 깜짝 놀라는 목소리였다. "내 방의 전화번호를 어떻게 알았소?"

그때나 내가 출장 다니던 1990년대 초까지도 소련 호텔의 전화는 방마다 외부로 직접 연결되는 직통전화였다. 호텔마다 교환원이 있기는 했지만 시스템을 관리하는 정도였다. 그나마 오후 6시만 되면 퇴근했다. 야간 당직 교환원도 있지만 제자리를 지키는 경우는 드물었다.

처음 모스크바를 방문했을 때 같은 호텔에 투숙한 김병관 〈동아일보〉 발행인과 통화하는데도 감이 뚝 떨어지고 기계음이 들리곤 했다. 옆방 통화도 호텔교환대가 아니라 전화국의 교환대를 거친다는 사실을 나중에 알았다. 100% 도감청이 가능하다는 말이다.

1990년 8월에 열린 차이콥스키 국제콩쿠르 성악 부문에서 우리나라 최현수 씨가 우승했다. 바이올린 부문에서도 재미교포 2세가 3위에 입상했다. 차이콥스키 콩쿠르는 세계적 명성을 가진 콩쿠르로 한국인의 우승은 처음이었다.

최 씨와 어렵게 인터뷰하고도 전화연결이 안 되어 그 좋고 신선한 기사를 보내지 못했다. 당시 내가 묵었던 곳이 외국인 전용호텔이었는데도 그랬다. 기사를 정리하고 팩스든 통화든 연결되는 수단에 따라 기사를 송고하기로 하고 호텔교환원에게 팁을 주면서 서울 본사와 빈의 집 전화번호를 주고 연결을 부탁했다. 그러나 그걸로 끝이었다. 기다리다 답답해서 교환실에 가보면 아무도 없었다. 결국 최 씨의 우승 소감은 서울 본사에서 직접 취재한 전화인터뷰로 대신했다. 황당할 뿐이었다. 대신 이 기사는 재정리해 월간지인 〈음악동아〉에 자세히 실었다.

모스크바에 10여 차례 다닌 덕에 알게 된 현지인의 말이다. 자기가 사는 아파트는 2백 가구당 전화 1대뿐이라고 했다. 이 비율의 전화는 폴란드의 바르샤바에도 마찬가지였다. 외부에서 걸려오는 전화는 받을 수 있지만 외부통화는 어느 한 집이라도 전화기를 들고 있으면 연결이 안 된다는 것은 이해가 되지 않는 시스템이었다.

루마니아의 경우, 오히려 국내전화 사정은 좋았다. 부쿠레슈티에서는 웬만한 가정에는 전화가 있었다. 그러나 국제회선은 20개에 불과했다. 은둔의 공산국 알바니아에서는 국제회선이 단 3회선뿐이었다.

루마니아의 유혈 혁명이 있었던 부쿠레슈티에서 있었던 일도 기막힌 경험이다. 인터콘티넨탈 호텔엔 임시정부 역할을 하는 구국위원회의 프레스센터가 있었다. 그 호텔에 6백여 명의 외신기자가 투숙 중이었다. 당시 이 호텔에 배정된 국제회선은 단 3회선뿐. 서울로 전화하는 건 언감생심, 가장 쉬운 방법으로 텔렉스를 생각했다. 텔렉스는 팩스와 함께 1980년대 말까지 문자를 주고받는 일반적인 통신수단이었다.

텔렉스로 메시지를 보내려면 먼저 기사를 로마자로 펀칭(*punching*)하고 그 펀칭된 테이프를 기계에 걸고 전화를 연결한 뒤 스위치를 누르면 순식간에 송고된다. 문제는 펀칭이다. 예를 들어 '한국은'이라는 단어는 'hankukeun'과 같이 펀칭해야 했다. 서울에서는 전송된 텔렉스 알파벳을 암호 풀듯 다시 한글로 옮겨 적는 방식이었다.

텔렉스실의 교환원은 난생처음 보는 단어를 펀칭하는 일에 당혹스러워했다. 익숙한 프랑스어나 영어가 아니기에 한 글자씩 보느라 펀칭하는 데 많은 시간이 걸렸다. 내가 직접 펀칭하겠다고 했으나 규정 위반이라며 허락하지 않았다. 아마 난수표로 생각했는지 얼마 후 경찰 2명이 찾아와 동행을 요구했다. 호텔 내 사무실에서 여권과 오스트리아 공보처에 등록한 프레스카드를 확인한 다음에야 풀어주었다.

결국 그날 텔렉스를 사용하지 못했다. 팩스도 사용할 수 없었다. 우여곡절 끝에 연결된 곳이 런던. 내가 불러주는 기사를 남중구 런던 특파원이 받아 적어 서울로 팩스를 보내는 방식이었다. 전화송고 시간이 30분이 넘었다. 전화를 마치고 뒤를 돌아본 나는 민망스러웠다. 내 뒤로 전화를 기다리는 사람이 20여 명이나 됐다.

계획경제는
비효율의 극치였다

마르크스 이론의 기본바탕은 노동착취의 반대이다. 즉, 착취의 근본이 되는 사유재산과 계급을 폐지해 모든 사람이 평등하고 자유롭게 사는 공동체를 지향하는 것이다. 생산수단의 사적 소유가 없어지고 분업도 없어지면 생산력이 높은 수준으로 발전하고 계획에 다른 생산이 이루어지며 물품은 필요에 따라 분배된다는 것이다. 공산국가의 경제가 계획경제 및 배급제를 시행한 이론적 배경이다.

배급제는 강제적 평등과 강요된 정의의 또 다른 실현방법이었다. 평등지수가 높다는 것은 그만큼 인간의 자유와 창의성이 억압되고 강제화가 강해진다는 의미이다.

경제는 정치에 예속되어 공산당이 철저하게 통제했다. 투자와 상품 및 서비스의 생산, 가격과 배분이 공산당의 계획에 따라 이루어졌다. 사회주의 건설의 목표를 중화학공업에 두고 계획경제정책으로 강행했다. 당연히 소비재 산업 등 경공업이 경시됐고 세월이 갈수록 식량과 생필품 부족현상으로 나타났다. 사회주의의 허약성과 물자부족이 여기서 초래된 것이다.

많은 전문가는 계획경제의 경직성 때문이라고 지적했다. 마르크스 이론에 따라 노동자의 착취를 없애기 위해서는 "상품을 계획에 따라 생산하고 필요에 따라 배급"해야 하기 때문이다.

그러다보니 민주국가와 공산국가의 격차를 벌인 과학기술의 발전에 대응하지 못했다. 과학기술은 전문인력이라는 엘리트 계층의 출현과 존재를 인정해야 하는데 노동자의 '지도적 역할'을 우상처럼 존중하는 공산국가에서는 이런 모습을 용납할 수 없는 것이었다. 국가주도의 과학기술이 있었지만 과학자는 노동자였다.

2차 대전과 1950~1960년대 냉전을 거치면서 소련은 군수산업 위주의 중공업 정책을 추구했다. 서방, 특히 미국과의 군비경쟁 때문이었다. 소련군 점령지의 동유럽은 전쟁으로 파괴된 소련의 국가재건에 물자와 기술을 빼앗겼다. 1953년까지 동유럽 국가가 소련에 빼앗긴 석탄, 석유, 산업자재, 기술, 시설 등은 미국이 유럽에 제공한 마셜플랜과 같은 140억 달러에 달했다.

중공업 우선 정책에 따라 경공업과 소비재 산업은 생존차원에서 운영됐다. 농업은 집단농장 체제로 전환해 생산성을 기대할 수 없었다. 그 여파로 소련과 동유럽 전체가 만성적인 식량부족 및 생필품 부족이라는 고통을 치러야 했다.

소비재는 질에서 형편없고 양적으로도 부족했다. 그래서 생겨난 것이 미국 달러나 독일 마르크 등 외국 돈으로만 물건을 구입할 수 있는 외화상점이 생겨났다. 소련은 '베료즈카'(Берёзка: 자작나무), 동독은 '인터숍'(INTERSHOP), 폴란드는 '페벡스'(PEWEX), 체코는 '투젝스'(TUZEX), 물론 국영이었다. 외국 관광객의 편의를 위해 운영한다는 명분이었지만 공산당 간부가 더 자주 이용한 특권이었고, 외국 돈을 구경할 수 없는 시민에게 외화상점은 그림의 떡이었다. 외국물품은 대부분 뇌물로 이용됐다.

더구나 경제구조는 소련을 정점으로 하고 동유럽 국가를 회원으로 하는 코메콘(COMECON)[23]으로 묶어 생산 물품과 투자를 국가별로 할당했다. 국가별로 산업을 분업화시켰다. 코메콘 회원국 전체의 수요를 측정하고 생산해 배급하는 식으로 공급했다. 이른바 물물교환 형식인 바터무역이 주류였다.

예를 들어 헝가리의 경우 소련으로부터 석유 백만 톤을 받는 대가로 1974년에 버스 8백 대를 주어야 했으며 1981년에는 2천3백 대, 1988년에는 4천 대로 늘어났다. 때문에 품질을 따질 계제도 아니고 국제경쟁력을 갖출 이유도 없었다.[24]

계획경제는 비효율과 관료화의 극치로 나타났다. 불가리아에 있는 야금플랜트는 항구에서 320㎞ 떨어진 산속에 있다. 원광을 소련에서 수입하는데 운송과 에너지의 낭비가 엄청났다. 바르샤바 조약군의 주력 전차인 T-74 탱크공장은 슬로바키아와 폴란드, 우크라이나 국경이 가까운 험준한 산속에 세워졌다.

산업의 정체 현상은 자동차 분야에서 생생하게 비교해 볼 수 있었다. 체코의 스코다는 소형승용차로 1920년대만 해도 독일의 벤츠와

---

23 Council for Mutual Economic Assistance의 약자로 사회주의 국가 간 경제상호원조기구. 미국의 마셜플랜에 대항해 소련의 주도로 1949년 1월에 발족했으며 사회주의 국가 간 국가경제계획 추진과 협력에 중점을 두었다. 소련, 체코, 폴란드, 헝가리, 불가리아, 루마니아, 동독, 쿠바, 몽골 등이 초기의 회원국이었다.

24 Vladimir Tismaneanu, 1999, *The Revolutions of 1989*, London: Routledge, p. 410.

같은 기술력을 자랑했다. 그러나 스코다는 그때 그 모습으로 1980년대 말까지 생산됐으며 그나마 15년을 기다려야 구입할 수 있었다. 동독의 트라반트 역시 900cc짜리 2기통 소형승용차로 '트라비'라는 애칭으로 불렸는데 1957년부터 1991년까지 생산됐다. 플라스틱 차체에다 볼품없고 속도가 느린 그 꼬마차도 구입하려면 10년을 기다려야 했다. 통일 후 동독의 고교 교사 일가족이 이 차를 타고 서독과 이탈리아를 여행하면서 경험하는 에피소드를 엮은 영화 〈트라비의 애환〉(Go Trabi, 1991)은 산업의 격차와 동서독인의 이질감을 생생하게 보여주었다.

제 2 부

공산주의
종주국의 몰락

Union of
Soviet Socialist
Republics

공산주의
종주국의 몰락

말라비틀어진 고기도 없어서 못 사

1989년부터 소련에서 소비재 산업의 심각성에 관해 국가기관의 발표
가 있거나 언론에 기사가 가끔씩 보도되기 시작했다. 발표나 보도되
는 통계숫자는 암호 같아 해석하기 어렵지만 추세는 읽을 수 있었다.
　정부기관인 소련국가통계위원회가 1989년 11월에 발표한 자료는
관료냄새가 난다. 정부기관지인 〈이즈베스티야〉(*Известия*)가 보도
한 내용을 보면 9만 세대의 생계를 조사한 결과 1989년 상반기에 노
동자 및 사무원의 1인당 화폐수입은 157루블(약 260달러)[1]이며 콜호
스는 117루블(약 194달러)로 이는 1988년 상반기보다 8~10% 늘었
다. 전국의 소비제품의 생산도 상반기 2,060억 루블로 전년도 동기
대비 7.8% 증가했으며 소비재 유통은 1,922억 루블로 101.95%나
늘어난 것으로 되었다.

---

1 당시의 공식 환율을 기준으로 달러 혹은 원화로 기록해둔 것이다. 나머지도 모두 당시의
　환율을 기준으로 기록해두었던 것을 참고하였다.

© 최맹호

아르바트 거리의 생선 파는 아주머니.
냉동 대구 매대를 편 지 10분도 되지 않아 5상자 모두 팔렸다.

솔직한 측면도 공개했다. 빵, 설탕, 고기 등 식료품과 양말, 비누
등 경공업제품과 의약품이 부족하고 이 때문에 사재기 현상이 일어
부족현상을 더욱 심화시킨다고 보도했다.

공산품 생산도 목표 대비 실적을 공개했다. 예를 들어 라디오는
16% 성장목표에 실적은 4%에 불과했으며 세탁기는 16% 성장목표
에 실적은 8%, 청소기는 15% 성장목표에 실적이 5%이며 컬러TV
는 14% 성장목표에 실적이 11%였다. 그러면서 통계위원회는 "국방
비를 축소하고 민수생산을 확대하고 있으며 군수공장의 민수공장 전
환도 빠르게 진척될 것"이라고 밝히기도 했다.

〈이즈베스티야〉의 1989년 10월 28일 자도 "경제성장의 폭이 줄어
들고 주요 소비재의 생산이 감소되며 주택 부족과 문화 및 사회 영
역이 축소되는 등 사회 경제상황이 곤경에 빠져 든다"고 진단하고 그

이유를 노동규율의 이완, 행정규율의 약화, 민족문제, 파업 등이 겹쳐서 생기는 문제라고 분석했다.

분야별 수치를 보면 1인당 GNP의 목표는 7이지만 실제는 3.6으로 나타났고 국민소득의 목표는 5.7이지만 실제는 2.4에 불과했으며 노동생산성은 목표 4.5에 실제는 2.2, 소비재생산은 10에 5.7로 그 중 식료품 생산은 목표가 11이나 실제는 3.2에 불과했다. 이런 숫자로 일반 시민의 구체적인 생활실태를 비교할 수는 없는 일이다.

〈프라우다〉 신문은 공산당기관지였다. 이 신문은 1989년 9월 18일자 1면에 포탑을 떼어낸 탱크가 농기구를 달고 땅을 일구는 사진을 실었다. 이와 함께 "경제가 예상보다 훨씬 심각하다. 줄은 더 길어지고 시간도 더 걸리고 있다. 담배와 식료품, 경공업제품의 부족이 커지고 있다"는 내용을 사진설명으로 덧붙였다.

공산당기관지와 정부기관지가 마르크스레닌주의 핵심토대인 노동과 행정기능의 문제점을 지적하는 것은 이례적인 일이었다.

모스크바 시내의 자영농민이 모이는 개인시장과 협동농장에서 운영하는 상점을 둘러봤다. 우베트노이 거리 서커스 극장 옆에 있는 자그마한 시장은 개인이 인근 농지나 땅을 빌려 농작물을 재배해 시장에 가져오는 자영농민이 모여드는 장소였다. 그들은 스스로 이곳을 '중앙시장'이라 불렀다. 시장경제의 상징성과 사유재산제도의 희망을 이렇게 표현했다. 거래되는 대부분의 생필품은 식료품과 육류였다. 가게는 모두 18곳. 정부로부터 허가받았다는 면허증을 가게 벽에 붙여놓았다.

고깃집 주인은 예브게니 페트로브나 씨. "일주일에 3번 시장에 오는데 오늘은 소 한 마리를 잡아왔어요. 아마 천 루블 정도 벌 것 같아

요"라고 말했다. 시 외곽에 3백 평 정도의 개인 축사를 가지고 있으며 소 10마리를 키운다는 것. 당시 공식 환율은 미화 1달러가 소련의 0.6루블이었다. 천 루블이면 약 1,660달러. 월평균 소득인 2백 루블의 5배나 되는 금액이었다. 전문직인 의사나 과학자, 대학교수의 월평균 소득은 6백 루블 정도. 그러나 실질임금은 훨씬 적었다. 1989년 2월, 내가 암시장에서 바꿔본 환율은 미화 1달러가 3루블이었다.

고깃집 옆은 채소가게. 토마토, 시금치, 양배추 등 채소는 신선했다. 감자도 알이 굵고 싱싱해 보였다. 주인은 드미트로프 씨. 교외의 5백 평 땅에 각종 채소를 재배해 중앙시장에 가져온다고 했다.

개인시장의 상품 가격은 대체로 협동농장이 운영하는 상점보다 5~15배나 비쌌다.

협동농장 상품은 물건이 적었고 위생시설도 엉성했다. 쇠고기는 300g에 2루블, 질이 좋아 보이는 고기는 1kg에 9루블로 적혀있었다. 소시지는 1kg에 0.6루블이었다. 주요 식품인 빵, 버터, 우유, 설탕, 밀가루, 감자, 토마토 등 가격은 0.4~0.6루블로 가격이 쌌지만 문제는 물건이 모자라 구입하기 어렵다는 데 있었다. 먼지가 낀 생선 통조림, 버터와 마가린, 돼지비계 일부가 전부였다. 오래된 것처럼 보이는 고기도 있었다. 말라서 거무스름하고 비계와 뼈가 3분의 2나 되어 보이는 그 고기는 1kg에 1.9루블. 누가 사갈까 궁금했다. 40대로 보이는 아주머니가 서슴없이 샀다.

"이걸 어떻게 먹습니까?"

"이것도 없어서 못 삽니다. 오늘은 운이 좋은 날이죠. 추운 날이라 이걸로 수프를 만들어 먹을 겁니다."

몸집이 큰 이 부인은 너무 퉁명스러워 더 물어보지 못했다.

붉은 광장에 있는 국영백화점 굼에는 남자 바지가 60루블, 여성 블라우스는 70루블이었다. 라다 소형승용차 1대는 무려 9천 루블이 나 됐지만 그것도 4년은 기다려야 했다. 미국제 청바지 리바이스는 암시장에서 3백 달러나 달라고 했다.

모스크바의 사회주의 경제연구소 소장 갠나지 리시킨 박사는 "경제 학자로서 소련의 경제체제는 정말 이해되지 않는다"고 말했다. 그는 경제위기의 기본적 배경을 "이데올로기 문제 때문"이라고 진단했다. 특히 농업 분야에서 제일 심했다고 강조했다. 농노제가 있었던 제정 러시아 때도 농업 분야는 시장 친화적이었다. 그러나 신경제제도 (NEP)를 도입하면서 시장기능을 박탈했다. 집단농장과 협동농장은 행정지시만 따라야 했다. 생산성은 줄고 농장을 떠나는 농민이 늘어 1천3백만 명이던 협동농장 인구가 3백만 명으로 급감했다. "사회주의 체제 70년에 농업은 철저히 파괴됐다"고 서슴없이 말했다. [2]

경제난을 극복하기 위해서는 시장기능을 회복시켜야 하며 농업 분 야에서는 자영농을, 서비스 분야에서는 자영업을 허가하고 권장해야 한다. 서비스 분야는 역사도 짧고 관련 분야도 극히 적다. 이 분야 를 발전시키지 않은 것은 굉장히 어리석었다. 이 모든 것이 이념문 제에서 비롯된 것이라고 거듭 말했다.

소연방 과학원 산하의 경제연구소 레오니드 아발킨(Leonid Abalkin) 소장도 비관적으로 분석했다. "1989년 국가수입은 5%나 하락했고 도 소매 가격은 10%나 뛰었다"며 경제위기라고 서슴없이 표현했다. 그는

---

2 1989년 11월 14일 집무실에서 인터뷰.

"위장 또는 분식되어온 무덤 같은 유산이 고르바초프 대통령을 억누르고 있다"고 안타까워했다.

함께한 니콜라이 슈메레프 교수는 "과거 3년간 국가재정적자는 2배나 늘었고 통화량은 계속 늘어나는데 이 같은 통화정책을 계속할 경우 루블화 가치는 완전히 상실되고 경제는 파멸에 이르는 전시체제를 방불케 될 것"이라고 전망했다.

최고의회의 상임위원회인 무역분과위원회 무역소위 위원장은 고려인으로 조 바실리 이바노비치 씨였다. 우즈베키스탄 공화국의 안디잔 출신으로 잠불기술공과대학을 졸업하고 직물공장 책임자로 있다가 최고회의 의원으로 선출된 그는 "1990년 소비재생산을 20.3% 늘린다는 정부계획은 현실성이 없다"고 잘라 말했다. 자원부족과 기술의 낙후 때문이기도 하지만 "가장 시급하고 빠른 길은 노동자에게 재산권을 허용하는 것"이라며 "사유재산제도를 도입하는 것이 경제상황을 개선하는 지름길"이라고 강조했다. 그는 참 재미있는 표현을 했다.

"경제적 여유는 일하는 사람만이 누릴 수 있는 권리여야 하는데 소련 사회는 말을 잘하는 사람이 누린다."

공산주의
핵심가치의 붕괴

1989년 1월 헝가리 공산당은 복수정당을 허용하는 법안을 통과시켰다. 공산국가에서 처음으로 공산당의 권력독점조항을 폐기하는 충격적인 내용이었다. 충격이 어느 정도 가라앉은 그해 9월, 공산당 전당대회에서는 개혁파와 보수파 간에 격렬한 논쟁이 벌어졌다.

나는 그 대회의 목적을 사전에 확인하고 현장을 취재했다. 공산당을 근본적으로 해체하는 법률을 개정하는 회의였다. 군과 경찰, 공무원, 직장 내부에 구성된 당 세포조직을 해체하는 법률안을 놓고 논쟁이 치열하게 벌어졌다.

당시 개혁파의 리더인 레조 니에르스(Rezso Nyers) 정무장관의 측근이자 대학교수인 마리아 오르모스(Maria Ormos) 여사는 "계급정당은 폐기되어야 하며 더는 스탈린식의 국가사회주의가 존속해서는 안 된다"고 역설했다. 정치학자 아틸라 아기스 박사는 "형제 당이라는 용어를 폐기하고 동무라는 호칭도 삭제해야 한다"고 주장했다.

보수파와 중도파의 저항도 만만치 않았다. 그들은 "실천에 문제가 있었지 공산주의의 원칙과 기본가치는 필요하며 당의 세포조직도 유지해야 한다"는 입장을 고수했다. 사회주의를 포기할 수 없으며 직장 내의 공산당 조직도 유지하고 노동자 중심의 대중정당을 존속시켜야 한다는 주장이었다. 그러나 국민의 희망과 민주화 물결을 거스르기는 어려웠다. 공산당의 존립이 뿌리부터 흔들리기 시작한 계기였다.

앞서 인용했듯이 '노동자의 당과 대립하는 정당은 안 된다'는 마르 크스의 《공산당 선언》에 충실한 노선에 따라 복수정당이나 정치적 이해관계를 대변할 기구가 만들어질 수 없었다.

1990년 3월 14일부터 사흘간 열린 소련공산당 인민대의원대회 3차 특별회의. 나는 2천여 명이 참석해 대회장을 가득 메운 공산당대회를 참관석에서 지켜봤다.

격론과 함성, 고함과 울분이 뒤섞여 진행되던 3일째인 16일, 인민 대의원대회는 소련공산당이 보석처럼 붙들어 쥐고 있던 헌법 제6조 를 개정했다. 소련과 동유럽 위성국가의 통치이념 핵심이자 공산당 의 존재기반을 허물어버린 것이다.

헌법 제6조는 이랬다.

소련 사회와 정치제도 및 모든 국가기관과 조직을 이끌고 지도하는 힘은 소련공 산당이다. 마르크스레닌주의에 기초한 공산당은 사회발전의 전체적인 계획을 결 정한다.

이 조항은 공산당이 모든 것을 계획하고 결정하는 권력독점조항으 로 정치적 다양성을 허용치 않으며 자유로운 의견이나 사상의 자유 를 원천적으로 봉쇄하고 야당탄압을 정당화한 공산당 독재국가의 핵 심조항이었다. 제6조는 이렇게 개정됐다.

소련의 정책결정에는 소련공산당, 다른 정치단체, 노동자, 청년, 공공기구, 인민
대표회의에서 선출된 대표들도 참여한다.

공산당 이외에 다른 정치단체와 직능대표도 참여하는 다당제의 길
이 열린 것이다. 뿐만 아니라 제 39조(시민의 권리와 자유의 향유는 사회
와 국가의 이익을 해쳐서는 안 된다)와 제 59조(시민은 법률에 복종해야 하
고 공산당이 결정한 사회주의적 사회의 기준에 부응해야 한다)도 개정됐다.
  이 2개 조항은 언론 집회 결사의 자유를 원천적으로 금지하면서
일당독재를 뒷받침하는 강력한 운용기준이었다.

고위직 공산당원, 특권의 대명사

공산당의 권력독점과 일당독재는 마르크스레닌주의의 이론을 바탕으
로 한다. 공산당은 '국가사회의 전위조직으로 당이 결정한 것은 정당
하며 유일한 진리'라며 공산당의 지배권을 합법화한 것이다.
  15일 속개된 회의에서 비탈리 이그나텐코 대의원의 연설이 가장
해학적이었다. "겨울이 가고 봄이 오고, 이어 여름이 왔다. 이것도
(공산)당에 감사한다. 우리는 이런 식이었다. 모든 것을 당에 감사
해야 했다. 이건 웃기는 일이다. 당은 신神이냐? 종교냐?"라며 신랄
하게 비꼬았다. 그는 기립박수를 받았다.
  공산당의 권력독점조항 폐기는 사실 공산주의자에게는 베를린장벽
붕괴보다 더 큰 정신적 충격과 혼란을 주었다. 특히 소련의 중앙정
부는 물론 지방정부의 고위직은 공산당원이 장악했다. 공산당은 거
대한 관료집단이었다. 이들 가운데 고위직 공산당원은 '노멘클라투

라'라고 불렀다.

이 명칭은 무능과 부정, 부패의 대명사였다. 당원의 직위가 올라갈수록 특권도 늘어났다. 소련에서는 중앙당의 고위간부가 되면 전용매점, 전용병원을 이용할 수 있고 별장과 자동차가 제공됐다. 일반인의 차량번호는 흰 바탕에 검은 숫자이지만 공산당 간부의 차량번호는 검은 바탕에 흰 숫자였다. 모스크바 시내 큰 도로의 중앙차선은 당 고위간부의 전용차로였다.

1986년 소련의 공산당원은 성인인구의 약 10%인 1천9백여만 명에 달했다. 스스로의 무게에 짓눌려 작동되지 않는 사회가 됐다. 공산당원에게 권력독점조항 폐기는 허탈감과 당의 지도이념이라는 명분으로 국민에게 온갖 악행을 저질러온 죗값을 치러야 할 상황이 온 것이다. 그러나 죗값을 치른 사람도, 요구한 사람도 없었다.

소련 사회의 부패는 제정 러시아 시대에도 만연했을 정도로 뿌리 깊다. 고골리가 쓴 〈검찰관〉(Ревизор, 1836)은 부패관리들을 해학적으로 그린다. 시골마을에 잘 생긴 실업자 젊은이가 나타난다. 모스크바에서 암행감찰을 나온 검사로 소문나면서 지방관리들이 정신을 못 차리고 이 젊은이에게 엄청난 뇌물을 바치고 극진히 대접하는 희극적 내용을 담았다.

소련에서 일당독제 폐기는 사실 늦은 셈이었다. 헝가리에 이어 동독이 1989년 베를린장벽 붕괴 후인 12월 1일 자로 헌법 제1조에 규정되었던 공산당 독점조항을 폐기했고, 체코 역시 그해 11월 24일 자로 공산당 통치가 종식되면서 무효화됐고, 불가리아도 1989년 11월 지프코프 서기장이 사임하면서 법치국가의 필요성을 제기하고 독점조항을 삭제했다.

나는 1989년 말 〈동아일보〉에서 한 해를 결산하는 특집기사에 "동유럽의 하반기 6개월은 민주화를 부르짖는 시민들의 목소리로 덮였다"고 썼다.

어디를 가나 democratization이 핵심 단어였다. democratization과 democracy는 의미적 차이가 있다. democratization은 민주화를 추구하는 절차적 과정이며, democracy는 그 과정이 성공적으로 끝난 명실상부한 민주주의 체제를 의미한다.

민주화의 대표적이고 상징적인 행위가 '자유선거'였다. 1989년 3월 소련공산당이 처음으로 자유투표로 지역별, 직능별 인민대의원을 선출할 때, 그해 6월 말 폴란드가 동유럽 국가 중 처음으로 공산당과 자유노조 및 군소정당 후보가 출마한 자유총선거를 시행했을 때, 헝가리 총선거(1990. 3), 루마니아 선거(1990. 6), 알바니아 선거(1991. 3)를 취재하던 당시 그 나라 시민들이 느끼던 흥분된 감정을 잊지 못한다.

그들은 공산정권 통치 45년간 숨죽이며 선택을 강요당했던 무력함에서 벗어나 자유의지로 누구를 선택한다는 기쁨을 하늘이 준 선물로 받아들였다.

폴란드 바르샤바에서 만난 60대 시민은 "내가 좋아하는 정당이 있다는 것은 내 인생의 최고의 기쁨"이라 했고 헝가리 부다페스트 시민도 "내 뜻을 반영할 수 있는 방법이라서 좋다"고 했다. 다른 도시에서 만난 시민들의 감정도 같았다. 동유럽 시민들에게 자유와 민주주의는 처음 맛보는 희열이었다.

동유럽과 소련의 독재체제가 민주화되면서 이런 의문이 들기도 했다. 민주주의와 자유가 과연 번영과 행복을 보장해주는 지상至上의 가치일까? 민주주의가 경제성장을 보장하는 것일까? 독재정권은 경제에서 실패하나? 자유시장경제 체제를 적용하는 나라에서는 경제적으로 실패하지 않았다는 건 증명된 것 아닌가?

독재정권에서 경제적으로 실패한 것은 공산국가에서 증명됐다. 그러나 서유럽과 미국 등 선진민주국가라는 기준에서 독재정권이라고 했던 한국, 싱가포르, 타이완의 급속한 경제성장은 무엇으로 설명되어야 할까? 그렇다면 같은 아시아에서 인도네시아의 군부정권 수하르토 정권과 필리핀의 마르코스 정권은 독재체제였는데 경제적으로 실패한 이유는 무엇인가?

민주주의가 경제성장을 반드시 보장하는 것은 아니다. 그러나 경제성장은 민주화를 촉진시키는 기능을 분명히 지녔음으로 증명된다. 한국과 타이완, 싱가포르가 그랬기 때문이다. 독재 또는 권위주의 정권이지만 경제정책에서 자유시장경제 체제를 채택한 국가는 성장을 이루었다. 정치적 공과功過는 있지만 비전과 신념, 추진력을 갖춘 지도자를 가졌다는 건 그 나라의 행운이라는 생각이 들었다.

체제 종말을 부추긴
고르바초프

공산주의 체제의 경제 분야는 이미 니키타 흐루쇼프 서기장(재임기간: 1953~1964) 때부터 나빠지기 시작했다. 레오니드 브레즈네프(Leonid Brezhnev) 시대인 1970년대 초반부터 멍들기 시작했다는 증언이 여러 책에서 나온다. 1979년 12월 소련이 아프가니스탄을 침공하고 이에 항의하는 미국이 소련에 곡물 수출을 중단하면서 심각해졌다.

미국의 로널드 레이건(Ronald Reagan) 대통령은 취임하자마자 소련을 '악의 제국'(evil empire)으로 규정하고 스타워즈, SDI, 스텔스 폭격기 개발 등 천문학적 비용이 들어가는 군비경쟁을 시작했다. 동서화해라는 데탕트 정책에서 적극적 힘의 우위 정책으로 전략을 급선회한 것이었다. 이런 미국의 강경책은 서유럽 자유주의자에게는 충격이었다. 소련이 맞서기에는 힘에 부쳤다. 반면 동유럽 국가들은 소련의 지배에서 벗어날 수 있는 여지가 생겨나기 시작했다.

미국 대통령이 보편적 국제규범을 안 지키는 나라를 불량국가로 지목해 '악의 ○○○'으로 규정하기 시작한 것은 존 F. 케네디(John F.

Kennedy) 대통령 때부터였다. 서베를린을 방문한 그는 동독 공산정권을 가리켜 '악의 체제'(evil system)로, 조지 부시 대통령은 이라크의 사담 후세인, 북한의 김정일, 이란을 묶어 '악의 축'(axis of evil)으로 불렀다.

브레즈네프 서기장의 18년 집권 마지막 해인 1982년 여름, 성수기인데도 모스크바에는 채소가 없었다. 이는 공산주의 경제체제의 심각성을 알려주는 조기경보였으나 나태한 관료들은 이를 철저히 무시했다고 정부기관지 〈이즈베스티야〉 신문이 1990년에 보도한 바 있다.

후임인 유리 안드로포프 서기장은 재임 1년 3개월 만에(1982. 11 ~ 1984. 2), 콘스탄틴 체르넨코 서기장은 취임 1년 만에(1984. 3 ~ 1985. 3) 사망했다. 병약한 두 사람의 재임기간은 합쳐서 850일에 불과했다. 1979년 아프가니스탄 침공 때부터 1985년 3월 고르바초프 서기장이 들어서기까지 5년 동안 소련은 사실상 지도력 공백기였다.

1985년 기준 나라별 GNP는 미국이 5,760억 달러, 일본이 3,080억 달러인 데 비해 소련은 660억 달러에 불과하며 전 국민 40%가 빈곤층이었고 경제성장은 20년째 후퇴하는 중이었다. [3] 미국 CIA도 소련의 경제사정은 정부의 공식 발표보다 훨씬 더 심각하다고 평가했다. [4]

고르바초프는 이처럼 소련이 시퍼렇게 멍든 상황에서 나라를 떠맡았다. 내정을 개혁하지 않고서는 국가유지가 불가능한 상황으로 내몰렸다. 그래서 시작한 것이 페레스트로이카(개혁, 원래 의미는 재건),

3 Zbigniew Brzezinski, 1989, *The Grand Failure: The Birth and Death of Communism in the Twentieth Century*, N. Y.: Macmillan, 명순희 역, 1989, 《대실패: 20세기 공산주의의 출현과 종말》, 서울: 을유문화사, 237~238쪽.

4 *The New York Times*, 1990년 5월 7일 자.

글라스노스트(개방), 데모크라찌야(민주화), 신사고新思考 등 4대 국 정과제였다.

신사고는 외교정책으로 대對서방 화해정책이었고 나머지 3개는 국 내 개혁과제였다. 내정개혁을 위해서는 무엇보다 군사력 부담을 줄 이고 경제발전을 이루어야 하며 그렇게 하려면 정치·경제·사회 부 문에서 변화가 필수적이었다.

미국의 레이건 대통령과는 온갖 수모를 당해가며 미소 정상회담을 이어갔고 전략핵무기 감축 등 적극적인 화해를 추구했다. 국내문제를 해결하기 위해 군사비용을 줄일 수밖에 없는 불가피한 선택이었다.

소련이 한국과 사우디아라비아, 이스라엘과의 외교관계를 수립한 것도 이 일환이었다. 수교를 앞두고 모스크바에서 만난 많은 인사도 한국과의 수교를 "신사고 정책의 결실"이라고 두고두고 말했다.

페레스트로이카는 국내 경제개혁에 초점을 둔 문자 그대로 재건정 책이었다. 경제 부문에 의한 통제를 완화하고 시장경제 요소를 도입 한 것이 핵심이었다. 1988년 1월에 공포한 법률이 대표적이었다. 가 격과 임금에 자율권을 부여한 것인데 이 때문에 생필품 가격의 폭등 으로 시장에서는 물품부족 현상이 가중되어 혼란을 초래했다.

글라스노스트는 원래 공산 체제의 비효율을 없애고 부정부패를 방 지하기 위해 정보의 흐름을 자유화하는 것이었다. 1986년 중순에 발 표된 정책이었다. 언론 부문에서 변화를 주어야 했다. 통제와 간섭 이 완화되자 소련 전역에서 공산정권의 비효율, 부패 낭비, 환경파 괴 등에 관한 비판적 보도가 넘쳐났다.

더구나 스탈린 시대의 어둠도 함께 고발형식으로 보도됐다. 정적政 敵에 대한 테러와 고문, 대량학살, 살해, 시베리아 유형, 수용소 운영 등 정권의 잔혹성과 안나 아흐마토바, 보리스 파스퇴르나크, 안드레이 플라토노프 등 작가와 지식인에 대한 탄압 사례가 폭로됐다. 노동자와 농민을 위한다는 공산당은 소련 국민, 특히 농민에 대한 가해자로 묘사됐다. 결국 글라스노스트는 연방의 밑뿌리부터 흔들었고 여러 민족으로 이루어진 구성공화국의 민족주의에 불을 댕겨 자치독립의 길을 열어주는 셈이 됐다.

민주화는 1987년 1월 당 중앙위원회 연설에서 정치적 다원화를 주장하는 내용으로 제시된 어휘였다. 당과 정부를 개혁하기 위해 정치적 자유를 추구하지만 다당제가 아닌 공산당 내에서 다양한 의견을 제시하는 '1당 내의 다수 후보'를 의미했다.

정치적 다원화를 실천하는 내용이 1989년 3월 26일에 시행된 인민대의원 선거였다. 나는 그해 2월 모스크바를 방문 중이었다. 1917년 볼셰비키 혁명 후 처음으로 시행되는 선거로 선거운동 분위기가 물씬했다. 선출하는 대의원 숫자는 2,250명이었다. 그중 750명은 소련 전역의 350개 지역구에서, 750명은 직능대표로, 나머지 750명은 구성공화국과 자치주 인종대표에 할당했다. 지역구와 직능대표 1천5백 명을 자유투표를 통해 선출하는 방법이었다. 지역과 직능의 복수등록도 가능했다.

선거운동은 제한적이었다. 공개집회나 대중연설·정견발표는 금지됐다. 3~5분간의 입후보 이유나 소견발표가 전부였고 TV가 이를 녹화 방송했다.

2월 22일 당시 레닌그라드의 제12선거구 발표장을 직접 참관했다. 12명을 선출하는 이 선거구에는 21명이 입후보해 각자의 소견을 발표하는 데 4시간이 걸렸다. 레닌그라드TV는 이날 저녁에 이 내용을 2시간이나 방송했다. 이 같은 선거운동과 방송은 23일까지 소련 전역에서 시행됐다. 보리스 옐친도 지역 및 직능대표로 출마했고 반체제 인사였던 안드레이 사하로프 박사는 직능에서 탈락하자 지역대표로 출마해 당선됐다.

동유럽, 이제는 필요 없다

보리스 옐친은 고르바초프의 개혁·개방 정책을 신랄히 비판했다. 1990년 11월 그는 기자회견을 통해 "소련은 누구도 통제할 수 없는 위기국면으로 가고 있으며 고르바초프가 추진하는 페레스트로이카는 위기를 연장시킬 뿐"이라며 "이념으로서 이미 사망한 마르크스레닌주의라는 도그마와 결별하고 정치·경제 개혁을 통해 사회민주주의 체제로 가야 한다"고 주장했다. 고르바초프의 정책이 오히려 사회적 혼란만 조성한다는 이유에서였다.

고르바초프는 내정개혁뿐만 아니라 동유럽 각국에 대해서도 정치·경제 체제의 변화를 공개적으로 촉구했다. 그의 발언은 수십 년 동안 억눌렸던 시민의 가슴에 불을 지핀 셈이 되었다. 변화를 열망하는 움직임이 나라마다 일기 시작했다. 취임 후부터 그의 발언을 추적한 것도 변화의 맥락을 이해하는 데 도움이 될 것이라는 생각에서였다.

1985년 고르바초프는 서기장 취임 후 당의 주요 직책에 동유럽 관계를 연구해온 참신한 인물을 임명했다. 그들은 서기장에게 "동유럽은 소련안보에 이미 전략적으로 불필요하며 경제적으로도 큰 부담이고 정치적으로 낭패를 겪고 있다"고 조언했다.[5] 동유럽을 포기하고 소련의 사회주의 국가를 재건하는 쪽으로 방향을 잡으라는 조언이었다.

그 후 공산 보수파인 예고르 리가초프(Yegor Ligachev) 정치국원도 1987년 헝가리 TV에 출연해 "모든 나라는 각자의 길을 갈 권리가 있다"고 설명했다. 고르바초프는 취임 후 첫 방문국인 불가리아에서 "경제 부문의 경쟁체제 도입이 필요하다"며 다른 나라에 비해 상대적으로 자영농의 비중이 큰 점을 높이 평가했다. 1986년 6월 폴란드의 포즈난 노동자 시위에 대해서는 7월 1일 자 〈프라우다〉 신문을 통해 "사회주의에 대한 항의가 아니라 노동자를 힘들게 하는 반反사회주의에 대한 다른 의견표현"이라며 옹호했다.

1987년부터는 표현의 강도가 높아졌고 요구도 적극적이었다. 그해 4월 프라하를 방문, 야케스 서기장과 정상회담을 한 후 정치·경제 개혁의 필요성을 주문하고 그해 12월에는 정치민주화와 경제개혁을 촉구하는 메시지를 보내기도 했다. 또 그해 11월 볼셰비키 혁명 70주년 기념식에서 "사회주의 국가의 단결은 같은 색깔을 의미하지 않는다"며 각국의 독자적인 길을 촉구했고 1988년 유엔총회 연설에서도 "(정치·경제 체제에 대한) 선택의 자유는 예외 없는 보편적 원칙"이라고 선언했다.

1989년에는 개혁촉구 발언이 더욱 강해졌다. 5월에는 중국의 베이징을 방문해 덩샤오핑鄧小平과 회담한 후 "중국의 정치개혁은 국제사회주의 발전에 중대한 전환점이 될 것"이라고 말했다. 당시 베이징은 천안문 광장에 텐트를 치고 정치민주화를 요구하는 시위가 연일 계속되던 민감한 시기였다.

---

5 Vladimir Tismaneanu, 1999, *The Revolutions of 1989*, London: Routledge, pp. 407~408.

그해 6월에는 서독을 방문한 자리에서 "유럽은 지금 거대한 변혁의 시기를 겪고 있으며 베를린장벽도 갑자기 무너질 수 있을 것"이라고 말했다. 베를린장벽 붕괴 발언은 동유럽의 개혁을 촉구하는 수사修辭였다. 7월에는 위성국에 대한 소련의 무력간섭을 규정한 이른바 '브레즈네프 독트린'(Brezhnev Doctrine)의 폐기를 공식 선언했다. 6일 프랑스의 스트라스부르에서의 유럽의회 연설에서 "정치제도의 선택은 각국의 주권"이라고 운을 뗐으며, 7일 루마니아의 부쿠레슈티에서 열린 바르샤바 조약기구 정상회담에서 "각국은 외부간섭 없는 독자적인 정치제도를 발전시킬 수 있다"며 공개선언했다.

그해 10월 핀란드를 방문한 자리에서도 "소련은 이제 동유럽 이웃 국가의 문제에 간섭할 도덕적·정치적 권리가 없다"며 재확인했다. 핀란드 방문을 수행한 겐나지 게라시모프(Gennady Gerasimov) 외무성 대변인은 이 발언을 "시나트라 독트린"이라고 표현했다. 프랭크 시나트라의 노래 *I did it my way*를 패러디한 해학적 논평이었다.

브레즈네프 독트린은 1968년 봄에 체코 사태를 겪은 소련의 브레즈네프 서기장이 그해 9월에 설정한 소련의 위성국에 대한 외교정책으로 "사회주의 국가의 일부가 자본주의를 추구하는 적대세력이면 그것은 관련국가의 문제뿐만 아니라 모든 사회주의 국가의 공통문제이자 관심사이다"라며 군사개입을 정당화한 정책이었다.

'군사개입을 않는다'는 선언은 동유럽 국민에게 민주화의 불씨가 타오르도록 만든 셈이었다. 1989년 10월에는 동독정권 탄생 40주년 기념일 3일 전에 동베를린을 방문해 "우리는 시대의 흐름을 따라야 한다", "너무 늦은 자에게는 삶이 처절해질 것"(독일어: Wer zu spät kommt, den bestraft das Leben, 영어: Life punished those who come too late) 이라며 공산지도부의 개혁거부노선을 직접 경고했다. 목격자는 환송을 나간 공항에서 이 말을 들은 호네커 수상의 얼굴이 창백하게 변했다고 전했다. 당시 동독은 9월에 있었던 여행객의 대탈출 직후로 전역에서 연일 민주화 시위가 벌어지던 시점이었다. 동독 시민은 시위현장에서 'Gorbi, Help us, Save us!'라는 피켓을 들고 시위를 벌이기도 했다.

당시 동독수상이던 에리히 호네커(Erich Honecker) 서기장은 고르바초프의 발언을 '내정간섭'이라 못마땅해 하면서 "우리 문제는 우리 방법으로 풀어나갈 것"이라고 응수했다.

빈에서 이 뉴스를 본 외신기자도 동독이 그렇게 쉽게 무너질 줄은 예상치 못했다. 동독인의 대탈출은 공산체제의 둑이 터진 것인데 세상은 그걸 보지 못했으며 1989년 11월 9일 베를린장벽이 무너진 다음에야 봇물이 터진 것을 알게 된 것이었다.

1989년 11월 들어 프라하에서 연일 계속되는 시위사태에 대해서도 고르바초프는 "정치변화가 늦으면 심각한 상황이 발생할 수 있다"며 정치개혁을 주문했다. 국민의 요구를 거부하던 체코 공산정부도 그달 말에 무너졌다.

고르바초프는 취임 직후부터 '인간의 얼굴을 가진 사회주의'를 줄기차게 부르짖었다. 기계주의적 공산주의 체제의 문제로 나타난 비인간화, 무기력, 게으름, 저생산성, 비능률의 결과를 바꾸지 않으면 국가의 생존과 미래가 없다고 봤기 때문이었다. 동유럽 각국에 제도변화를 직간접으로 촉구한 그의 발언들은 시위를 선동하는 것과 다름없었다.

"늦은 자의 삶이 불행할 것"이라는 고르바초프의 말처럼 동독의 호네커와 루마니아의 차우셰스쿠의 말로末路는 정말 처참했다.

골수 공산주의자들의
쿠데타

1991년 8월 22일 오후 6시 30분, 소련 외무성 빌딩의 대회의실은 내외신 기자와 당 및 정부 관계자로 초만원이었다. 일부는 계단에 앉아야 했다. 쿠데타가 실패하면서 연금軟禁에서 풀려나 이날 새벽에 모스크바로 돌아온 고르바초프 대통령의 기자회견이라 전 세계의 이목이 집중된 장소였다.

굳은 표정으로 들어선 그는 "연금기간에 전 세계 정상이 관심을 나타냈으나 유독 두 나라, 이라크의 후세인과 리비아의 가다피만 빼고!"라고 말해 웃음바다를 만든 뒤 분노에 찬 듯 생각에 잠겼다. 뒤이어 격앙된 음성으로 쿠데타 세력을 "살인자, 잔인한 인간들!"이라고 외치면서 당시 상황을 말하기 시작했다. 그의 말에 따라 참석자들의 경악과 탄식이 잇따라 터져 나왔다. 대통령이 쿠데타 음모에 가담한 사람들을 분에 찬 음성으로 띄엄띄엄 불렀기 때문이었다.

"음모세력에 국방장관, 내무장관, KGB 의장이 참여했고….."

놀라움이 회견장을 덮었다.

"또 부통령과 최고회의 의장과 공산당 중앙위원회 간부들도 함께

했으며….”

여기저기서 탄식소리가 터져 나왔다.

“여기에는 나의 심복인 비서실장과 경호실장도 포함되었다.”

놀라움이 거듭됐다. 무장병력 지휘권을 가진 장관들과 대통령의 경호책임자와 비서실장까지 가담한 쿠데타 세력의 실상을 충격으로 받아들였다. 이들 모두 공산주의에 대한 강경보수파였다. 장관은 물론 겐나디 야나예프(Gennady Yanayev) 부통령과 아나톨리 루키아노프(Anatoly Lukyanov) 최고회의 의장도 고르바초프 대통령이 추천해서 그 자리를 맡은 측근이었다. 대통령은 최측근으로부터도 배신당한 셈이었다.

고르바초프는 연금 당시 상황을 차분하게, 때로는 흥분해서 말했다. 당시 흑해 연안의 크림 반도에 위치한 한 별장에서 가족과 휴가 중이었다. 8월 18일 오후 경호책임자가 “몇 사람이 대통령을 만나려고 왔다”고 보고했다. 사전 약속이 없었고 부르지도 않았기 때문에 의아했다.

“누가 보낸 사람들이오?”

“비상위원회가 구성되고 그 위원회에서 보낸 사람들입니다.”

“누가 그런 기구를 구성했소?”

“……”

모스크바와 연락하려고 전화기를 들었으나 불통이었다. 대통령의 통신선인 민간라인, 정부라인, 전략사령부라인, 위성전화 등 외부로 통하는 모든 통신선이 단절되었다. 불과 20분 전까지만 해도 살아있던 전화였다.

방문자들이 들이닥쳤다.

“대통령의 건강이 나빠 직무수행이 불가능하니 권력을 부통령에게

92

연금에서 풀려난 고르바초프 대통령이 새벽에
모스크바로 돌아오는 모습을 보도한
1991년 8월 22일 자 〈동아일보〉.

넘기시오!"

"당신들, 지금 무슨 짓을 하고 있소?"

"포고령에 서명하시오!"

"할 수 없소!"

고르바초프는 그들의 요구를 전부 거절했다. 그들은 별장 바깥출입도 금지했다. 사실상 연금상태에 들어갔다. 통신선 복구와 귀환용 항공편을 계속 요구했으나 무시당했다. 경호원이 고물 라디오를 조립해 영국 BBC의 〈자유의 방송〉(British Broadcasting Corporation)과 〈미국의 소리〉(Voice of America)를 들으면서 외부상황을 알 수 있었다.

고르바초프는 쿠데타 세력이 요구한 4개 사항이 적힌 서류를 흔들어 보이며 "굴복하느니 차라리 자살하려 했다"는 발언에 박수를 받기도 했다.

통신선은 계속 불통이었다. 대통령 전용기는 이미 다른 곳으로 이동시켰다는 이야기도 들었다. 19일 월요일부터는 별장 경비병력이 KGB 부대로 교체되고 함정 6척이 해안을 봉쇄했으며 무장 헬기가 감시비행을 계속했다. 연금이 강화된 셈이었다. 무엇보다 자신의 상황을 외부로 알리는 것이 중요했다. 별장에 있던 카세트테이프 4개에 녹음하고 성명서를 직접 작성해 경호원을 통해 외부로 내보냈다.

"나는 건강하며 불법 쿠데타를 단호히 거부한다!"

연방제 개편안에 관한 내용도 포함시켰다. 거의 72시간을 서 있었고 잠을 잘 수도 없었다. 그는 기자회견을 다음과 같이 마무리 지었다.

"그동안 많은 관심을 두고 보도해준 언론에 감사합니다. 1985년 취임 후 수많은 기자회견을 가졌지만 오늘 같은 만남은 다시는 없어야 합니다. 쿠데타가 실패한 것은 페레스트로이카의 영향 때문입니다."

94

고난의 취재 행로

빈에서 쿠데타 취재지시를 받은 것은 1991년 8월 19일 새벽 5시였다. 서울 시간으로 오전 11시였다. 최규철 국제부장은 모스크바에 쿠데타가 발생했으니 취재를 가라고 지시했다. 농담하는 줄 알았다.

"공산국가에서 무슨 쿠데타입니까? 이번에는 멘셰비키 혁명인가 보죠?"

그렇게 말대꾸하면서 ORF TV(오스트리아 국영TV)를 켰다. 방송시간이 아닌데도 TV는 자막과 함께 모스크바 상황을 생중계하는 CNN 화면을 보여줬다.

출장을 준비하면서 많은 생각이 들었다. 쿠데타가 성공한다면 냉전시대로 회귀하는 것일까? 소련은 동토凍土시대로 다시 돌아가는 것인가? 민주화의 길로 들어선 동유럽은? 이미 통일된 독일의 미래는? 한국과 소련과의 관계는 어떻게 되는 것일까? 온갖 상념이 떠오르면서 어쩌면 상당기간 돌아오지 못할 수도 있겠다는 기우杞憂도 들었다. 냉전시대 소련은 기자도 간첩혐의로 억류한 적이 있으니까…. 만약을 위해 아내에게 통장을 건네며 출장이 길어질 수 있다고 설명했다.

모스크바 연락처와 접촉을 시작했다. 상황을 설명해줄 수 있는 유능한 가이드가 필요했다. 출장 때마다 나를 안내하는 노보스티 통신사의 세르게이 시도로프 기자와는 연락이 되지 않았다. 그는 한국의 〈동아일보〉 담당이라고 했다. 동방학연구소의 알렉세이 연구원도 전화를 받지 않았다. 모스크바에 사는 우리 동포와 통화가 됐다. 교포 권경석 씨로 기억난다. 권 씨는 내가 만난 동포 가운데 그나마 사태를 요약·정리할 수 있는 사람이었다.

비자는 받았지만 비행기는 만석이었다. 당시 대한항공 빈 주재 강달호 지사장의 노하우를 전수받아 기막힌 수법으로 항공편을 구해 현지에 도착한 것이 당일 오후 3시. 공항에서 권 씨에게 전화했더니 오후 4시 외무성 대회의실에서 비상계획위원회의 기자회견이 있다고 했다. 회견의 내용파악을 부탁하고 택시를 탔다. 공항에서 시내로 들어가는 길은 쿠데타 측의 탱크와 장갑차량이 곳곳에 배치되어 정체가 엄청나게 심했다.

외무성 건물에 도착했을 때는 2시간이 지나 이미 기자회견이 끝나고 참석자들이 나오는 중이었다. 모두가 어두운 얼굴이었지만 김일성 배지를 단 북한인 3명의 얼굴이 웃음으로 가득 찬 모습이 무척 인상적이었다.

회견자는 현직 부통령이자 비상계획위원회 의장인 겐나디 야나예프 대통령권한대행이었다. 회견의 핵심내용은 고르바초프 대통령의 건강이 나빠 부통령에게 권한을 이양하면서 포고령에 서명했고, 위원회가 앞으로 국가정책을 주도한다는 선언이 있었다고 했다. 선언문 말미에 "소련 국민의 명예와 존엄이 회복되어야 한다"는 표현이 쿠데타의 배경을 짐작하게 해주는 정도였다.

간신히 숙소를 정해서 짐만 내려놓고 취재에 나섰다. 시내 중심지로 들어가자 20여 대의 탱크와 장갑차가 이동하느라 체증이 심했다. 크렘린 궁은 레닌박물관에서부터 차단됐고 붉은 광장 일대에는 탱크가, 크렘린 궁으로 통하는 길목에는 장갑차가 배치되어 통행을 막았다. 국영 타스(TASS) 통신사와 프레스센터 건물에도 탱크가 포진하고 있었다.

쿠데타를 반대하는 시민이 몰려있다는 러시아 공화국 의사당으로 갔다. 청사 주변에는 시민 수만 명이 몰려 누군가의 연설을 듣고 있었다. 탱크와 탄약을 실은 트럭까지 포진했고 탱크를 둘러싼 시민은 포탑에 앉은 군인에게 꽃다발과 음료수를 건네며 대화를 나누고 있었다.

영어를 하는 젊은이에게 상황을 물어봤다. 보리스 옐친(Boris Yeltsin) 러시아 공화국 대통령은 이날 오후 2시 30분경 청사 앞 탱크에 올라가 쿠데타를 인정하지 않으며 전국적인 총파업을 호소했다. 이 모습은 쿠데타에 반대하는 상징적인 사진으로 전 세계에 타전된 역사적 장면이었다. 교외 별장에서 머무르던 옐친은 18일 새벽 KGB의 체포조가 들이닥치기 30분 전에 귀띔을 받고 빠져나왔다는 신문보도도 있었다. 의사당은 백색 건물이어서 화이트하우스라 불렸다. 이 건물은 3일간 저항의 거점이자 소련 민주화의 상징적 장소가 됐다.

기사를 보내기 위해 대한무역투자진흥공사(이하, KOTRA)의 신세를 져야 했다. 이 상황에서 호텔교환은 믿을 수가 없었다. 송고하는 것이 취재하고 먹고 자는 것보다 더 중요했기 때문이었다.

탱크로 가득 찬
모스크바

20일 새벽, 탱크의 캐터필러 소리에 잠에서 깼다. 자리에서 일어나 BBC와 CNN을 챙겨봤다. 모스크바의 10여 곳 현장을 비추면서 실황을 중계하듯 보도했다.

혼자서 뭘 어떻게 해야 하나? 외신기자 등록을 하고 핵심 현장인 러시아 공화국 의사당을 취재하기로 했다. 현장은 저항의 모든 정보가 집합되는 곳이라 판단했기 때문이다. 우선 외무성에 마련된 프레스센터로 가 등록을 신청했으나 보류됐다.

발길을 돌려 현장으로 갔다. 19일과 상황이 바뀌었다. 탱크는 러시아 공화국 깃발을 달고 있었다. 몇 대의 탱크는 모스크바 강 건너편에 배치되었다. 오전 11시경 옐친이 다시 나타났다. 뒷마당을 가득 메운 시민은 "옐친!"과 "러시아!"를 외쳤고 길이 30m 정도의 대형 러시아 국기가 등장했다. 연단에 오른 옐친은 시민에게 저항과 불복종을 호소했고 시민은 함성과 박수로 호응했다. 연설은 5분도 채 안 되어 중단되고 연단 주변이 갑자기 소란해지면서 옐친이 사라졌다. 옆 건물 옥상에서 저격수가 발견됐다는 이야기와 웅성거림이 파도처럼 밀려왔다.

시민들은 행진에 나섰다. 나도 그 행렬을 따랐다. 어디에선가 큰 사건이 벌어질 수도 있다는 긴박감과 흥분 때문이었다. 크렘린 궁으로 통하는 도로에는 탱크와 무장병력이 겹겹이 배치되었다. 시위대는 행진이 저지당하자 모스크바 시의회 건물로 방향을 틀었다. 충돌로 인한 불상사를 피하기 위한 것으로 보였다. 시의회 건물 앞에 이르자 에두아르드 셰바르드나제(Eduard Shevardnadze) 전 외무장관이 단상에 올라 외쳤다.

"쿠데타 정부를 두려워할 것 없소! 이젠 대통령도 없소! 내란의 시작이오! 전면 파업을 단행합시다!"

한 젊은이가 연사로 나섰다.

"쿠데타를 환영합니다. 누가 개혁·개방의 반동인지 알 수 있게 해주었기 때문입니다."

박수갈채가 쏟아졌다. 단상에 오른 한 남자는 "공군과 레닌그라드 위수사령관 및 블라디보스토크 지역사령관이 중립을 선언했다"고 발표했다. 크렘린 궁과 붉은 광장의 성 바실리 성당(St. Basil's Cathedral), 부근의 외무성 건물 주변은 버스와 트럭, 노면전차로 저지선이 만들어져 있었다. 칼리닌스크 가에는 탱크 30여 대가 두 줄로 집결해 도로가 불통이었다. 시민은 탱크 사이로 걸어 다니며 뭐라 고함을 질렀다. 의사당으로 통하는 쿠투조프스키 순환도로에는 시민들이 버스와 트럭을 몰고 와 바리케이드를 쌓기 시작하면서 아수라장이 되었다.

시위행렬은 다시 의사당으로 돌아왔다. 시민들은 흩어지지 않았다. 출동한 군인에게는 음료수나 장미꽃을 건네면서 이야기를 나누는 모습이 편안하게 보였다. 탱크에 올라간 시민들은 전차병과 함께 군중대회를 구경하고 있었다.

시민들이 쿠데타군의 진압작전을 저지하기 위해 러시아 공화국
의사당(왼쪽 건물)으로 통하는 길을 각종 차량과 철조망으로 바리케이드를 쌓았다.

지휘관인 듯한 장교에게 물었다.

"언제 출동했습니까?"

"18일 아침에…."

"여기 군은 누구 편입니까?"

"우리는 시민 편이오. 공화국과 옐친을 보호할 것이오."

그 장교는 출동부대가 모스크바 교외에 있는 기갑사단과 공정여단
인데 두 부대가 시민 편으로 돌아섰다고 했다.

러시아 민족주의가 모습을 드러내기 시작했다. 하양, 파랑, 빨강
의 3색 러시아 국기를 든 시민행렬이 의사당 건물을 계속 돌았다.
낮과 망치의 붉은 소련깃발이 보이지 않았다. 러시아 국기는 저항의

상징처럼, 민족주의의 수호기처럼 반쿠데타의 정신적 지주로 역할을 했다. 시민들도 국기를 들고 의사당을 지켰다.

쿠데타 발생 3일째 되는 20일 오전, 상황이 어떻게 돌아가는지 알아보기 위해 손이 아플 정도로 전화기 다이얼을 돌렸다. 그동안 만난 사람들의 명함을 놓고 통화했으나 자기도 모르겠다는 대답이었다. 현 상황에 관해 자신의 의견을 말하는 것을 지극히 꺼렸다. 만남조차 거부했다. 아마 잔혹하게 탄압했던 전체주의 시대의 피해의식 때문인가 싶기도 했다.

〈동아일보〉와 업무협약을 맺은 노보스티 통신사에서 논설위원인 골렘비옙스키 씨를 간신히 만났다. 서울에 왔을 때 만난 사람이었다. 논설위원실 방을 혼자 지키던 그는 "쿠데타는 페레스트로이카를 거부하는 보수파의 저항"이라고 설명했다.

"앞으로 어떻게 될 것 같습니까?"

"잘 모르겠네요. 며칠 더 지켜보시지요."

그러면서도 공산당기관지인 〈프라우다〉와 정부기관지인 〈이즈베스티야〉를 잘 보라고 귀띔했다. 무슨 말인지는 나중에야 알았다. 그는 이들 신문이 쿠데타에 동조한다는 사실을 알려주려고 했던 것이다.

취재에 소득이 없어 오후에 러시아 공화국 의사당으로 다시 갔다. 현장을 보기 위해서였다. 여름철 오후 8시인데도 해는 중천에 떠 있었다. 위도가 높기 때문이다. 쿠데타군이 진압작전을 시작했다는 소문이 나돌았다.

낮에 10여만이나 되었던 시민은 어두워지기 시작하면서 3만여 명으로 줄었다. 이들은 인도의 보도블록과 부근에 있던 공사용 자재를 가져와 바리케이드를 보강하기 시작했다. 대형 강철관도 서너 개나 굴려왔다. 반쿠데타로 돌아선 탱크와 장갑차는 쿠데타군의 공격예상로에 배치됐다. 탱크 2대는 강 건너에 있는 우크라이나 호텔로 통하는 교량 위로 배치되었다. 시동이 걸린 탱크의 배기구에서 푸른 연기가 피어올랐다.

의사당으로 통하는 주요 도로는 버스와 트럭, 철골 등 동원가능한 모든 것으로 길을 막기 시작했다. 미국 대사관 부근의 큰길에도 바퀴를 뺀 대형트럭과 버스를 눕혀 장애물로 만들었다. 청년들의 손에는 삽, 쇠파이프, 몽둥이까지 들려 있었다. 의사당 뒤편 건물진입로에는 시민들이 인간 띠를 만들기 시작했다. 의사당 건물 앞에 흐르는 강에도 바지선을 끌어다가 묶어놓았다.

노약자는 대피하라!

시민들은 의사당 안에 임시 응급실도 만들었다. 비가 쏟아지기 시작했다. 의사당에 설치된 확성기에서는 어린이와 노인, 부녀자에게 대피하라는 방송이 거듭됐다. 어느 40대 시민은 "총칼로 건물을 빼앗을 수는 있지만 마음을 장악하지는 못할 것"이라고 말했다. 쇠파이프를 들고 다니던 이바노프라는 청년은 "오늘 밤은 우리 역사의 분기점이며 민족의 명예가 걸린 시간이 될 것"이라며 각오가 대단했다. 인간 띠에 있던 한 할머니는 집에 가라며 떠미는 젊은이에게 무어라 고함을 치며 화를 내자 주변에 있던 시민들이 박수를 치며 함성을 질렀다.

밤 10시가 되자 통행금지령이 내려졌다는 뉴스가 나왔다. 통행금지 시간은 밤 11시부터 이튿날 오전 5시까지였다. 현장은 긴장과 공포가 일기 시작했다. 비를 맞으면서도 시민들은 흩어지지 않았다.

바리케이드로 동원된 버스에서 쿠데타군의 진압작전을
저지하다가 청년이 숨진 현장에 조화를 바치는 시민.

© 최맹호

　이런 어둠은 참 무서웠다. 월남의 전쟁터에서 그믐날 있었던 매복
작전 때와 마찬가지로 소름이 돋았다. 내 생명을 내가 어떻게 할 수
없는 고약한 상황에서는 그랬다.

　나는 그날 저녁 인질이 될 뻔했다. 저항세력이 시민들과 외교관,
외국기자를 의사당 안으로 불러들이곤 문을 닫고 출입을 폐쇄했다.
건물 안에는 공정대원도 있다고 했다. 옐친이 서방 지도자들에게 무
력진압을 막아달라는 전화를 하고 있다는 소식도 들렸다.

　나는 당시 왼쪽 눈이 엄청나게 부어올라 오른쪽 눈으로만 취재하
는 중이었다. 이틀 동안 길에 보이는 병원이나 약국을 찾았으나 문

을 닫은 상태였다. 본사에 기사를 보내야 하고 밤에라도 의사를 찾아야 했기 때문에 현장을 떠날 수밖에 없었다.

기사송고가 또 걱정됐다. 직통전화가 있는 곳에서 원고를 써서 팩스로 보내야 했다. 강을 사이에 두고 의사당 건너편 건물에 있던 한국관광공사 모스크바 지사 사무실로 가서 지사장에게 편의를 부탁했다. 밤을 새우면서 현장을 지켜볼 계획이었다. 자정을 넘기면서 기관총 소리가 들리고 30여 분 동안 단발사격의 총소리가 간헐적으로 들렸으나 그 후 잠잠해졌다. 송고를 위해 비상근무 중이던 우리나라 대사관으로 이동해 상황을 종합 정리한 기사를 팩스로 보내고 밤을 꼬박 새웠다.

다음 날인 21일 아침, 이른 시간에 현장으로 다시 갔다. 밤새 비를 맞은 시민들은 군데군데 모닥불을 피워 한기를 견디고 있었다. 미국 대사관 부근의 순환도로에는 쿠데타 측 장갑차 2대가 포획되었고 바리케이드로 사용된 버스 2대는 찌그러진 채 불에 타 시커멓게 그을렸다. 길바닥에 고인 핏물에 비가 내렸다. 누군가 켜놓은 작은 촛불은 비바람에도 꺼지지 않고 흔들거렸다. 밤을 새운 시민들은 그 버스 안으로 들어가 비를 피하고 있었다. 시민에게 물어봤다. KGB 병력이 접근하던 중 교전이 발생했고 후속병력은 진압명령을 거부했다는 것이다. 청년 3명이 탱크와 장갑차를 저지하다가 깔려 사망했다고 했다.

밤을 꼬박 새우고 비에 흠뻑 젖은 모습으로 숙소에 들어서자 주인이 따뜻한 수프와 흑빵을 가져다주며 "다치지 않았을까 밤새 걱정했다"며 위로해주었다.

쿠데타, 왜 실패했을까?

쿠데타가 실패한 이유가 도무지 이해되지 않았다. 주도인물과 세력을 봐도 그랬다. 정규 병력을 동원한 드미트리 야조프(Dmitry Yazov) 국방장관과 발렌틴 바렌니코프 국방차관, 경찰력을 가진 보리스 푸고(Boris Pugo) 내무장관, 2개 정예사단을 보유한 블라디미르 크류치코프(Vladimir Kryuchkov) KGB 의장이 주동 멤버였다. 여기에 야나예프 부통령, 발렌틴 파블로프(Valentin Pavlov) 수상, 올레그 바클라노프(Oleg Baklanov) 공산당 국방위 제1부위원장, 루키아노프 연방최고회의 의장, 올레그 세닌(Oleg Shenin) 공산당 중앙위의장, 대통령의 일거수일투족을 챙기는 발레리 볼드윈(Valery Boldin) 대통령 비서실장 등이 핵심인물이었고 당 고위간부 수십 명까지 가담했다.

후일 재판과정에서 드러난 내용이지만 쿠데타 계획은 치밀했다. 이들은 3천여 명에 대한 체포명단을 작성하고 모스크바 인근의 교도소도 이들을 수용하기 위해 비워두기까지 했다. KGB 요원에게도 동원령이 내려졌다.

이들은 18일 새벽 모스크바 외곽에 주둔한 2개 탱크사단과 공정여단을 시내로 진입시켜 주요 시설을 장악한 뒤 비상사태를 선포했다. 이와 동시에 공산당이 운영하는 공산당기관지인 〈프라우다〉를 포함, 9개 신문을 제외한 모든 신문의 발행을 금지했다.

20일 저녁 옐친을 포함한 쿠데타 저항세력이 모인 러시아 공화국 의사당을 점령하기 위한 작전계획도 수립했다. KGB가 주도하는 작전명은 '천둥'. 장군이 지휘하는 2개 공정부대에 3개 탱크중대와 헬기 4대가 지원세력으로 편성됐다. 공격시간은 21일 새벽 1시로 되어 있었다. 그런데도 쿠데타는 성공하지 못했다. 왜 그랬을까?

겉으로 보이는 것만 봐도 통제가 허술했다. 계엄령에다 통금을 실시하고 대규모 부대를 배치했는데도 통제가 안 됐다. 수만 명의 시민이 연일 러시아 공화국 의사당 주변과 모스크바 시내 주요 순환도로를 따라 시위행진을 했다. 군대는 주요 길목을 차단만 했지 시위대를 적극적으로 해산시키지 않았다. 반쿠데타 구호나 개혁·개방의 주장이 그대로 다른 시민들에게 전달됐다.

통신수단에 대한 통제도 거의 없었다. 쿠데타 병력이 배치된 현장과 시민들의 행진과 각종 구호, 옐친의 쿠데타 반대연설 등이 실시간으로 전 세계에 알려지고 있었다. 심지어 쿠데타 측 군대의 이동 모습이 서방 TV에 그대로 방영되기도 했다. 특히 옐친은 수시로 서방 지도자들과 통화하면서 외국의 개입을 요청하기도 했다. 고르바초프의 개혁·개방을 지지하는 부시 미국 대통령 등 서방 지도자들의 메시지가 그대로 소련 국민에게 전달됐다. 통신과 방송시설 장악, 정보통제, 집회금지 및 저항세력에 대한 강경진압이 전형인데 쿠데타 세력은 이를 하지 않았다.

군대도 쿠데타 세력의 역할에 소극적이었고 일부는 반대로 돌아섰다. 의사당에 배치된 전차부대도 19일 오후부터 시민 편으로 돌아섰다. 탱크 위에 올라가 연설하는 옐친의 모습이 전 세계에 방송된 것도 이 덕분이었다.

쿠데타군도 20일 자정경 의사당을 향해 총 몇 발을 쏘고는 멈췄다. 진격과정에서 시민들과 충돌해 사망자가 나고 차량이 불타자 쉽게 진압작전이 중단되고 철수했다. 쿠데타 측의 한 장성이 공격계획을 수립하기 위해 전날 현장을 답사한 뒤 진압작전을 강행할 경우 대규모 유혈사태를 우려했다는 보고도 있었던 것으로 드러났다. 1993년 10월 옐친 대통령이 의사당에서 농성 중인 보수파이자 반옐친 대의원들을 향해 의사당 건물을 탱크로 직접 포격한 것에 비추어보면 정말 이해하기 어려웠다.

저항시민이 늘어나면서 대규모 인명피해를 우려하는 사람도 분명 있었다고 본다. 그러나 실패의 확실한 배경은 개혁의 결과였다고 본다. 고르바초프의 개혁내용은 국민을 정치과정에 참여토록 이미 체제를 바꿔놓았다. 개방을 통해서 각종 정보의 흐름이 자유로워지고 삶의 질이 나아지리라고 기대하는 시대에 그 흐름을 역행하는 보수세력의 쿠데타를 국민이 받아들이지 않았다. 이 두 가지 요소는 이미 시민의 마음에 깊숙이 자리 잡았고 시민의식이 엄청나게 변해있었다.

쿠데타는 여기에 반하는 것이었다. 국민의 저항이 당연히 거세졌다. 모스크바 시민의 분위기는 암울한 과거로 돌아가려는 흐름에는 분명히 반대했다. 당시 20여 일간 현장을 취재했던 내 느낌이었다.

22일 새벽 고르바초프가 모스크바로 돌아오면서 체포작전이 본격화됐다. 푸고 내무장관은 집에서 부인과 함께 자살했다. 쿠데타 주동인물들에 대한 처벌 정도가 궁금했다. 나는 엄청난 중형을 치렀을 것으로 짐작했다. 그러나 나중에 확인한 결과 이들은 18개월의 징역을 살고 석방됐다가 1994년 3월 러시아 의회의 의결로 일괄 사면됐다.

소련의 마지막 원수 칭호를 받았던 야조프 국방장관은 복권 후 군사학교의 고문을 지냈고 크류츠코프 KGB 의장은 2007년에 사망했다. 야나예프 부통령은 여행사에 근무하다 2010년에 사망했고 파블로프 수상은 금융회사 고문을 지낸 뒤 2003년에 세상을 떠났다.

소련공산당 역사에서 정적은 잔혹한 처형의 대상이었다. 그러나 이들에 대한 처벌은 비교적 관대했다. 이 역시 시대가 변했기 때문이었다.

공산당 소멸과
연방의 붕괴

8월 18일 모스크바에 도착한 뒤부터 쿠데타 진행과 실패, 고르바초프 대통령의 복귀와 권력투쟁, 주동자의 체포, 인민대의원대회를 통한 공산당과 연방이 사실상 해체절차에 들어간 9월 10일까지 소련은 숨 돌릴 틈도 없이 빠르게 변했다.

본사에서는 "소련은 어디로?"라는 시리즈를 시작한다고 알려왔다. 오전에는 러시아 의회를 주변으로 하는 현장을 둘러보고 나머지 시간에는 그동안 알아두었던 언론사 간부나 학자에게 전화해 소련의 장래에 관한 전망과 분석을 듣고 기사를 작성해서 보내는 일로 3주일이 휙 지나갔다. 현장은 현지 보조원을 배치해 상황을 들었다.

쿠데타가 실패하고 뒤이어 열린 공산당 중앙위원회와 인민대의원대회는 중요한 취재현장이었다. 권력구조와 제도가 바뀌는 기회이기 때문이었다. 대학생을 취재보조원으로 썼지만 힘들기는 마찬가지였다.

시리즈 첫 기사가 "동토시대로 회귀하나"였다. 병력동원 권한을 가진 내무, 국방장관과 정보기관장이 가담했으니 정말 구시대로 돌아갈 것으로 보는 시각이 많았다. 하지만 3일 천하로 끝난 뒤 이 기사는 내가 봐도 웃음거리가 됐다.

통신수단이 여의치 않아 원고를 들고 팩스를 보낼 수 있는 곳을 찾아 헤매는 것은 또 다른 큰일이었다. 호텔 방에서 본사에서 걸려온 전화로 새벽까지 기사를 부르는 경우는 그래도 다행이었다. 이 경우는 스트레이트, 스케치, 해설, 인터뷰 등으로 기사를 정리할 시간적 여유가 있어 한결 쉬웠다.

쿠데타가 삼일천하로 끝나면서 소련공산당과 연방 체제는 급속하게 붕괴하기 시작했다. 쿠데타 주도인물이 속속 해임, 체포되고 공산당 중앙위원회가 해산됐으며 막강한 KGB 병력은 소속이 국방부로 변경됐다. 그 와중에서 발트 3국이 독립을 선언하고 우크라이나가 독립추진을 선언했다.

고르바초프와 옐친 사이의 권력투쟁이 노골화됐다. 8월 24일 러시아 공화국 의사당에서 개최된 회의에서 옐친 러시아 공화국 대통령이 고르바초프 연방대통령에게 삿대질하는 모습이 그 상징이었다. 9월 2일 긴급소집된 인민대의원대회는 지금까지 불리던 '소비에트 사회주의 공화국 연방'이라는 국가명칭을 '주권국 연방공화국'으로 바꿨다. 불과 열흘 만에 공산당 붕괴와 연방 해체가 동시에 진행된 셈이었다.

고르바초프는 주도세력을 체포하면서 쿠데타에 가담한 당 중앙위원회에 업무정지령을 내리고 당과 정부의 지도부를 대대적으로 개편했다. 공산당 중앙위원회는 개혁·개방을 거부하는 '양로원' 같았다.

1990년 가을에 나온 계간 잡지 〈아구멘트 이 팍트〉(*Аргументъ И Фактъ*: 논쟁과 사실)는 "중앙위는 노장층과 관료계층에 지배되었다"며 구성원을 분석해 보도했다. 249명 중 연금을 받는 60세 이상이 61%나 됐다. 구성원은 당 간부가 85명, 장관 등 정부 관료가 94명, 군대표 17명, 여성대표가 16명, 프롤레타리아 전위대의 명분으로 내세우는 노동자 계층은 29명에 불과하다고 꼬집었다.

KGB 의장 크류치코프도 중앙위에 대해 "당과 관료가 대다수를 차지하며 고등교육과 풍부한 경험이 있긴 하나 안락의자에 앉아 다른 사람에게 자리를 내줄 줄 모르는 사람들"이라고 비판했다.

고르바초프가 공산당 중앙위원회 해체명령을 내린 24일 자부터 〈프라우다〉 신문 이름 밑에 귀중하게 모셔오던 '소련공산당 중앙위원회 기관지'라는 표현이 사라졌다. 정부기관지인 〈이즈베스티야〉 신문도 제호 오른쪽에 쓰던 '소연방 인민대표소비에트'라는 명칭이 빠졌다. 이두 신문사의 편집고위간부도 보수 쿠데타 세력에 동조한 것으로 드러났다. 〈이즈베스티야〉 신문 기자노조는 편집국장을 파면했고 〈프라우다〉 신문의 편집인도 해임되어 검찰 조사를 받는 신세가 됐다.

붉은 광장 귀퉁이의 크렘린 광장에 서 있던 야코프 스베르들로프의 동상에도 밧줄이 걸려 끌어내려졌다. 그는 레닌의 절친한 친구이자 10월 혁명의 이론을 세우고 기획했던 인물이었으며 러시아 마지막 왕족인 니콜라이 2세와 그 가족을 살해하는 데 가담했던 사람으로 알려졌다. 그의 이름을 딴 스베르들롭스크(Sverdlovsk)라는 도시도 후일 예카테린부르크(Ekaterinburg)라는 아름다운 옛 이름을 되찾았다.

붉은 광장에서 공포의 대명사였던 KGB 건물 앞에 우람하게 서 있던 비밀경찰기구의 설립자 제르진스크(Feliks Dzerzynski)의 동상에도 밧줄이 걸렸다. 시민들이 기중기를 끌고 와 동상을 뜯어 내리자 이를 지켜보던 다른 시민들이 페인트를 뿌리고 침을 뱉으며 발길질했다.

고르바초프는 뒤이어 공산당의 자율해체를 명령하고 인민대의원대회를 소집해 연방개편을 밀어붙였다. 그리고 대통령 자리를 물러나면서 연방도 막을 내렸다.

낫과 망치로 상징되던 노동자, 농민의 소련 국기는 1991년 12월 25일 크리스마스 날 크렘린 궁에서 내려졌다. 공산주의는 종주국에서 74년 만에 막을 내렸다.

4주 만에 빈으로 돌아와 곧바로 한식당으로 향했다. 혼자서 돼지삼겹살을 3인분이나 먹었다. 주인은 굶었다가 온 사람 같다고 놀렸다.

쿠데타는 왜?

1985년 고르바초프의 등장 이후 소련 사회는 급속하게 이완되기 시작했다. 공산당 통치 70여 년의 적폐가 경제 부문에, 특히 시민생활에 직접 나타났기 때문이다. 식량과 생필품 부족현상이 더욱 악화되기 시작했다. 국가의 행정력은 작동하지 않았다. 더구나 1980년부터 5년 동안 4명의 지도자가 고령과 질병으로 사망하면서 리더십이 실종된 상태였다.

이때 등장한 고르바초프는 국가개조의 필요성을 절감하고 페레스트로이카와 글라스노스트 정책을 추진했다. 즉, 정책변화를 통해 주저앉고 있는 소연방을 소생시켜야 했다. 이 덕분에 시민의식과 민족의식이 급속하게 상승했다.

15개 공화국으로 구성된 연방제는 엄청나게 비대한 관료조직으로 멈추기 시작했고 공산당이 이탈의 원심력을 겨우 막을 뿐이었다. 특히, 1989년부터 소련공산당에 거대한 변화가 일어났다. 그해 3월 공산당 인민대의원 중 3분의 2인 1천5백 명을 선출하는 자유선거가 처음으로 시행됐다.

더구나 하반기 6개월 동안 엄청난 격변이 휩쓸었다. 그동안 소련의 위성국으로 자신들의 통제 아래 있다고 여겼던 동독, 폴란드, 헝가리, 체코, 루마니아, 불가리아 등의 공산정권이 도미노처럼 붕괴됐다. 이 민주화 여파는 소련에도 강한 압력으로 작용했다. 더구나 1990년 3월에 열린 인민대의원대회는 국가원수의 직책을 서기장에서 대통령제로 바꾸었다. 권력의 중심을 당에서 행정부로 바꾸는 절차였다. 그동안 서기장은 쫓겨난 흐루쇼프를 제외하고는 종신직이었다.

1990년 7월 제28차 공산당 전당대회가 열린다는 연락을 받았다. 공산당과 행정부 개혁을 포함한 권력구조에 대한 논쟁이 있었기 때문에 직접 취재하고 싶었다. 미수교국의 기자에게 공산당 전당대회 취재를 허락할까 하는 의구심도 들었지만 부딪혀보기로 했다. 노보스티 통신사에 전당대회를 직접 취재하겠다며 지원을 부탁했다. 보름 후 취재가 허락됐다는 연락을 받고 모스크바로 날아갔다.

대회장은 첫날부터 긴장된 분위기였다. 고르바초프 대통령이 공산당의 권력독점을 배제하는 방안을 공식적으로 제안했기 때문이다. 보수세력과 개혁세력 간에 격렬한 논쟁이 11일간이나 계속됐다. 아마 이런 회의는 세상에 없을 것이라는 생각이 들었다.

2천2백여 명의 대의원이 참석한 토론은 거의 매일 8시간씩 계속됐고 어떤 날은 밤 10시에 끝난 12시간 토론도 있었다. 4개월 전 자유선거로 선출된 대의원이라 발언의 수위도 높고 거침없었다. 연사의 격정과 높은 목청, 야유와 고함이 거의 매일 뒤섞이긴 했지만 논쟁 자체가 중단되는 일은 없었다. 4일이 지나면서 나는 코피가 날 정도로 피곤하고 힘들었지만 그들에게는 매우 익숙한 모습이었다. 중앙아시아에서 온 우리 동포 대의원 3명도 만났다.

대회 후반에 가서 급기야 보리스 옐친이 공산당 탈당을 공식 선언하고 신당 창당을 모색할 것이라고 발표했다. 당시 그의 직책은 러시아 공화국 책임당원 자격이었다. 엄청난 충격이 대회장을 휩쓸었다. 1917년 러시아 혁명 이후 공산당이 처음으로 분열하는 시점이었다.

모스크바가 공산당 이념과 리더십 및 행정력이 혼란에 빠져들면서 발트 3국과 우크라이나, 백러시아는 물론 중앙아시아의 5개 공화국까지 연방이탈을 준비 중이었다.

고르바초프 대통령은 1987년부터 중앙정부의 권한을 각 공화국에 대폭 넘기고 경제도 자율성을 보장하는 방향으로 체제를 개편하여 느슨한 형태의 연방제를 운용하는 조약안을 만들어 논의했으며 1991년 8월 20일 그 안에 서명할 예정이었다.

이처럼 일련의 정치개혁 과정에서 1당 중심의 통치구조와 강력한 연방체제를 해체하는 내용은 보수주의자가 신앙처럼 받들던 마르크스레닌주의의 가치를 배신하는 행위로 도저히 받아들일 수 없는 것이었다. 이 내용은 또한 정치국원을 포함해 고위 공산당원 등 기득권세력의 권한과 특권을 없애는 결과이기도 했다.

1991년 새로운 연방조약안 서명 직전에 발생한 보수주의자의 쿠데타는 이에 대한 반발이었다.

붉은 광장의
퍼레이드

소련을 다니면서 가장 취재해 보고 싶었던 것이 혁명기념일 행사와 집단농장이었다. 혁명기념일 행사는 러시아력으로는 10월 26일, 서양력으로는 11월 7일이다. 혁명기념일 행사는 해마다 붉은 광장에서 벌어지는 군사퍼레이드로 소련의 권력서열을 알 수 있고 최신무기를 공개하는 현장이기 때문에 서방에서도 관심이 높았다. 또 이날 나오는 공산당 서기장의 발언이 국제질서에 큰 영향을 주기 때문이었다. 이 발언은 한반도를 포함한 동북아 지역에도 영향을 미치기에 꼭 참관하고 싶은 행사였다.

모스크바에 드나들면서 노보스티 통신사에 거듭 부탁한 것인데 참관이 허락됐다는 연락을 받고 빈을 출발했다. 1990년 11월 5일이었다.

붉은 광장의 퍼레이드는 1년에 두 차례, 즉 5월 1일 노동절과 10월 혁명기념일에 열리는 것이다. 안내원은 "행사 날은 광장 주변이 완전히 폐쇄되며 주요 도로가 철저히 통제되고 입장권을 가진 사람도 현장에 들어가는 데 10여 차례 검색을 받아야 했다"고 설명했다.

그러나 1990년 혁명기념일 행사는 그렇게 철저하게 통제하지는 않았다. 바리케이드 입구에서 초대권을 보여주는 것이 전부였다. 영상 2도의 차가운 날씨인데도 아침 8시부터 시민이 몰려들었다.

오전 10시, 크렘린 궁 안에 있는 우스펜스키 사원에서 울리는 종소리와 함께 고르바초프 대통령과 정치국원, 당 고위간부, 정부관료가 레닌 묘 뒤의 사열대에 오르면서 행사가 시작됐다.

귀빈이 선 뒤편에는 '1917~1989 사회주의 승리'라는 대형 플래카드가 가로로 걸렸다. 단상 왼편에는 '1917 인민평화는 소련의 힘', 오른편에는 '1989 페레스트로이카는 사회주의의 새 모습으로!'라는 대형 플래카드가 아래로 드리워졌다. 단상에는 정치국원, 정부관료, 모스크바 시당 간부가 자리했고 군 장성은 단하에 도열했다.

고르바초프는 "사회주의는 사회의 제도로서 성공하지 못했다. 따라서 개혁은 기본이며 시민이 나라의 주인이 되어야 한다"는 말이 기념사의 핵심적 내용이었다.

성 바실리 성당 쪽에서 2대의 오픈리무진이 다가왔다. 정치국 후보위원인 드미트리 야조프 국방장관과 모스크바 방어사령관이 탄 차량이었다. 야조프 국방장관이 내려와 열병 준비상황을 보고했다.

예포 발사와 함께 소련 국가의 연주가 끝나자 "우라!"(러시아어로 만세라는 뜻)라는 함성이 물결치는 파도처럼 붉은 광장을 한 바퀴 돌았다. 비무장 사관학교 생도단이 선두에 섰고 이어 경무장한 보병부대가 함성을 지르며 행진했고 뒤이어 착검한 해군특수부대, 특전부대, 국경경비대가 지나갔다. 뒤이어 탱크와 미사일부대도 통과했다.

특이한 행진도 있었다. 중학교 과정인 수보로프 군사학교 학생들과 크렘린 궁과 레닌 묘를 경비하는 최고회의 군사학교 군인들이었다. 수보로프 군사학교는 일종의 유년학교로 이 학교를 마치면 곧바로 사관학교를 거쳐 장교로 임명된다고 했다. 군복을 입은 어린이들이 행진할 때 시민들이 박수치고 손을 흔들었다.

이어 기계화 부대가 행진하고 곧바로 시민들이 깃발과 피켓, 작은 플래카드를 들고 행진했다. '전체주의 물러가라!', '명령경제를 없애라!', '사회주의 건설!', '페레스트로이카, 데모크라찌아' 등 갖가지 구호가 적혀있었다. '모든 권력은 소비에트로!'라는 플래카드를 본 한 시민은 "유령 같은 느낌"이라고 촌평했다.

해마다 외신에 보도되던 전략미사일이나 신형무기는 이날 등장하지 않았다. 소련 TV방송이 행사에 참여한 내외국인을 대상으로 인터뷰하는 장면이 곳곳에 보였다.

안내원은 "올해 퍼레이드는 아주 간소하다"고 설명했다. 퍼레이드도 1시간 정도, 슬로건도 혁명 당시 온건한 표현만 인용됐다고 했다. 광장 곳곳에 설치된 대형스피커에서 거듭 울려 퍼지는 말은 "연방군은 국가방위에만 충실할 것"이었다.

대신 노동절 퍼레이드는 그야말로 축제 같은 분위기라고 했다. 특히 어린이들을 위한 행사와 퍼레이드가 많다고 했다.

붉은색의 당혹감

1990년 11월 혁명기념일 취재를 위해 모스크바의 세레메테프 국제공항을 나와 시내로 들어서면서 도시 전체가 붉은색으로 도배된 듯한 광경에 당혹감이 밀려왔다. 대형 건물은 거의 모두 붉은 천으로 감싸듯 뒤덮였고 그 위에는 온갖 구호와 캐치프레이즈가 쓰였다.

크렘린 궁이 있는 붉은 광장은 더 붉었다. 광장 자체의 이름이 붉은 의미인 데다가 크렘린 성벽도 붉은색이고 앞의 굼 백화점 건물도 붉은 천으로 뒤덮다시피 했다. 붉은색 바탕에 낫과 망치, 그리고 노란 테두리로 된 별이 그려진 대형 소련 국기 또한 건물 외벽에 빠지지 않았다.

어렸을 때 좌익을 빨갱이라고 불렀다. 빨갱이는 공산당과 같은 맥락이었다. 공산당은 무자비한 폭력과 살인, 약탈, 처형이라는 이미지로 남아 6·25전쟁을 겪은 어른은 좌익에 대해 참혹한 이미지를 가졌다. 어른으로부터 해방 직후의 좌익폭동, 인민군 치하의 생활에서 겪은 잔혹한 이야기를 들은 바 있어 나도 붉은색에 대해 거부감을 가졌다. 적화통일이라는 말도 공산화를 의미하는 것이어서 나도 두려운 감정을 가졌다. 이런 심리적 요소에 붉은색으로 도배된 모스크바 모습은 역시 공산주의 종주국다운 이미지가 겹쳐 서늘한 감을 주었다.

왜 공산주의자는 붉은색을 이용할까? 섬뜩함과 경계심을 주기 위해서일까? 붉은색은 전통적으로 긍정의 의미를 가졌지만 정치적으로는 좌파의 이미지로 사용되면서 위협과 선동의 색깔로 이용되었다.

또한 붉은색은 경고의 의미도 있다. 한계를 넘는 것을 레드 라인(red line)이라 표현한다. 소방서의 붉은색도 경고나 주의의 의미를 담고 있다. 이런 의미가 왜 정치적으로는 소름 돋는 이미지로 바뀐 것일까?

정치적 의미에서 붉은색은 사실 핏빛이다. 인종, 종교, 성별에 관계없이 투쟁에서 흘린 피의 색깔이기 때문이다. 붉은색이 정치적으로 사용되기 시작한 때는 1848년 프랑스 2월 혁명 때부터였으며 1871년 파리 코뮌에서 공산주의 상징으로 붉은색을 채택하면서부터이다. 이때부터 붉은색은 혁명의 상징으로, 좌파의 상징이 되었다.

붉은 광장의 신혼부부. 레닌 묘를 참배한 뒤 기념사진을 찍는다.

특히, 소련깃발은 10월 혁명 때 흘린 노동자, 농민의 피와도 밀접한 관련이 있다. 소련깃발의 낫은 농민을, 망치는 노동자를 의미하며 노란 테두리로 된 붉은 별의 5개 각은 각각 노동자의 손가락 5개, 사회주의 혁명을 이끄는 5개 부류, 즉 노동자, 농민, 청년, 군, 인텔리 계층을 의미한다. 소련의 국가문장紋章도 낫과 망치가 지구를 덮는 모습이다.

낫과 망치는 곳곳에 있었다. 관공서 건물은 물론 볼쇼이 극장입구에도, 지하철 차량과 객차에도, 심지어 경찰관 모자와 동전에도 새겨져 있었다.

이 같은 획일화는 경직성과 긴장감을 준다. 이런 분위기를 안겨주는 붉은 광장과 레닌 묘와 그 앞을 지나는 연인이나 기념촬영을 하는

118

신혼부부의 모습과는 영 어울리지 않았다. 특히, 모스크바의 상징적 장소인 붉은 광장도 역사성만큼 섬뜩한 면도 있다. 러시아어로 붉은 광장을 '크라스나야 플로샤지'(Красная площадь)라 부른다. '크라스느이'는 원래 '아름다운'이라는 형용사이다. 붉은 광장은 '아름다운 광장'이라 불려야 했다.

모스크바 안내 책자에 붉은 광장은 17세기 때만 해도 시장이었다. 러시아 최대의 백화점이 광장 옆에 들어선 배경도 이런 역사가 있기 때문이었다. 제정 러시아의 차르 시대에는 황제의 대관식도 이 광장에서 열렸다.

IMEMO 소장
인터뷰

헝가리 부다페스트로 출장을 갔다가 오스트리아 빈으로 돌아와 아이들 학교의 교사와 학부모가 면담하는 날이어서 교사를 만나고 있을 때였다. 아들 둘 모두 빈 18구의 분데스 김나지움에 다녔다.

1990년 6월 6일 밤, 본사 국제부장으로부터 전화가 왔다. 한국과 소련의 외교관계 수립이 초미의 관심사였던 즈음이었다. 취재지시가 내려졌다.

"빨리 모스크바로 가서 IMEMO(세계경제 및 국제관계연구소)의 블라디미르 마르티노프(Vladimir Martynov) 소장을 인터뷰하시오!"

IMEMO는 고르바초프의 개혁·개방 정책의 싱크탱크였고 소장인 그는 고르바초프 대통령을 수행해 미국과 캐나다를 방문하고 돌아온 직후였다. 대통령의 핵심참모 가운데 한 사람이었다.

출장의 연속이라 좀 쉬었으면 하던 때여서 살짝 짜증이 났다. 그런 인터뷰라면 시간적 여유를 갖고 해도 될 일인데 다급하게 재촉하는 이유를 물었다. 경쟁사 기자가 소장과 인터뷰를 위해 이미 모스크바에 가 있다는 말이었다. 이 말의 뜻은 인터뷰를 빼앗기지 말라

는 주문이었다. 난감했다. 만나본 적도 없거니와 인사를 나누었다고
해도 사전 약속 없이 인터뷰에 응할 리도 없기 때문이었다.

그렇지만 예의와 절차를 따질 일이 아니었다. 사안에 따라 기자에
게는 무례할 특권도 종종 생기는 법이다. 이는 동서양의 언론계 관
행이기도 했다. 더구나 '경쟁지'라는 말은 '빼앗기면 안 된다'는 자극
을 주는 단어이다.

고민 끝에 회사 편지지에 김상만〈동아일보〉회장(1994년 작고) 명의
로 정중하게 편지를 썼다. 마침 집에는 회사이름이 인쇄된 편지봉투와
편지지가 있었다. 그해 봄에 샌프란시스코에서 열린〈동아일보〉주최
국제세미나에 마르티노프 소장이 참석했던 사실을 기댈 언덕으로 삼았
다. 다음 날 항공권을 예매하고 공항에서 괜찮은 선물 2개를 샀다. 모
스크바에 도착하자마자 곧바로 소장 비서실을 찾았다. 여비서에게 선
물을 주고 회장 명의의 편지를 전해 달라면서 내일 오후 3시에 면담을
신청해달라고 요청했다.

다음 날 오후 2시에 면담여부를 확인하기 위해 전화하니 그 시간
에 오라는 대답이 있었다고 전해주었다. 사무실에 들어서서 김 회장
명의의 편지와 안부 그리고 선물을 전하고 용건을 말했다. 경쟁지
기자와의 약속시간을 알았으나 모른 체했다. 그는 사전약속 때문인
지 난감해 하면서도 인터뷰에 응했다. 양국 간 수교문제, 북한과 소
련과의 마찰여부 등에 관해서는 거침없이 대답했다. 수교는 조만간
이루어질 것이며 북한의 반응에도 불구하고 추진하는 중이라고 했
다. 신사고에 바탕을 둔 대외정책이기 때문이라고 했다.

인터뷰 내용은 기사와 일문일답 형식으로 정리해 보냈더니 다음
날 1면 머리기사와 인터뷰 전문全文이 실렸으며 회사 데스크로부터

수고했다는 연락을 받았다. 경쟁지 기자에겐 참으로 미안했다. 마르티노프 소장과 인터뷰하기 위해서는 사전에 접촉과 약속, 출장이라는 적지 않은 시간과 노력이 필요하다는 걸 알기 때문이었다. 특파원 간에 예의는 아니지만 경쟁은 경쟁이다. 미안하기도 하지만 본지 독자에게 정확하고 빠른 뉴스를 먼저 알리는 것이 언론사의 역할이자 경쟁이 있는 이유이기도 하다.

모스크바 한담

어느 모스코비치의 집 풍경

모스크바 출장이 잦으면서 자연히 아는 사람도 생겨났다. 어느 날 지인의 저녁초대를 받았다. 모인 사람은 나와 4쌍의 부부 등 모두 9명. 보드카에 러시아 음식으로 즐거운 시간을 보내고 있었다. 집주인이 아들 부부가 오늘 저녁은 다른 집에서 자고 온다고 일렀다.

　방은 2개였다. 안방은 주인 부부의 방이고 또 하나의 방은 아들 내외가 사는데 중간에 두터운 커튼이 내려져 있었다. 시골에 사는 주인 부부의 부모가 오면 그 방에서 지낸다는 것이었다.

　보드카 여러 잔을 받아 마신 나는 궁금증이 일면서 좀 용감해졌다. 부부들이 번갈아 안방이나 화장실에 가면 한참 뒤에 나오곤 했다. 호기심이 일어 화장실에 가서 노크하고 문을 열려고 했으나 잠겨 있었다. 더 큰 관심은 그 안에서 신음까지 들렸다. 자리에 돌아온 나를 보고 다른 부부들이 웃었다. 다녀온 부부는 아무렇지도 않은 표정이었다. 당황한 것은 나였다. 남자 주인에게 물었더니 빙그레

웃으며 대답했다.

"사랑을 하는 거요."

설명을 듣고야 이해가 됐다. 주택이 부족해 신혼부부도 집을 구하기 어려웠다. 한 집에 3대가 살거나 여러 부부가 사는 경우가 많았다. 그렇다 보니 정작 부부생활이 무척 어렵다. 더구나 춥고 밤이 긴 겨울이 되면 잠자리가 더욱 비참해진다. 부부들이 방 하나에 커튼을 치고 사는 집도 있다고 했다. 그래서 부부들은 약속을 정해 요일별로 외출해줘야 한다. 남은 부부가 시간을 갖도록 하기 위해서이다. 혼자 살거나 부부만 사는 아파트를 잠시 빌리는 경우도 있다. 또 다른 방법은 오늘처럼 친구모임을 통해 부부생활을 하는 경우라고 한다.

모임에 참석한 이고르 씨도 1987년에 아파트의 방 1개를 2천5백 루블(8개월 치 급여)을 주고 구입했다. 화장실과 목욕탕도 공동이라 목욕은 생각조차 할 수 없고 소변보는 것도 10여 차례 다녀봐야 가능하다.

"사생활은 거의 없다고 보면 되죠. 작은 아파트를 여러 가족이 나누어 쓰기 때문에 연어처럼 살고 있답니다. 이 때문에 늘 떠들고, 시끄럽고, 불편하고, 서로 미워하고, 서로 고자질 하고…. 생존 말고는 다른 것을 생각할 여지가 없는 삶이에요."

모스크바 시내에는 콘크리트 장벽 같은 건물이 많다. 관공서도 그렇지만 주택인 아파트도 그렇다. 초대형 고층의 우악스러운 모습으로 대부분은 스탈린 시대에 건축된 건물이다. 국가역량을 중공업에 쏟아 부으면서 시민들의 주택은 절대부족이었다. 집을 갖는 것은 자동차를 사는 것보다 더 어려웠다.

1990년을 전후해서 통제력이 이완되면서 지방민이 수도인 모스크바를 어렵지 않게 방문할 수 있으나 1980년대 중반까지만 해도 국내

124

용 여권이 있어야만 가능했다. 이 여권은 일종의 여행허가증으로 군청색 스탬프가 찍혀있다. 여행허가증 없이는 모스크바에서 3일 이상 머물면 불법이었다. 그래도 친구나 친척 집에 눌러 사는 불법체류자가 많았다.

모스크바 거주자격은 엄격했다. 거지, 집시, 반체제 인사, 무직자, 장애우, 농부는 불가능했다. 인구 상한선(약 8백만 명)과 수도의 체면을 유지해야 하므로 거주허가를 아무에게나 내주지 않았다. 때문에 모스크바에 사는 사람과 위장결혼하는 편법도 흔하게 있었다. 그루지야 공화국(Gruziya) 출신인 50대 남성은 자신도 1981년에 1천5백 루블(1년 6개월 치 급여)을 주고 위장결혼으로 거주자격을 얻었다며 웃었다.

이색적인 거리와 교통수단

한때 차이콥스키가 살았던 모스크바 중심가인 아르바트(Arbat) 거리는 예술과 낭만의 거리이다. 파리의 몽마르트르(Montmartre) 언덕과 비슷한 분위기를 풍긴다. 초상화를 그려주는 화가, 거리의 악사, 즉석 화랑, 마트료시카(인형) 가게가 늘어섰다. 주말이면 시민들이 재미삼아 들르는 곳이어서 늘 인파로 붐빈다. 나도 그 거리에서 장미를 그린 2호짜리 수채화 한 점을 샀는데 20년이 지난 지금도 색채가 그대로이다.

미국 대사관 옆길에는 주말이면 어린이의 옷을 파는 가게들이 들어선다. 새 옷보다는 헌 옷을 수선한 외국제 옷이 많다. 아기를 데리고 나와 가게를 기웃거리는 젊은 부부의 모습이 참으로 소박한 분위기를 느끼게 해준다.

제르진스키 광장은 비밀경찰 KGB 본부에서 약간 떨어져 있다. 일요일이면 한 귀퉁이에 책시장이 선다. 톨스토이, 체홉, 헤밍웨이의 문학작품은 20달러 내지 30달러면 살 수 있다. 그러나 솔제니친, 파스테르나크의 작품은 50달러가 넘었다. 그런 책이 있느냐고 물어봐야 상자에서 꺼내서 보여주었다. 정치색이 있는 작가의 작품이 아직도 해금되지 않았기 때문이라고 설명했다.

시내를 이동하는 교통수단으로 지하철과 노면전차가 있긴 하다. 지하철은 지하 80~100m에 위치해 여름에는 시원하고 겨울에는 정말 따뜻하다. 노선도 많아 시간이 있으면 시내를 즐기기 좋다. 그러나 모든 안내표시가 러시아어로만 되어 외국인이 이용하기에는 불편하다. 택시도 있기는 하지만 이용하기는 무척 어렵다. 운전기사는 외국 돈을 벌기 위해 가능한 한 외국인을 태우려 하기에 길에서 택시를 잡는 것은 거의 불가능하다.

그래도 쉽게 이용하는 방법이 있었다. 외국인은 길에서 손을 들면 지나가던 고급승용차도, 자가용도, 택시도, 심지어 트럭도 멈춰 선다. 운전자는 창문을 열고 "달러? 말보로?"라고 말을 건넨다. 2달러나 말보로 한 갑이면 시내 어디든 데려다주었다. 그때는 이랬다.

호텔 부근에는 늘 자가용으로 영업하는 차량이 줄을 서 있다. 이용객은 투숙한 외국인이다. 한 번은 늦은 밤 메즈두나로드나야(국제) 호텔에서 차를 타고 내가 묵던 코스모스 호텔의 행선지를 말해줬다. 이 국제 호텔은 외국 비즈니스맨이 투숙하는 곳으로 당시 모스크바에서 최고급이었다. 전화와 팩스 등 통신이 잘되고 특히 KOTRA 모스크바 지사와 주재원이 사는 가정도 있어 가끔 들러 기사도 보내고 저녁도

쿠데타 진행 당시 취재차 러시아 공화국 의사당으로
걸어가던 중 미국 대사관 건물을 배경으로 찍었다.

얻어먹곤 했다. 주재원 중 2명은 나의 대학동문이어서 편하기도 했다. 그날도 저녁을 먹으며 반주도 곁들여 얼굴이 불그스름했다. 남이 보기에도 술 마신 사람이었다.

차를 타고 호텔을 벗어난 뒤 운전자는 친구가 있는데 태워도 되느냐고 묻기에 아무런 의심 없이 그러라고 대답했다. 조수석에 타는 사람을 본 순간 정신이 번쩍 들었다. 가는 방향도 이상했다. 눈에 익은 길이 아니었다. "어디로 가느냐?"고 러시아어로 물으니 "소유즈 호텔"이라고 대답했다. 행선지를 다시 말해주고 자세를 고쳐 앉았다. 동유럽 출장을 가면 만약을 위해 늘 가방 속에 갖고 다니던 나만의 무기도 꺼내 주머니에 넣었다. 스위스제 다용도 제품이었다. 그들이 나누는 대화 가운데 "안 되겠다. 호텔로 가자"고 하는 말에 식은땀이 흘렀다. 그다음부터는 밤에 차를 탈 때 바래주는 사람에게 내가 타는 차량의 번호판을 앞에서 적는 모습을 보이도록 부탁했다.

러시아말로 '에따즈'(этаж)는 층을 말한다. 이 단어에 여성어미를 붙인 말이 '에따즈나야'(этажная)로 호텔의 층마다 배치된 여성을 일컫는 단어이다. 굳이 영어로 표현하자면 floor lady이다. 주로 아줌마이다. 호텔뿐만 아니라 외국인 전용아파트에도 여성이 근무한다. 대개는 뚱뚱한 아줌마이다. 낮에는 잘 안 보이지만 해가 지면 어김없이 근무하는 모습을 볼 수 있다. 특히 호텔에서는 엘리베이터에서 내려 객실로 통하는 중앙이 근무 장소이다.

그들은 친절하고 잔심부름도 곧잘 해준다. 그들의 임무는 투숙객을 편안하게 지원하는 일이라지만 감시업무도 있다. 투숙객 명단을 책상 위에 두고 객실을 오가는 투숙객을 관찰기도 한다. '관찰'이라는 표현은 그들이 기록한 근무일지를 보고 느낀 단어이다.

코스모스 호텔에 들었던 1990년 초 여름날, 심부름을 보낸 사이 근무서류를 슬쩍 봤다. 출입시간과 입었던 옷 형태와 색깔도 적혀있었다. 또 1990년 가을에 투숙한 같은 호텔 4층의 에따즈나야는 젊은 여성이었다. 다른 층과 달리 유별나게 정장을 입은 건장한 남성과 젊고 예쁜 여성이 자주 드나들었다. 눈동자가 살아있는 사람들이었다. 며칠간 얼굴을 익히고 나서 물어봤다. 외국인을 상대하는 고급 매춘 조직원이라 짐작했는데 호텔에 파견된 KGB 직원이라고 했다.

괜히 긴장됐다.

제 3 부

독일통일의
현장

The Federal
Republic of
Germany

독일은 통일될까?

베를린장벽이 무너졌다는 뉴스를 모스크바에서 지켜본 나는 억장이 무너지는 심정이었다.

'저 현장에 내가 있어야 하는데….'

현장에 갈 수 없는 상황에서 든 상념이자 안타까움이었다. 11월 9일 밤의 베를린장벽 붕괴는 정말 뜻밖이었다. 그때 나는 한국과 소련 간 외교관계 수립의 진척상황을 점검하라는 본사지시로 이틀 전인 7일 모스크바에 와있었다. 10일 아침 호텔 방에서 TV로 중계되는 방송장면을 보고 '역사의 현장'을 놓치는 아쉬움을 달래야 했다. 불과 보름 전에 동베를린 시위현장을 취재했고 그 후 동독 주요 도시에서 벌어지는 민주화 요구 시위를 챙겨보면서 베를린장벽의 붕괴까지는 생각조차 못했다.

혹시 출장을 취소하고 현장에 가라는 지시가 있지 않을까하는 기대감 속에 본사에 전화했으나 역시 실망이었다. 이미 런던 특파원인 남중구 선배가 베를린에 갔다고 했다.

모스크바 일은 긴급한 것도 아닌데 계속 있어야 하나? 베를린장벽 붕괴 취재가 기자 한 명으로 될 일인가? 온갖 생각이 들었다. 장벽 붕괴가 일정표에 있는 일도 아니고 누가 예측이나 했겠나 하는 자위감도 들긴 했다.

독일은 다시 통일될까? 동유럽의 민주화와 소련의 개혁바람이 거세게 몰아치던 1989년 10월 말까지 독일통일을 전망한 사람은 거의 없었다. 동독 지역의 민주화 시위가 한창이던 10월 하순, 내가 동베를린에서 취재하면서 만난 시민들도 '민주화와 여행의 자유'를 요구하는 체제변화 정도였지 통일을 입에 올리지는 않았다. 통일은 언감생심, 체제가 다른 동서독이 한동안 공존하는 것이 가장 바람직한 통일의 길이라고 전망하는 독일인도 있었다.

당시 서울을 방문 중이던 빌리 브란트(Willy Brandt) 전 서독 총리는 10월 25일 특별강연에서 "독일통일은 유럽통합이 이루어진 다음에 가능할 것"이라고 내다봤다. 당시 동독수상이던 에리히 호네커도 1989년 1월 동독정권 탄생 40주년 기념사에서 "베를린장벽은 50년 내지 100년은 더 지속될 것"이라고 호언장담했다.

모스크바도 베를린장벽 붕괴는 급격한 변화라며 놀라움을 나타냈다. 정부기관지인 〈이즈베스티야〉 신문은 "소련에 어떤 영향을 미칠지 관심"이라며 "고르바초프 대통령도 동독의 급격한 변화를 바라지는 않을 것"이라고 전망했다. 블라디미르 포로코프 같은 정치평론가도 "소련의 정치개혁에 부담이 커질 것이며 통일될지는 두고 봐야 하지만 급변상황은 도움이 되지 않는다"고 평가했다.

모스크바 시민은 대체로 반기는 편이었다. 인간을 몽둥이로 통치할 수 없다는 것을 증명해준 것이라며 장벽은 사회주의 결점으로 무너진 것이라고 했다. 한 시민은 "페레스트로이카와 글라스노스트가 너무 지루하다. 기존 제도는 무너지고 새 제도는 확립되지 못했으며 우왕좌왕하는 분위기가 지금 소련 사회"라고 진단했다.

　동유럽의 민주화 혁명이 지나간 다음에 당시 상황을 돌이켜보면서
느낀 것이지만 당시 동독은 폭발 직전의 압력솥과 같았다. 소련의 고
르바초프 대통령은 1989년 6월에는 서독을, 4개월 후인 10월에는 동
독을 방문해 개혁·개방의 필요성을 역설했다. 서독 방문에서는 "유
럽은 지금 거대한 변혁을 거치고 있다"면서 "베를린장벽도 갑자기 무
너질 수 있을 것"이라고 말했다. 10월의 동독 방문에서는 발언 수위가
높아졌다. "우리는 시대 흐름을 따라야 한다. 너무 늦은 자에게는 삶
이 처절해질 것"이라고 단언했다. 혁명과 시위를 부추긴 연설이었다.
　동독에서 반체제 민주화 운동 단체가 공식적으로 출범한 것은 그해
9월이었다. 이른바 '노이에스 포럼'(Neues Forum)이다. 백 명으로 시
작된 회원은 10월 들어 전국적으로 3천 명으로 급증했다. 한여름 헝
가리와 체코, 폴란드를 여행 중이던 동독 시민이 9월에 서독 지역으
로 대탈출을 시작하며 체제에 대한 분노와 좌절감을 안고 있던 동독
인이 본격적으로 변화를 요구하기 시작했다.
　나중에 입수해 본 노이에스 포럼의 창립대회(9. 12) 선언문의 핵심
은 "우리는 서독에 가지 않는다. 재통일도 원하지 않는다. 자본주의
도 바라지 않는다. 다만 동독을 민주적 사회주의 국가로 재구축하는
정치적 플랫폼을 원한다"고 쓰였다. 이 포럼을 주도하던 바르벨 보
레이(Barbel Bohley) 여사도 "우리는 민주주의 없이 자랐으며 솔직히
민주주의에 대해 잘 모른다. 그렇지만 우리는 국가의 감시를 원하지
는 않는다"며 개인의 자유를 강조했다.
　고르바초프가 동독을 다녀간 10월 중순부터 드레스덴(Dresden),

동베를린, 라이프치히(Leipzig) 등 동독 지역 대도시에서 민주화 시위가 격화되기 시작됐다. 공산당 지도부도 갈팡질팡했다. 10월 중순 호네커가 물러나고 에곤 크렌츠 정치국원이 승계해 정치개혁을 약속해도 시민들의 요구는 완전 자유로 거세졌다.

압력이 터지기 시작한 것은 이미 8월부터였다. 당시 동유럽 국가, 특히 헝가리와 체코에 휴가 중이던 동독여행객의 대탈출이었다. 당시 공산국가 국민의 여행지는 공산권으로 제한되었다. 동독인은 겉으로는 정치적 자유보다는 여행의 자유를 요구했으나 이면에는 풍족한 삶에 대한 갈망이 더 깊었다. 이 점에서 통일의 가장 큰 매개체는 서독 화폐인 도이치마르크(Deutsche Mark, 유로화 출범 전까지 통용된 독일의 화폐단위)였다.

압력솥이 터지다

1989년 9월 10일 오후, 헝가리가 동독여행객에게 오스트리아 쪽의 국경을 개방한다는 뉴스를 들었다. 폴란드 출장에서 막 돌아온 날이었다. 8월에도 허가 없이 오스트리아 국경을 넘은 동독인이 몇인가 있었지만 이날 밤 뉴스는 헝가리 정부의 공식 발표였다. 부다페스트 등 헝가리에 몰려 대기 중인 동독인의 대탈출(*exodus*)이라 생각했고 '철의 장막'이 무너지는 엄청난 뉴스라는 느낌이 들었다. 시간은 자정경이라고 했다.

국경마을인 니켈스도르프(Nickelsdorf)로 달려갔다. 현장에 갔을 때 오스트리아 측 국경검문소 일대에는 경찰차, 적십자 차량, 구급차, 긴급구난 차량뿐만 아니라 시민들과 보도진의 차량과 인파가 뒤엉겨 있었다. 수십 가구에 불과하던 조그마한 동네가 아수라장이었다.

자정이 가까워지면서 헝가리 쪽의 국경검문소로부터 자동차 불빛이 끝없이 이어지기 시작했다. 검문소에 가장 먼저 도착한 차는 트라비라 불리는 회색의 동독제 소형승용차. 부인과 자녀 2명을 태운 30대의 동독인은 기자들의 카메라 세례와 구경꾼들의 박수를 받으며

"내가 첫 번째로 갈망하던 여행자유의 꿈을 이루었다"고 소리쳤다.

뒤이어 도착한 사람들은 서로 얼싸안고 기쁨을 나누며 샴페인을 터트리기도 했고 "freiheit"(자유)를 외치기도 했다. 20대 후반의 한 남자는 옆에 있던 사람들을 돌아가며 끌어안고 볼을 맞추는 등 벅찬 감격을 보였다.

이들은 반바지와 샌들차림이었고 차량 안에는 옷가지와 생활도구가 실린 여행객이었다. 당시 동독인의 해외여행은 같은 동유럽 사회주의 국가로 엄격하게 제한되었다. 때문에 그들은 체코나 헝가리, 폴란드, 멀리는 유고 연방과 루마니아까지 여행할 수 있었지만 서유럽은 금지되었다. TV화면에서만 보던 서유럽 여행이 그들에겐 꿈이었다. 그 꿈이 실현되는 현장이기에 더욱 감격스럽게 느꼈다.

적십자 요원이 건네준 음료수와 도시락, 경찰이 주는 지도, 휘발유값으로 차량당 7백 실링(구 오스트리아 화폐, 약 3만5천 원)의 환영금을 차례로 받은 동독인은 경찰차의 안내를 따라 길고 긴 불빛을 이루며 떠나갔다. 행선지는 서독의 파사우(Passau)였다.

한여름 무더운 천막 안에서 몇 주 동안 기다리며 애타게 고대했던 자유세계로의 여행이라는 꿈이 실현되는 순간이었다. 삶의 터전과 직장을 버리고 사랑하는 가족과 이별하면서 낯선 땅에서 맨손으로 제2의 인생을 시작해야 하는 어려운 결정을 내린 사람들이었다.

이들의 국경통과는 11일 낮에도 계속됐으며 오후 1시, 오스트리아 경찰당국은 4천여 명이 국경을 통과했다고 발표했다. 서독정부도 이날 오후 4시 현재 2천여 명이 파사우에 도착했으며 프라이징(Freising), 터겐바흐 등 5개 지역에 마련한 임시거처에 수용했다고 발표했다.

이 같은 조짐은 사실 8월 초순부터 있었다. 동베를린의 서독연락사무소에 1백여 명이 몰려들었고 중순에는 180명이 부다페스트에 있는 서독 대사관에 돌입해 농성하면서 서독행을 요구했다. 헝가리 정부는 서독정부와 협의해 '선례가 아니다'라는 조건으로 이들 중 109명을 항공편으로 보내주었다. 8월 중순 헝가리의 소프론이라는 국경도시에서 열린 국제회의에 참석한 동독인들은 철조망이 없어진 국경을 넘어 오스트리아로 건너와 서독으로 간 뉴스가 자극제가 되었다. 9월 초순에는 순식간에 7천 명이 부다페스트로 몰려들었다.

소식을 듣고 부다페스트로 갔다. 현장을 취재하면서 이들의 서독행이 가능할 것인가 하는 의문이 들었다. 초유의 일이고 특히 동서독 간에는 인적 왕래가 1년에 3백만여 명이나 되기 때문에 구태여 탈출이라는 모험을 할까, 또 같은 공산권인 헝가리가 동독과의 관계를 포기하면서 이들의 탈출을 허용할까 하는 의문이 들었다.

헝가리 정부는 부다페스트 교외의 성당 잔디밭과 산중턱에 있는 캠핑장 그리고 250㎞ 떨어진 휴양지 발라톤 호수의 장카 지역 등 10여 곳에 대형 텐트를 설치해 '망명객'을 수용했다. 이들은 서독행을 희망했다. 정치적 망명이라기보다는 경제적 측면의 대탈출이었다. 헝가리 정부는 이들을 망명희망자로 분류했다.

수용 현장은 외부인의 현장출입을 엄격히 통제하고 특히 언론의 접근을 막았다. 수용위치와 인원도 물론 알려주지 않았다. 사진촬영 금지 표지판이 여기저기 보였다. 사진을 촬영하다가 들켰다. 내 카메라 필름을 회수하던 헝가리 적십자 요원은 "망명객의 신원을 보호해야 하기 때문"이라며 양해를 구했다.

당시 헝가리와 오스트리아는 그해 5월에 이미 양국 국경에 쳐진 철조망을 걷어냈다. 냉전의 상징인 '철의 장막'을 제거한 것이다. 아쉽게도 이 뉴스는 당시 체코의 프라하에 있었기 때문에 현장을 취재하지 못한 아쉬움이 남았다.

여행객이 몰려들자 당황한 것은 헝가리 정부였다. 두 나라의 수상과 외무장관이 서독의 수도 본(Bonn) 인근에서 마라톤협상을 했다는 보도가 나왔다. 헝가리의 미클로 네메스(Mikeós Németh) 대통령은 국경을 열면서 "인도주의적 차원"이라고만 강조했다. 빈과 부다페스트 언론은 헝가리와 체코를 여행 중인 동독인은 20만여 명, 이 중 12~13%인 1만5천여 명이 서독으로 갈 것이라고 예상했다.

대탈출의 하이라이트는 9월 30일 프라하 주재 독일 대사관에 몰려 있던 4천여 명 전원이 열차 편으로 서독에 이송된 일이었다. 이는 베를린장벽을 무너뜨려 통일의 길을 열고 체코의 민주혁명에 가속 페달을 밟게 한 결정적 계기가 됐다. 9월 초순 헝가리가 여행객에게 서독행 출국을 허용했다는 소식을 듣고 몰려들기 시작한 이들의 숫자는 걷잡을 수 없이 늘어났다. 바르샤바의 서독 대사관에도 수천 명이 몰려들었다. 유럽의 신문들이 상황을 연일 대서특필했다. 헝가리 정부와는 달리 체코 공산정권은 이들의 서독행 요구를 허가하지 않았다. 동서독 간의 문제이고 사회주의 국가 국민의 서방여행은 합법적인 여행증명서가 있어야 했다.

결국 서독과 협의한 동독이 특별열차를 제공하되 동독 영토를 거쳐 가는 것으로 타협이 됐다. 자국민을 추방한다는 동독정부의 절묘한 해법이었다. 한스 디트리히 겐셔(Hans-Dietrich Genscher) 독일 외무장관이 프라하로 날아갔다. 겐셔 장관은 대사관에 있던 동독인들에게 감격적인 연설을 했다.

"여러분의 희망대로 떠날 수 있습니다. 그것도 오늘 중으로!"

함성 때문에 연설이 끝났다. 독일TV가 이 모습을 생중계했다. 겐셔 장관은 후일 기차로 떠나는 장면을 보고 "내 정치인생에서 가장 감동적인 시간이었다"고 술회했다.

이들은 프라하를 출발해 동독의 드레스덴을 거쳐 서독 바이에른 (Bayernr) 주의 호프(Hof)라는 국경도시로 들어갔다. 동독인은 공산체제가 싫어 탈출한 동독을 거쳐 서독으로 간다는 코스는 사실상 체포나 다름없다고 생각했다고 전했다.

이때 탈출한 안드레아 스톨츠라는 한 젊은이는 후일 서독 언론에게 "드레스덴 역에 도착했을 때 배치된 경찰을 보고 몽땅 체포되는 줄 알았다"고 털어놓았다. 사실은 동독 시민들이 서독행 열차에 올라타는 것을 방지하기 위해 배치된 것으로 밝혀졌다.

폴란드의 바르샤바 주재 독일 대사관에 몰려든 동독인 수천 명도 같은 방법으로 서독으로 이송됐다. 프라하에서 기차로 서독에 가는 행렬은 10월 초순까지 이어졌으며 숫자는 2만여 명이나 됐다.

탈출한 동독인은 이 열차를 '자유의 열차'(*Zug in die Freiheit*)라고 불렀다. 후일 독일의 브로드 뷰(Broadview)라는 회사가 당시 상황을 90분짜리 다큐멘터리로 만들어 방영했다.

무너진 베를린장벽

베를린장벽은 한국의 휴전선과 함께 동서냉전의 상징이었다. 장벽의
서쪽, 서베를린의 독일의사당 옆 브란덴부르크 문(Brandenburger Tor)
근처에 있던 전망대에 오르면 동쪽으로 쭉 뻗은 운테 덴 린덴(Unter
den Linden) 거리를 중심으로 한 동베를린의 모습이 한눈에 들어왔다.
전망대 옆으로 흐르는 슈프레(Spree) 강 부근에는 베를린장벽을 넘어
오다 희생된 동독인을 기리는 조그마한 조각과 함께 그 앞에 놓인 화환
이 냉전의 산 증거물로 남았다.

통일 전에 독일인을 제외한 관광객이 동베를린을 구경할 수 있는
통로는 미군이 관할하던 찰리검문소(Checkpoint Charlie)였다. 시내
한복판이지만 양측 검문소에는 탱크와 무장군인이 배치되었다. 특
히, 미군 탱크와 소련군 탱크가 포신을 정면으로 겨누며 대치하는
모습이 무척 인상적이었다. 미군 검문소 옆에는 "당신은 미국 지역
을 떠납니다"라는 문구가 영어, 프랑스어, 러시아어 순서로 쓰인 입
간판이 특이했다.

1990년 6월 22일 독일에서 전승 4개국 외무장관회담을 끝낸 영국

© 최맹호

© 김진순

통일의 상징적 장소가 된 브란덴부르크 문의 과거(위)와 현재(아래).
베를린장벽 붕괴 전 이 문은 장벽 너머 완충 지대에 있었다.

의 더글러스 허드(Douglas Hurd) 영국 외무장관은 "드디어 우리는 찰리를 냉동고에서 꺼냈다"는 위트로 기자들을 웃겼다.

베를린장벽 붕괴 보름 전인 1989년 10월, 호네커 공산당수가 물러난 10월 18일 다음 날 동독의 상황을 취재하기 위해 베를린으로 갔다. 본사의 독일 특파원이 없었을 때였다. 외교관계가 없어 관광객으로 들어가야 했다.

서베를린의 번화가인 쿠푸르스텐담 거리에서 출발하는 관광버스를 타고 동베를린을 취재했다. 동·서 베를린으로 통하는 찰리검문소에서는 미군이 올라와 버스 안을 둘러본 뒤 통과시켰고 20m 정도 떨어진 동베를린 검문소에서는 군인이 올라와 여권이나 신분증을 검사하고 통과시켰다.

당시 동독 여러 도시에서 개혁과 개방, 민주화 시위가 계속됐다. 동베를린에서도 크고 작은 시위가 연일 계속되었다. 화장실 가는 시간을 주기 위해 정차가 허가된 알렉산더 광장에서 내려 시위 중인 장면을 촬영하다가 카메라 불빛이 번쩍하는 바람에 하마터면 체포될 뻔했다. 사진을 찍지 말라는 안내원의 주의도 있어서 더 겁이 났다.

다음 날은 좀더 용감하게 지하철로 동베를린에 들어갔다. 작센 하우젠 전철역 부근의 게세마네 성당을 취재하기 위해서였다. 동베를린에서는 이 성당이 민주화 시위의 거점이었기 때문이다. 전철 안의 여권검사도 관광객이라는 말에 그냥 통과됐다. 성당에는 "깨어나라, 그리고 기도하라!"는 플래카드가 걸려있고 서명을 받는 탁자 앞에 긴 줄이 이어졌다. 70대 노인이 동양인인 나에게도 서명을 부탁했다. 반체제 단체인 '노이에스 포럼'의 합법화를 요구하는 내용이었다.

알렉산더 광장에는 공산주의 이론을 정립한 마르크스와 엥겔스를

동베를린 중심가의 알렉산더 광장에 있던 칼 마르크스와 프리드리히 엥겔스 동상.
공산정권이 무너진 뒤 누군가 "우리가 미안하다"라는 내용의 낙서를 했다. 훗날 통일의 후유증이
겹치자 부정접두사인 'un'을 써 반대의미를 해학적으로 표현했다. 동상에 앉은 학생은 둘째 아들이다.

함께 조각한 작품이 있다. 베를린장벽 붕괴 후 가봤더니 동상 기단부
에 스프레이로 "Wir sind schuldig"(우리가 미안하다)라는 문구가 있
었다. 1993년 여름에는 schuldig 앞에 반대의미를 가진 접두어 un을
붙여 "Wir sind unschuldig"(우린 미안할 게 없다)로 재치 있게 바꿔
놓았다. 통일의 피로와 실업과 좌절감에 젖은 누군가가 옛 시대를
그리워하는 풍자이자 익살이었다.

길이 155㎞의 콘크리트 장벽

냉전시대에 지리적으로 서베를린은 동독 지역 한복판에 있던 절해고
도絶海孤島였다. 서베를린을 완전히 감싸는 장벽의 총길이는 155㎞였
다. 장벽은 1961년 8월 13일부터 1989년 11월 9일까지 존속했다. 장
벽과 전기철조망 간 거리는 100m로 그 사이에는 벙커, 경비원 참호,
모래밭으로 되어 탈출이 불가능했다. 동독은 302개의 감시탑과 20개
의 벙커를 만들어 군인과 경비견을 배치하고 탈출자에게는 사살명령
을 내렸다. 전기철조망도 127㎞나 됐다.

상징적인 장벽은 동·서 베를린을 가르는 43㎞. 콘크리트 장벽 너머
철조망까지 약 7m 폭의 개활지에는 모래를 깔고 지뢰를 묻었다. 콘크
리트로 된 장벽의 서베를린 쪽 벽면에는 낙서와 벽화, 가족의 안부,
자유를 희망하는 내용의 글이나 시詩 등이 어지럽게 그려져 있었다.

동서독 통일 후인 1992년 10월, 서울에서 베를린으로 관광을 온 70대
의 노부부를 장벽에 안내한 적이 있었다. 고향이 평양인 노부부는 월남
할 때 두고 온 딸에게 보내는 안부를 장벽에 적으며 눈물을 흘렸다.

찰리검문소 옆 장벽박물관에는 베를린장벽의 역사가 사진과 함께
기록되었다. 역사는 이렇다. 베를린장벽은 2차 대전이 끝나고 1948년
소련이 서베를린을 봉쇄하자 미국 등 서방측이 대규모 공수작전을 펴
는 등 냉전과 대립이 첨예화되고 지속하던 1961년 8월부터 건설이 시
작됐다. 자유 베를린을 지키기 위해 미국과 영국은 10개월 동안 20만
회에 걸쳐 150만 톤의 생필품을 공급했다.

공산정권이 들어서면서 동독주민의 대규모 서독탈출이 줄을 이었

브란덴부르크 문 옆에 있는
전망대. 베를린장벽 붕괴
전날까지도 관광객은 이
전망대에 올라 동베를린과
공산세계를 보는 냉전의
상징적 장소였다.
1989년 5월 무렵이다.

© 최맹호

동 · 서 베를린 통로인 찰리검문소의 최근 모습.
베를린장벽 붕괴 전의 동베를린 검문소는 살벌했다.

© 김진순

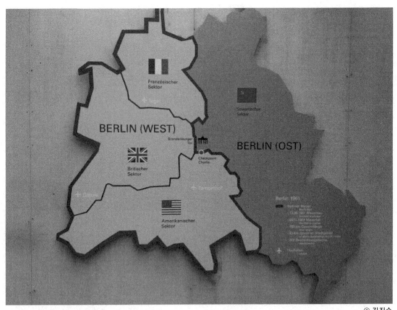

2차 대전 후 베를린을 분할 통치키로 한 전승 4개국의 관할 지역.
지금은 베를린장벽 인근에 자리한 박물관의 안내판으로 남았다.

다. 분단 후부터 1961년까지 서독으로 탈출한 동독인은 260여만 명
이나 됐다. 젊은 층과 각 분야의 전문가, 엘리트 계층이었다. 심각
한 인적 자원의 유출이었다.

　동독정권은 주민이탈로 노동력 부족사태가 예상되자 이동제한조치
를 취했고 마침내 1961년 8월 군과 경찰을 동원해 동·서 베를린의
왕래를 차단하고 장벽을 쌓았다. 졸지에 이산가족이 생겼고 서베를린
에 직장을 가진 동베를린인은 직장을 잃었다. 비극적인 이야기도 있
다. 서베를린에 사는 남편은 졸지에 이산가족이 되자 부인과 닮은 여
성을 동베를린에 데리고 가서 남겨두고 부인을 데려왔다. 남겨진 서
베를린 여인은 동독경찰에 간첩혐의로 체포되었다. 이 내용이 언론에

146

베를린장벽을 탈출하다가 희생된 시민들을 추모하는 하얀 십자가들.   © 김진순

알려지자 문제의 남성은 인간자유를 훼손한 혐의로 체포되어 7개월의 징역을 살아야 했다. 서독여성은 서방 언론의 도움으로 석방되었다.

미국의 존 F. 케네디 대통령이 1963년 6월 서베를린을 방문해 브란덴부르크문 근처의 전망대에 올랐다. 그리고 이어진 시내 연설에서 "공산주의는 악의 체제"(Communism is evil system)라며 "나도 베를린 사람"(Ich bin ein Berliner)이라는 유명한 말을 남겼다.

탈출방법도 갖가지였다. 초기에는 철조망을 뛰어넘거나 아파트 창문에서 줄을 타고 내려오는 방법, 건물옥상에서 기구를 이용하는 방법, 폭 10m 정도인 슈프레 강을 헤엄쳐 건너는 등 갖가지 수법이 사용됐다.

가장 극적인 사진은 동독경비병이 총을 들고 철조망을 뛰어오는 모습이었고 가장 비극적인 장면은 1962년 8월 17일 탈출하다 총에 맞고 죽음을 당한 피터 페흐터(Peter Fechter)라는 18살 된 청소년이었다. 총에 맞아 피를 흘리며 숨지는 장면이 그대로 서방 언론에 포착되어 전 세계로 중계된 사건이었다. 가장 안타까운 사람은 베를린장벽 붕괴 8개월을 앞두고 탈출하다 사살된 크리스 궤프로이(Chris Gueffroy)라는 30대 남성이었다. 장벽이 세워지고 붕괴된 1961년부터 1989년까지 탈출하다 희생된 사람은 220명으로 기록되었다.

베를린장벽뿐만 아니라 동서독 국경선을 넘다 숨진 인원도 437명이나 됐다. 동독은 동서독 국경 1,393km에 저전압 전기철조망을 치고 7백 개의 감시초소와 2인용 벙커 1천 개를 설치하고 5만여 명의 국경수비대를 배치해 탈출을 막았다. 통일 후 독일정부는 동독정부가 매설한 1천4백만 개의 대인, 대전차 지뢰를 제거하고 '독일의 그린벨트'(Grüne Band Deutschland)라는 평화의 녹색공원으로 만들었다.

인간에 대한 거래도 있었다. 이른바 '프라이카우프'(Freikauf)로 동독의 정치범을 서독이 몸값을 지불하고 데려오는 형식이었다. 네덜란드 상인이 18세기 아프리카 노예를 톤(ton) 단위로 거래를 시작한 다음으로 인간을 돈으로 매매한 것이다.

1964년부터 1989년까지 3만3,755명이 이 혜택을 받고 서독으로 이주했다. 거래대상자가 결정되면 2주 전에 돈을 프랑크푸르트에 있는 동독계좌로 송금하고 당사자는 헤센(Hessen) 주에 있는 기센으로 데려와 인도해주는 방식이었다.

몸값으로 지불한 돈은 약 34억 도이치마르크(약 23억 달러)였다. 직업마다 몸값이 달라 예술인은 3만, 젊은 교사는 5만, 의사 등 전문직은 20만 도이치마르크나 들었다.

© 최맹호

베를린과 포츠담을 잇는 그리니케 다리. 동·서 진영이 간첩을 교환하는 장소였다.
소련에서 격추된 U-2기 조종사 게리 파워즈와 뉴욕에서 활동하며 미국의 핵무기
개발계획을 빼돌린 소련의 전설적인 간첩 루돌프 아벨이 이곳에서 1962년에 교환됐다.

이 사업은 동독 변호사 볼프강 포겔(Wolfgang Vogel)의 제안으로 시작됐는데 통일 후 한 서방 기자가 인터뷰하면서 정치범 거래의 이유를 묻자 첫째 반체제 활동으로 사회주의 체제를 훼손시킨 비용, 둘째 동독정부가 그들에게 들인 교육비 회수차원이라 답변했다. "그동안 내가 처리한 정치범 거래는 3만3천 명이었으며 1인당 평균가격은 9만5천 도이치마르크였다"라고 털어놓기도 했다.[1]

돈이 필요한 동독정부는 정치범을 생산(?)하기도 했는데 동베를린을 관광하던 서독교포 한 사람도 그렇게 엮여 몸값을 주고 풀려났다는 이야기를 들었다.

---

1 John Ardagh, Katharina Ardagh, 1995, *Germany and the Germans*, London: Penguin Books, pp. 413~415.

통일 엔진은
도이치마르크

독일의 통일작업은 지금도 계속되는지 모른다. 법적, 제도적, 국제
법적 부분의 외형적 통일은 이루어졌지만 장기간 분단에서 생겨난
차이점을 극복하고 갈등을 치유하는 내적 통일을 말하는 것이다.

독일인은 분단을 2차 대전이 끝난 1945년부터 통일된 1990년까지
45년간으로 본다. 그러나 동독인은 히틀러의 나치정권 10년을 포함
해 55년으로 생각한다. 억압된 사회, 인권유린, 자유의 박탈이 포함
된 세월을 한 묶음으로 여기는 것이다. 바로잡아야 할 왜곡, 극복해
야 할 차이, 치유해야 할 갈등이 그만큼 많다는 점이다.

통일의 원동력은 당시 서독의 화폐인 도이치마르크로 대표되는 경
제력에서 비롯되었다고 본다. 법적으로는 서독의 〈기본법〉[2] 제 23조
가 동독 지역에 적용되는 통일이었다. 그러나 내용상으로는 동독의
정치·경제 체제가 스스로 붕괴하면서 서독의 〈기본법〉, 다시 말해
공산주의 체제를 포기하고 서독의 자유민주주의와 시장경제 체제를

---

2 〈기본법〉은 한국의 헌법과도 같다.

수용한 것이다.

통일은 어느 날 갑자기 이루진 것이 아니다. 초대 총리 콘라드 아데나워(Konrad Adenauer)는 소련의 유럽지배의도를 정확히 파악하고 통일은 "장기적 과제"로 설정하면서 '힘의 우위정책'을 구사했다. 서독은 소련을 제외하고 동독과 수교한 나라와는 외교관계를 맺지 않는다는 유명한 '할슈타인 원칙'도 이때 적용했다. 집단안보체제이기 때문에 국력을 경제부흥에 쏟을 수 있었던 것도 기회였다.

독일의 통일정책은 '작은 발걸음'과 '접촉을 통한 변화'라는 두 가지로 이 원칙을 초정권적으로 일관된 자세로 꾸준히 추진해온 결과였다. 2대 총리로 취임한 루드비히 에르하르트(Ludwig Erhard)는 1963년부터 분단관리정책의 변화를 시도했다.

빌리 브란트 총리는 신동방 정책을 추진했다. 동서독 간 교류의 폭을 넓히면서 독일 주변국가, 특히 동유럽 국가와의 화해 및 불가침 약속을 했다. 브란트 수상이 바르샤바의 게토(ghetto) 지역 위령탑 앞에 무릎을 꿇고 나치의 죄과를 사죄하는 그 유명한 장면이 동방정책의 핵심 중 하나였다.

그는 1969년 총리 취임 연설에서 독일을 1민족 2국가로 정리하고 동독을 "국제법적 국가가 아닌 국가법적 국가"로 규정하면서 동독은 외국이 아니라고, 즉 같은 의미의 국가라는 점을 분명히 했다. 1970년에 두 차례나 동서독 정상회담을 가졌고 경제교류 및 우편교환에 합의했으며 그해 8월에는 소련과 불가침 조약을 체결했다. 1971년 전화교류, 1973년 유엔 동시가입 실현과 특파원 교류, 1974년에는 대표부를 개설, 체육협정, 보건협정을 맺는 등 교류의 폭을 확대했다. 뒤이어 청소년 교류협정(1982), 문화협정(1986), 환경보호(1987), 과학기술협정(1987)이 줄줄이 이어졌다.

나는 브란트 전 총리가 장벽이 무너진 다음 날 서베를린 시청에서 행한 연설문을 구해 봤다. '통일이 먼 훗날'이라고 서울에서 이야기했던 그가 무슨 말을 했을까 궁금했기 때문이었다. 내적 통일을 강조한 그의 말이 감동적이어서 관련 내용을 인용한다.

> 오늘 우리는 오랜 여행을 끝내고 마주하는 아름다운 날이다. 여행의 종점에 도착한 것이 아니라 가야 할 길이 아직도 멀다. 동서독 국민이 역사적 상황을 같이할 수 있느냐에 우리의 미래가 달렸다. 서로 긴밀해지는 것이 실질적 과제이다. 중요한 것은 달랐던 것을 하나로 만들어가는 것이며 자유와 함께 성장하는 것이다.

그는 1969년부터 1974년까지 서독의 제4대 총리를 지내는 동안 '동방정책'이라는 이름으로 동서 간 화해와 교류확대의 물꼬를 트면서 궁극적으로 통일이라는 생전의 소망을 이룬 대정치가였다. 그는 통일 2주년을 하루 앞둔 1992년 10월 8일 78세를 일기로 자택에서 별세했다. 그의 장례식은 10월 17일 베를린의 연방의회에서 국장으로 치러졌으며 전 독일인이 애도하는 가운데 베를린의 공원묘역인 젤렌도르프(Zehlendorf)에 안장됐다.

의사당 밖에서 영결식을 지켜보며 그의 유해가 의회 건물을 떠날 때 울려 퍼진 프란츠 슈베르트의 미완성 교향곡 〈2악장〉이 나에게는 긴 여운으로 남아있다.

경제사회 통합, 화폐단일화

1990년 7월 1일, 독일에게는 역사적인 날이다. 동독의 사회주의 경제 체제가 시장경제 체제로 흡수되는 날이었다. 공산정권하에서 계속되었던 계획경제가 폐기되고 시장경제 체제로 전환되며 사유재산이 허용되고 화폐가 단일화되고 통화정책이 분데스방크(중앙은행)로 이관되며 세금과 사회복지시스템, 근로자에 대한 임금고용 복지시스템에 서독의 제도가 적용되는 날이었다. 동독 국가자산의 민영화가 시작되는 날이기도 했다.

헬무트 콜(Helmut Kohl) 당시 총리는 1990년 5월 18일 화폐 및 경제사회 통합에 관한 동서독 간 기본조약에 서명하면서 "자유독일의 통일국가가 실질적으로 탄생하는 역사적 순간"이라며 감격해 했다.

뒷날 경제통합을 앞두고 연방정부에서 엄청난 논쟁이 있었던 것으로 알려졌다. 나는 베를린 근무를 시작하면서 경제통합의 뒷이야기를 모으기 시작했다. 1990년 5월 독일 경제 5대 연구소 중의 하나인 킬(Kiel) 경제연구소의 호르스트 지베르트(Horst Siebert) 박사의 분석 논문이 많은 참고가 됐다.

우선은 동독의 경제규모. 동독의 노동생산성은 서독의 3분의 1 수준에 불과했다(베를린경제연구소는 50%로 봤다). 무역구조는 코메콘 수출이 69.4%로 절대적이었고 상품은 국제경쟁력을 가지지 못했다. 산업 부문은 어느 정도 돈을 퍼부어야 경쟁력을 갖출 수 있는지 계산이 안 될 정도로 낙후되었다. 기업가치를 50% 인정한다 해도 필요한 이전자본은 5,740억 도이치마르크나 됐다.

화폐통합을 두고도 논쟁이 많았다. 동독마르크화의 가치측정이 중요한 기준이었다. 동독기업의 유지와 국민의 생업활동, 고용과 복지비용 때문이었다. 당시 동서독 마르크화의 교환비율은 서독 1마르크에 동독 5마르크였고 암시장에서는 1:8까지 거래됐다.

신속한 통합과 점진적 통합 두 가지를 놓고도 논란이 많았다. 점진적 화폐통합은 기업경쟁력의 유지와 막대한 자본이전의 부담 완화라는 장점이 있으나 정치적으로 시간이 없었다. 더구나 화폐의 이중구조는 국제시장, 특히 유럽공동체의 경제체제와는 맞지 않았다. 콜수상 정부는 화폐통합은 어차피 '정치가격'이 불가피하다고 보고 신속통합으로 방향을 잡았다.

그러나 동독은 1:1 통합을 주장하며 시장가격인 1:5로 교환할 경우 주민이탈을 막을 수 없다고 보았다. 실제 장벽이 무너진 후 첫 3개월간 동독 지역을 떠난 주민의 숫자는 34만여 명에 달했다. 서독정부가 걱정하는 것은 대량이주 여부였다.

주민을 현 지역에 머물게 해야 하고 그러기 위해서는 일자리를 만들어주는 것이 최선의 정책이라고 판단했다. 베를린장벽 붕괴 후 당시 동독인은 "마르크가 와라, 아니면 우리가 간다"(Das Mark kommt. aber nicht, kommen Wir!) 라고 외쳤다.

연방은행의 오토 펠(Otto Pöhl) 총재는 급속한 통화통합을 반대하는 입장이었다. 동독기업이 붕괴될 것이고 그 부담은 전적으로 서독이 져야 하는 막대한 재정부담을 이유로 들었다. 그는 동독중앙은행 총재와 회담하는 도중에 당시 테오 바이글(Theo Waigle) 재무장관으로부터 통합결정을 통보받고 총재자리에서 사임했을 정도였다.

임금과 연금, 1:1로 교환

결국 콜 정부는 임금과 연금은 1:1로, 저축예금의 경우 60세 이상은 6천, 15~59세까지는 4천, 15세 이하는 2천 마르크까지 상한선으로 정해 1:1로 교환하고 나머지는 1:2로 교환비율을 정했다. 1:1로 교환해도 연방정부가 부담해야 할 신규자금은 1천2백억 마르크로 서독의 인플레이션이 2.7%에서 3.5%로 늘어나는 것이지만 콜 수상은 "그 정도는 감당할 수 있는 규모"라고 했다.

1990년 5월 31일 자 동독의 금융자산은 2,635억 마르크(총통화 기준)였다. 실제 1:1 교환으로 부담해야 할 자금이 640억, 2:1로 교환해야 할 금액이 1,995억으로 연방정부가 감당할 수 있는 허용치인 1,220억 마르크를 넘어선 결과가 나왔다. 특히 임금과 연금의 1:1 교환은 25%의 임금인상효과를 주면서 그나마 동독 기업의 경쟁력을 더욱 악화시켰다. 기업 20%가 도산했고 나머지 50%는 정부보조를 받아야 했으며 실업자 수가 2백만 명으로 치솟았다.

당시 전망은 서독의 2차 대전 후 경제개혁방안을 동독에 적용할 경우 동독주민의 1인당 소득은 통일 2.5년 후에는 서독소득의 50%, 6.9년에는 70%에 이를 것으로 내다봤다. 서독의 경제성장률을 2%로 가정했을 때 동독 지역은 통일 첫해에 25%, 2년 차는 20%, 3년 차는 15% 성장해야 이 수준에 도달하는 것으로 '라인 강의 기적'처럼 동독 지역에서도 '엘베 강의 기적'을 만들어야 하는 기적의 성장률이었다.

연도별 성장률의 차이는 있었지만 연방정부의 대규모 지원으로 2000년 재통일 10주년을 맞아 독일정부의 초청으로 10주년 행사에 참석했을 때 동독주민의 소득은 서독의 70%에 이른 것으로 나타났다. 놀라울 만한 정책이었다.

통일의 실질적 부문은 화폐통합이었다. 독일 화폐인 마르크는 당시 동독은 물론 동유럽에게는 자유민주주의의 핵심가치였고 삶의 질과 번영의 대명사였다.

'라인 강의 기적'을 이룬 에르하르트 수상은 1953년 "통일로 가는 첫 걸음은 서독 화폐의 동독유입"이라고 전망했다. 그는 경제기적에 대해 후일 "결코 기적이 아니다. 자유시장 경제원칙에 따라 창의성과 자유 그리고 에너지를 다시 사용할 수 있는 가능성을 부여받은 독일 국민의 성실한 노력의 결과"라고 말했다. 동독인이 가장 부러워한 것은 같은 동포인 서독형제가 누리는 '풍요와 복지, 자유'였다.

화폐교환은 군사작전처럼 이루어졌다. 연방은행은 6월 들어 2, 750억 마르크, 즉 지폐 460톤과 동전 6백 톤을 수십 척의 소형선박에 실어 엘베 강을 따라 동독 각지에 보냈고 동독 인민군의 경비 아래 부대막사에 보관했다. 경제사회 통합일인 7월 1일을 기해 동독의 1만6천 개소에서 화폐교환이 이루어졌다. 20마르크 지폐가 절대적으로 부족해 교환소마다 아우성이었다.

연방은행은 화폐교환을 위해 동독 지역에 15개의 사무소를 열고 6천만 마르크를 들여 보안장치, 컴퓨터와 전화선의 설치, 전력시설을 새로 설치하고 본부의 정예요원 250명을 파견해 9백여 명의 은행원에 대한 교육을 시행했다. 동독은행에 있던 컴퓨터와 안전장치는 너무나 열악해 이용할 수 없었다. 그중 일부는 수거해 프랑크푸르트에 있는 연방은행 박물관에 전시되었다. [3]

서독정부가 가장 우려했던 것은 2천억 동독마르크에 달하는 저축예금이었다. 이 금액이 그대로 유통될 경우 극심한 인플레를 유발할 것으로 봤다. 그러나 게르만인은 역시 게르만 민족의 정서를 보여주었다. 이 돈은 평균 서독 1마르크 대 동독 1.475마르크로 교환되어 은행에 남았고 후일 산업자본으로 흘러들었음이 확인됐다. [4]

콜 정부의 일방적인 화폐통합 강행에 어느 계층도 적극적 제동을 걸지 않았던 대목도 흥미롭다. 펠 총재가 반대했지만 연방은행의 불만표시로 해석됐다. '통화량 조절'은 연방은행 소관사항이지만 '통화권의 확대'는 중앙정부의 정책사항이었다.

야당인 사민당도 반대의사를 보이긴 했으나 적극적이지는 않았다. 당의 내분과 그해 3월에 치러진 동서독의 자유총선거에서 패배한 뒤라 반대의견이 "통일을 방해한다"는 비난을 두려워했다. 서독의 노동조합들도 동독 지역에 저임금 층이 형성되는 것을 바라지 않았다.

화폐통합은 근근이 버텨가던 동독경제의 기반을 결정적으로 약화시켰다. 경제학자들은 "경제구조의 전환, 인간의 습득능력과 외부시장의 압력과 변화의 대응능력을 갖추지 못하는 '파괴적 경쟁'(*ruinöser wettbewerb*)을 초래했으며 이 또한 예견된 일로 놀라울 일이 아니다"고 지적했다. [5]

---

3 David Marsh, 1992, *Die Bundesbank: Geschäfte mit der Macht*, München: Bertelsmann.
4 독일의 경제일간지 *Handelsblatt*의 1992년 7월 1일 자에 실렸다.
5 David Marsh, *op. cit.*, p. 59.

땅문서 들고
나타난 주인

통일독일이 공산정권인 동독 지역의 난제를 서독법률로 해결하는 데
가장 큰 난관은 재산권 문제였다. 서독정부는 1933년부터 시작된 나치
정권과 2차 대전 후 동독 지역에 들어선 공산정권인 동독정권(1949~
1989)을 불법정권으로 규정했다. 따라서 이 시기에 국가가 몰수한 재
산은 불법이었다. 연방대법원은 1973년에 이미 '서독과 이전의 독일
영토에는 법적 지속성이 유효하다'고 판결했다. 이는 1877년부터 적용
되던 민법이 동서독 전역에 효력이 있다는 점을 의미했다. 이 판결은
나치와 공산정권이 저지른 불법행위를 시정하는 근본이 됐다. 통일독
일은 이들 정권이 불법으로 몰수한 재산을 미해결재산으로 규정했다.
미해결재산 처리에 관한 법률들은 통일조약에 따라 1990년 9월 29일
부터 발효됐다. 원칙은 원소유주에게 반환하고 반환하기 어려우면 보
상해주는 방법을 적용했다.

단, 소련군 점령기에 몰수된 재산과 베를린장벽 지역은 반환대상에
서 제외했다. 연방대법원은 1991년 11월 23일 "전승국의 법령은 〈기
본법〉(헌법을 의미)으로 재량할 수 없다"는 판례를 내놓았다. 대신 국

가가 보상은 해주어야 했다. 공공목적으로 수용된 재산도 이 규정을 원용했다. 관련 법률로 〈보상법〉, 〈배상법〉, 〈재산부과금법〉, 〈보상기금재원마련에 관한 법률〉 등이 만들어졌다.

미해결재산 처리를 담당하는 신탁관리청과 경제연구소 등의 자료에 따르면 재산몰수 과정을 몇 가지로 구분한다. 첫째, 나치정권 시절에 토지나 건물을 몰수당한 사람은 4,537명이다. 둘째, 전후 전승국들이 몰수한 재산이다. 특히, 동독 지역에서는 모든 기업과 대지주의 토지를 국유화했다. 이때 몰수된 재산은 기업이 1만여 개, 토지는 3만3천km²나 됐다. 몰수기업은 나치를 지원했다는 의혹을 받았다. 셋째, 동독정권 수립 후 동독지역을 떠난 사람의 재산이다. 동독정권은 이를 불법탈출로 간주하고 재산을 몰수했다. 1백ha(약 30만 평) 이상의 토지는 공산주의 이념과 맞지 않는다는 이유로 몰수했다. 대상자는 7,160명이나 됐다.

해결과정은 4가지로 구분됐다.[6]

첫째, 전승국이 몰수한 재산은 반환하지 않는다. 다만 보상을 하되 1인당 최대 1만 마르크까지이다. 둘째, 동독정권 수립 후 동독법률에 따라 보상하고 수용한 땅은 반환도, 보상도 하지 않는다. 셋째, 동독정권이 불법으로 몰수한 재산은 전 소유주에게 반환한다. 넷째, 토지의 선량한 취득자의 경우 현 소유주에게 우선 매수청구권이 있으며 원소유주에게는 보상청구권을 부여한다.

보상은 통일 후 시장가격을 기준으로 했으며 시장가격을 산정하기

---

6 이 내용은 구글(google)에서 'East German Property Ownership'으로 검색했다. 검색 결과 다음의 사이트를 참고했다. URL: www.projusticia.net

어려운 대상일 경우 문화재적 가치, 재산종류에 따른 차등보상(농지, 대지, 빌딩, 회사구분) 했고 현재가치가 높을 경우 저가보상의 원칙을 세웠다. 예를 들어 1936년도 부동산의 기준시가가 2만 라이히스마르크 (reichsmark: 바이마르 공화국 때 만든 마르크화 명칭) 였을 경우 현행 가격을 7배로 규정해 14만 도이치마르크로 산정하고 이 중 40%인 5만6천 도이치마르크를 보상해주었다. 보상은 현금이 아니라 공공채권으로 지급했다. 2백억 마르크의 보상기금도 마련했다.

법이 발효된 1990년 8월부터 1993년 11월 말까지 미해결재산관리청에 접수된 재산 반환신청 건수는 260여만 건. 개인이 낸 신청 건수는 235만 건으로 이 중 220만 건이 토지였다. 회사는 26만 건이었다. 인류 역사상 최대의 송사訟事였다.

보상신청은 50만여 건이었다. 1993년 말 현재 해결된 건수는 3분의 1에 불과했다. 그러나 2004년 2월 말 현재 반환신청은 95%가, 보상신청은 64.6%가 해결된 것으로 나타났다. 또 보상금으로 지불한 채권액은 4억4,260만 유로에 불과했다.[7]

미해결재산 처리문제는 동독 지역 경제재건에 큰 걸림돌이 됐다. 언제 주인이 바뀔지 몰라 은행이 투자를 멈췄고 외국인 투자도 없었다. 이를 해결하기 위해 정부는 통일조약에 규정한 '반환 우선' 정책을 1992년에는 '보상 우선' 정책으로 바꿨다. 이듬해 투자는 40%나 증가했다.

미해결재산관리청의 카트리나 헤드스투크(Kathrina Hedtsteuk) 공보관은 "보상작업은 앞으로 몇 년은 더 걸릴 것"이라고 전망하고 "신

7 *Ibid.*

청기간을 3년으로 제한한 것은 원주인이 나타나 재산에 대한 반환요
구나 소송제기 등 끝없는 개인 이야기를 방지하기 위해서였다"고 설
명했다. [8]

땅 찾으려 토지대장 뒤지며 혈안

베르트하임은 지금도 베를린의 유명한 백화점 이름이다. 빼앗긴 재
산을 되찾은 대표적인 사례가 군터 베르트하임 유족이다. 유족은 나
치정권이 몰수한 베를린 중심부에 있는 아버지 땅에 대한 소송을 내
8천8백만 유로를 받기로 합의했다. [9]

소송대상이었던 땅은 통일 후 베를린의 가장 중심지로 변한 포츠
담 광장(Potzdamer Platz)에 있는 1만5천㎡(4천5백 평). 현재 사무용
빌딩과 리츠칼튼 및 메리어트 호텔이 들어선 땅으로 소유주는 카슈
타트크벨레 AG(KarstadtQuelle AG) 주식회사. 베르트하임은 1939년
나치의 유대인 박해가 시작되자 전 재산을 독일계 부인 앞으로 옮기
고 딸과 함께 베를린을 떠났다. 땅은 당연히 몰수됐다. 미국 뉴저지
에 정착한 베르트하임은 양계장으로 생계를 꾸렸다. 이 땅은 통일
후 헤르티 백화점에 1억4천5백만 유로에 팔렸고 헤르티 백화점은
1994년 현재 소유주인 카슈타트크벨레 AG 주식회사에 인수됐다.

독일통일 후 보상법이 마련됨에 따라 베르트하임의 딸 바바라 프
린시페는 손자들과 베를린을 방문한 뒤 유대인 단체에 이 땅에 대한

---

8 2000년 9월 29일 인터뷰.

9 *International Herald Tribune*, 2007년 3월 30일 자.

보상소송을 의뢰한 것이었다. "이 재산은 나치가 강탈해간 것이며 이에 대한 보상은 60년 전 일이지만 정의가 살아있다는 것을 확인하겠다는 것"이 소송의 이유였다.

유족의 의뢰를 받은 유대인 단체는 시장가격인 1억4천5백만 유로의 보상을 청구했고 15년을 끈 법정다툼 끝에 회사 측은 소송가액의 3분의 1을 감액한 금액을 후손에게 지불키로 합의했던 것.

동베를린 중심지인 살로텐 가 46번지에 있는 루터 운트 베그너(Lutter & Wegner) 건물은 유태계 독일태생의 18세기 서정시인이자 오페라 작곡가인 자크 오펜바흐(Jacquee Offenbach)의 작품에도 등장하는 유명한 포도주 가게이다. 1811년 문을 연 이 점포는 히틀러 집권 초반까지만 해도 유럽의 명물이었다.

주인은 막스 뵘이라는 유대인. 막스는 나치의 유대인 박해가 시작되자 아들 헤르만을 미국으로 탈출시켰지만 자신은 검속에 걸려 체포됐고 테레지안슈타트(체코의 테레진 지역) 수용소에서 학살됐다. 모든 유대인이 그랬듯이 그의 재산도 몰수됐고 통일 직전 주택재개발지역으로 확정됐다. 아들이 찾아왔을 때 시청 측이 이미 건축회사에 공공목적으로 매각한 뒤라 배상받을 수 있는 돈은 30만 마르크에 불과했다. 아버지 건물에 자신이 직접 투자해 건물을 짓겠다는 요청도 거부당했다. 그는 '렉스 크나우테'라는 법률회사에 소송을 맡기고는 "우리 가족은 나치에, 공산당에, 독일인에 재산을 세 번이나 빼앗겼다"며 독일 언론에 울분을 토했다.

나치에 몰수된 유대인의 재산에 얽힌 이야기는 너무나 많았다. 〈베를리너 모르겐포스트〉(Berliner Morgenpost) 신문이 보도한 화제의 인

포츠담 광장의 리츠 칼튼(왼쪽)과 메리어트 호텔(오른쪽). 나치 정권에 강제로
빼앗긴 유태인 베르트하임의 후손은 반환소송을 제기했고 2007년 8천8백만 유로에 합의했다.
© 김진순

물은 야곱 미카엘 가족의 이야기이다. 1925년까지만 해도 그는 독일
최대 부자였다. 나치정권 초기 미국으로 떠난 가족은 아버지가 사망하
고 독일이 통일되자 아들은 1991년 아버지의 토지 서류를 모두 챙겨와
역시 크나우테라는 법률회사를 통해 반환소송을 제기했는데 건물과
토지 건수만도 120건이나 됐다.

재산반환 관련 법률들이 발효되면서 동독 지역 주민은 악몽을 겪
어야 했다. 통일된 후 느닷없이 나타난 방문객이 "이 땅은 원래 내
토지이므로 돌려줘야 한다"는 통보에 수십 년간 살아온 주민은 당혹
해 했다. 소련군 점령과 동독공산당 수립 후 서독으로 탈출한 4백만
명 독일인과 나치의 박해를 피해 서방으로 탈출한 유대인도 재산 찾

기에 나섰다.

동베를린에서 15년째 살던 피터 키르세이 씨〔공산당기관지〈노이에스 도이칠란트〉(Neues Deutschland) 신문 기자〕의 하소연은 이랬다.

"공산당 시절 동베를린이라는 수도에 살았던 사람은 공산당의 특별한 심사를 거쳤고 주택 외에도 교외에 평균 20~30평짜리의 주말 농장을 갖고 있었어. 나도 역시 국유지임을 확인하고 교외에 3백 평을 동독 화폐 1천 마르크를 주고 구입했지. 주말과 휴가철이면 온 가족이 동원되어 30평가량의 별장을 짓고 꽃동산을 만들고 과일나무도 심고 채소농사도 했어. 통일이 되면서 땅값이 오르는 등 사유재산에 대한 기대도 부풀었던 거야."

그 꿈이 깨진 것은 1993년 7월의 주말, 서독에서 온 한 청년이 기족과 쉬는 별장으로 찾아와 토지문서를 내보이며 "이 땅은 아버지의 재산으로 통일조약에 따라 1996년까지 돌려 달라"는 통보를 받았다. 그 청년은 이 일대 20가구를 일일이 찾아다니며 같은 내용을 전하고 갔다. 가을에는 땅을 돌려주든지 아니면 보상하라는 우편물을 받았다. 키르세이 씨는 한숨을 쉬며 심경을 털어놓았다.

"내 인생의 전부를 쏟아 부었어. 가족의 안식처였고 체온이 깃든 보금자리였지. 벽돌을 찍어서 쌓고 나무를 잘라내고 상하수도를 파고 전선을 끌어들이고…. 집 짓고 지금처럼 가꾸는 데 9년이 걸렸어. 벽돌 한 장에 맥주 한 잔만큼의 땀을 쏟았어. 주인이라며 나타난 순간에 피가 빠져나가는 느낌이었지. 그 후부터는 내 것도 아니고 마음 편하게 지낼 장소도 아니어서 돌볼 마음도 없어졌어. 아마 겨울을 지나면 괴기한 모습이 될 것 같네."

내가 찾아가 본 크리스타 스크렘베르그 부부도 절망에 젖어있었다.

동베를린 교외의 바텐베르크(Battenberg)에 사는 스크렘베르그 부부의 터전은 방 5개의 2층짜리 주택과 널따란 정원, 텃밭, 방갈로까지 있었다. 5월이라 잔디와 꽃, 채소가 풍성한 아름다운 삶의 터전이었다. 대지면적은 2,150㎡(약 650평). 부부는 저축해 모은 돈으로 20년 전에 땅을 구입해 설계와 건축을 직접 했다. 작년(1992) 가을 어느 날 낯선 사람이 찾아와 "내 땅이니 돌려 달라"고 하더라는 것이다. 그는 "20년간 우리 가족의 보금자리였고 손자는 작은 통나무집을 지어 강아지에게 세놓는다고 좋아하는데…"라며 말을 잊지 못했다.

정부는 반환신청을 3년으로 제한했다. 그렇지 않을 경우 끊임없이 이어질 개인 간의 분쟁을 방지하기 위해서였다. 소유자 증명도 신청인이 직접 해야 했다. 독일은 19세기에 이미 전국의 토지대장을 완벽하게 구축해놓았기 때문에 가능했다.

베를린공대 교수인 요하네스 루드비히 박사는 1992년 가을 나와의 저녁 자리에서 이 같은 처참한 현상을 비판하면서 "버려진 땅, 헐어야 할 공장이 금싸라기 땅으로 바뀌면서 이를 되찾으려는 주인의 부탁으로 변호사, 사설탐정, 부동산 업자가 동독 전역에서 토지대장을 뒤지는 데 혈안이 되었다"고 신랄하게 비판했다.

험난한
동독기업의 민영화

동·서 베를린을 가르는 찰리검문소를 지나 알렉산더 광장 부근으로 가면 회색빛의 오래된 건물이 나온다. 트로이한트 안슈탈트(Treuhand Anstalt) 라는 명칭의 민영화 전담 정부기구가 있는 건물이다. 동독의 국영기업과 토지 등 미해결재산을 처리하는 기구로 우리말로는 신탁 관리청이다. 이 건물은 나치 시절에는 공군사령부로, 2차 대전이 끝난 뒤에는 소련 점령군 사령부로, 동독정권에서는 국가계획경제위원회가 있었다.

이 건물의 엘리베이터는 1930년대에 만들어진 것으로 무척 인상적이었다. 2명만 탈 수 있으며 층별로 멈추지 않고 계속 움직이는 기계였다. 마치 곡물 엘리베이터 같았다. 그래서 탈 때나 내릴 때 잽싸게 움직이지 않으면 넘어져 다치기에 십상이다. 안내인은 능숙하게 올라탔다. 청장실은 건물 5층에 있어서 호기심으로 이 엘리베이터를 이용했다.

1990년 3월 자유선거로 구성된 동독의회가 그해 6월 17일 자로 국

166

영기업과 자산을 신탁관리청에 이관키로 의결함에 따라 신탁관리청이 처리해야 하는 범위는 8천5백 개의 국영기업과 동독군과 정당, 비밀경찰인 슈타지가 소유했던 토지 등 240만ha의 농지와 삼림이 대상이었다. 국영기업에 딸린 자회사만도 4만5천여 개, 종업원 수는 4백만여 명이었다.

직원은 이곳 본청과 동독 지역 5개 주의 지청에 근무하는 인원이 5천 명이고 이 가운데 변호사만 3백 명이다. 서독전역에서 초빙되어 현장에 투입된 기업진단전문가들은 'company doctor'로 불렸다. 3년간 해결 건수는 28%인 13만 건에 불과했다. 부청장인 키트케 박사는 "원만한 해결에 10년은 걸릴 것"이라고 전망했다.

이 기구는 뉴욕, 도쿄, 런던 등에 해외지사를 두고 전 세계를 상대로 투자유치활동도 벌였다. 독일정부는 동독 지역의 경제재건을 위해 '동쪽의 비상'(Aufschwung Ost)이라는 슬로건을 내걸고 투자기업유치에 진력했다. 최고의 목표는 일자리 창출이었다.

동독 지역은 공산권내에서는 최고의 생활수준을 자랑했다. 1990년에 발표된 미국 CIA의 동서독 경제력 비교에서도 1988년 기준으로 동독의 1인당 국내총생산(GDP)은 9,679달러로 서독의 15,300달러의 63% 수준이었다. 그러나 통일 후 파악해 본 동독의 경제상황은 엄청난 차이가 있었다. 신탁관리청 내부보고서에 따르면 동독산업의 생산성은 서독에 비해 30~40%에 불과했다. 특히 신탁관리청이 조사한 농경지는 거의 황폐화된 것으로 파악됐다.

장부 검사 결과 동독정부가 내놓은 순산업 자산이 6천억 도이치마르크였으나 실제조사 결과는 2천5백억 도이치마르크에 불과했다.

270개의 콤비나트는 사실상 도산한 상태였다. 과잉고용에 경쟁력은 전무한 상황이었다. [10]

완전고용을 낙원이라고 자랑해온 공산세계에 실업인구만도 3백만 명이나 됐다. 동독정부의 통계 자체가 무의미해졌다. 1인당 가처분 소득은 2천 달러도 안 됐다는 분석도 나왔다.

장벽이 무너진 5일 뒤에 열린 동독인민의회에서 호네커의 후임으로 취임한 에곤 크렌츠(Egon Krenz) 서기장은 재무장관을 출석시켜 동독경제의 실상을 처음으로 공개했다.

"통계는 은폐 조작 허위였다. 거짓인 줄 알면서도 솔직히 말할 용기가 없었다. 국가채무가 1천3백억 동독마르크나 됐고 외채도 5백억 도이치마르크이다. 산업시설과 사회 인프라가 거의 붕괴됐다. 제 기능을 유지하려면 대규모 차관이 필요하지만 불가능하다. 동독경제는 붕괴했다."[11]

동독 TV가 이를 생중계했다. 국민은 체험으로, 피부로 느끼던 문제를 당과 정부가 처음으로 사실을 공개하고 인정했다. 동독의 경제를 과대평가했던 것으로 콜 수상은 회고록에서 "동독이 주는 대로 아무 의심 없이 받기만 했다"고 털어놓았다.

내가 만난 3대 청장은 브리기트 브로이얼(Brigit Breul)이라는 여걸이었다. 전임자인 데트레프 로베더(Detlev Rohwedder) 사장이 정신병자의 총격으로 사망한 후 보름 만에 취임한 그녀는 엄청난 에너지와

---

10 Birgit Breuel, 1993, *Treuhand Intern : Tagebuch*, Frankfurt/M. : Ullstein, p. 25.

11 Clayton Nemrow, Oliver Halmburger, ZDF Enterprises., Arts and Entertainment Network., History(Television network), 2009, *Rise and Fall of the Berlin Wall*, New York, N.Y. : A & E Television Networks : Distributed in the U.S. by New Video, p. 28.

추진력으로 민영화를 진두지휘했다. 그 모습은 군사령관 같았다. 걸걸한 목소리에 부리부리한 두 눈, 산더미같이 쌓인 서류더미에서 일하던 그녀는 취재차 찾아간 나를 부하직원 대하듯 설명했다.

발족 초기에 회사 현황을 들여다보니 참담했다고 한다. 회계장부도, 비용지출 내역도 없었고 마케팅 부재, 재산파악 불가, 공무원의 나태와 정치지향성, 토지오염 등 수많은 문제가 드러났다.

초기 2년간은 재산파악과 인적 청산 작업을 병행했다. 비밀경찰문서관리국과 공동으로 기업 전반에 걸친 인력을 심사해 공산당원 6백 명과 비밀경찰 정보원 520여 명, 전과자 210명, 인화 부족자,[12] 사회적 부적응자, 경영 및 관리능력 부족자 등 3천여 명을 정리했다.

세기의 대매출을 지휘하는 브로이얼 사장은 "세계 어느 누구도 공산주의를 자본주의로 바꾼 경험이 없다. 우리는 역사를 새로 써야 했다. 1990년 7월 1일 자로 단행된 경제사회 통합으로 동독산업의 경쟁력이 하루아침에 붕괴된 어려운 상황에서 가능한 한 고용을 유지하면서 민영화를 조속히 진척시켜야 하는 불가능한 사명을 수행해야 했다. 서독인은 우리가 수백억 마르크를 낭비했다고 하고 동독인은 자기의 나라를 팔아먹었다고 양측에서 비난을 들어야 했다"고 털어놓았다.[13]

갖은 어려움에도 불구하고 신탁관리청의 업무가 종료된 1994년 초 현재 동독 지역에 투자된 금액은 2,070억 마르크에 일자리 150만 개나 만들어낸 성과를 이루었다.[14]

---

12 조직부적응 및 성격이상자 등을 총칭하는 말.
13 1993년 11월 23일 인터뷰.
14 신탁관리청의 월간 자료 *Monatinformation der THA*(1994. 4. 30)를 참고했다.

시간여행,
통일 10년의 변화

동서독 간의 경제사회 통합이 시행된 1990년 7월 중순, 휴가차 가족을 태우고 프라하를 거쳐 드레스덴으로 차를 몰았다. 라이프치히, 바흐의 고향 할레(Halle), 산업중심지 비터펠트(Bitterfeld), 종교개혁가 마틴 루터의 도시 비텐베르크(Wittenberg)를 거쳐 베를린을 가는 계획이었다. 공산정권 40년의 모습을 보기 위해서였다. 그리고 통일 10년 후인 2000년 10월, 뮌헨을 거쳐 베를린에서 드레스덴, 라이프치히, 예나(Jena), 바이마르(Weimar), 에르푸르트(Erfurt)를 거쳐 프랑크푸르트로 가는 길을 택했다.

프라하에서 베를린까지는 250㎞. 국경 지역 몸 파는 아가씨들의 눈길을 뒤로하고 동독 지역으로 들어서면서 차는 자갈밭을 달리는 느낌이었다. 명색이 아우토반인데도 오랫동안 보수하지 않아 아스팔트는 사라지고 잔돌만 남았으며 패인 구덩이가 많은 도로 때문이었다. 시속 100㎞로 달렸더니 자동차가 부서질 것 같아 60㎞로 낮췄다. 그래도 바퀴소음으로 귀가 멍멍할 지경이었다. 동독제 2기통 승용차인 트라반트는 파르스름한 매연을 내뿜었다. 도로 사정은 동독

170

전 지역에서 그랬다.

도시 한가운데에 강이 흐르는 드레스덴은 '엘베 강의 파리'라 불릴 만큼 아름답다는 안내책자와는 거리가 멀었다. 엘베 강 남쪽의 츠빙거 궁전(Zwinger Palace)과 젬퍼 오페라(Samper Opera) 극장은 건물 전체가 시커멓게 보였다. 프라우엔 교회(Frauenkirche)는 2차 대전 당시 폭격으로 부서진 모습 그대로였다. 짓는 데 무려 20년이나 걸렸지만 부서지는 데는 하룻밤이었다.

전쟁의 참혹함을 알리기 위해 폭격받은 당시 모습 그대로 둔다지만 시꺼멓게 그은 채 세월의 더께와 먼지, 오염물질에 찌들은 돌덩이가 교회 옆에 널린 모습은 도시의 흉물이었다. 기독교를 아편으로 여기는 공산정권은 복원할 생각도 않았을 것이다. 그래도 관리인은 있어 여성 안내인은 복원계획에 대해 "1938년부터 1942년까지 돌 하나하나의 위치까지 확인한 정밀 측량한 자료가 있는 것이 정말 다행"이라며 "높이 95m로 18세기 원형 그대로 복원해야 하는데 시기 결정과 돈 조달은 정부가 해야 할 일"이라고 설명했다.

시내를 내려 볼 수 있는 강둑 테라스에는 기념품을 파는 사람들이 있었다. 강물은 탁했고 기름띠와 거품이 가장자리를 따라 흘렀다. 폭 50m 정도인 강을 따라 유람선이 다니고 있었다. 강 건너 시가지로 들어서자 먼지를 뒤집어쓴 듯한 모습이었다. 빌딩은 페인트가 벗겨지고 떨어져 나간 벽돌 흔적이 여기저기 보였다. 도로와 인도도 엉망이었다.

동독 산업의 중심지였던 비터펠트에 가까운 라이네펠데(Leinefelde)로 들어섰다. 도시 전체가 어둠이 내린 시간처럼 우중충했다. 공장과 가정에서 사용하는 갈탄에서 나오는 연기 때문이라고 했다. 공장은 멈

통일 후 복원하기 시작해 2005년에
완성된 드레스덴의 프라우엔 교회.
2차 대전 때 폭격으로 부서지고 불에
탄 잔해들이 주변에 널브러진 채
보존되어 있었다. 공산주의 정권은
기독교를 '아편'이라 여겼기에
교회복원을 허락하지 않았다.

ⓒ 이인석

쳤고 높다란 굴뚝만 유령처럼 보였다. 비터펠트 부근의 세계 최대 노천갈탄 광산지대는 검은 호수로 바뀌었다. 갈탄을 연료로 하는 쵸메비츠의 화력발전소도 문을 닫았다. 주민 디터 헨델 부인은 "공장 굴뚝마다 노란색 구름이 쏟아져 나왔고 악취로 늘 마스크를 하고 다녀야 했다"고 1년 전의 모습을 말했다.

비터펠트 지역은 유럽 최대의 화학공업단지로 대기오염이 워낙 심해 인공위성으로 촬영한 사진이 주간지인 〈슈피겔〉(Der Spiegel)을 비롯해 서독과 서유럽 잡지에 가끔 실리곤 했다. 위성사진을 보면 오염물질이 구름처럼 이 지역을 덮고 있었다.

동독 시절 매주 월요일 '평화의 기도회'가 열렸던 라이프치히의 니콜라이 교회를 찾았다. 라이프치히는 1989년 10월 동독의 대규모 평화시위를 주도했던 도시였고 니콜라이 교회가 그 중심이었다. 할머니 몇 분이 조용히 기도하는 모습이 너무도 경건해 말을 건네기 어려웠다. 평화시위를 주도한 2명의 목사 중 1명인 60대의 프리드리히 마기리우스(Friedrich Magirius) 목사는 "평화의 진정한 힘은 평화적 생각과 평화적 행동에서 나온다"며 평화시위의 근본을 설명했다.

베를린을 향해가는 도중에 있는 비텐베르크를 들렀다. 종교개혁가 마틴 루터(Martin Luther) 때문이기도 했다. 도시는 우중충했고 엘베 강물은 회색빛에다 폐기물이 떠다녔다.

그리고 통일 10주년인 2000년 10월. 베를린장벽이 있던 의사당 일대는 정부청사들과 일반 건물을 신축하는 '타워크레인의 숲'처럼 보였다. 포츠담 광장은 이미 번화가로 바뀌었다. 드레스덴으로 가는 고속도로는 말끔하게 포장되어 자갈길이 낭만의 추억이 됐다. 도로

포장, 건물 신축과 수리, 기반시설 구축작업이 동독 지역 전역에서 벌어지고 있었다. 드레스덴도 새 옷으로 갈아입었다. 츠빙거 궁전 안에 라파엘로의 작품인 〈시스티나 성모〉(Sistine Madonna)는 더 평화롭게 보였다.

대기오염이나 공해도 사라졌다. 2기통 트라비(트라반트의 애칭) 승용차도 보이지 않았다. 동독 지역의 대기 중 먼지와 유황 성분도 사라졌다. 연방정부가 환경개선을 위해 10년간 5백억 마르크(250억 달러)를 투입한 덕분이다.

에어푸르트에서 만난 주민 구드럼 헤세(Gudrum Hesse) 씨는 씁쓸한 표정으로 심경을 밝혔다.

"지금은 공기가 맑고 깨끗하지만 통일 직전까지만 해도 10m 앞이 안 보였어. 시간당 디옥사이트 20톤, 미세먼지가 10톤이나 쏟아져 나오던 곳이었지. 지금은 모든 공장이 중단되어 그나마 다행이야. 공장기계의 3분의 1은 50년이나 됐어. 1만8천 가구가 살았는데 빈집이 늘어나는 중이야. 공장 가동 중단으로 실업률이 26.6%나 되면서 일자리를 찾아 떠난 사람이 많기 때문이야. 젊은이들이 사라지고, 특히 궁핍한 노인이 늘어나고 있어. 나도 조만간 서독 지역으로 이사 갈 계획이야. 가족의 안전과 자녀들의 미래, 돈벌이를 위해서라도 가야 해. 여기서는 희망을 찾기 어려워."

통일 10주년 행사장에서 만난 동독인의 이야기도 들어봤다. 40대인 볼프강 자이델(Wolfgang Seidel) 씨는 "차별이 더는 존재하지 않지만 심리적 위축감은 여전하다. 일자리도 줄었고 새 제도를 받아들이

동·서베를린의 완충 지역으로
텅 빈 공간이었다가 통일 후
가장 번화한 거리로 바뀐
포츠담 광장의 표지판.

© 김진순

통일 25주년이 맞은 동베를린 지역은 아직도 건축 중이다.

© 김진순

기가 참 어렵다"고 말했다.

마찬가지로 40대인 엘프리데 플레시(Elfride Flesch) 부인도 "너무 많이 변했다. 우린 힘든 삶을 살았지만 자식세대는 우리보다 분명 좋을 것"이라는 희망을 보였고 20대인 피터 바우만(Peter Bauman)은 "통일이 내 인생을 바꾸었다. 나 자신을 위해 엄청나게 노력하는 것이 변화일 것"이라고 긍정적인 생각을 드러냈다.

드레스덴에서 한국식당을 운영하는 최정송 부인은 "식당을 찾는 시민 중에 서독에서 파견된 관리와 교수가 동독인을 차별한다며 서러움을 호소하는 경우가 많다"고 말했다.

라이프치히에서는 니콜라이 교회를 다시 찾았다. 현역에서 물러난 할아버지 모습인 마르기우스 목사는 이날 교인, 관광객과 함께 회상모임을 하는 중이었다. 통일 후 이곳에 자리 잡은 한국 교포도 이 교회에서 예배를 본다고 했다. 모임을 끝낸 그는 "내가 누구인지 물어봐도 이제는 아는 사람이 거의 없다"고 웃으면서 10년의 변화를 들려주었다.

"이제 DDR(전 동독 국가명칭)은 없어졌습니다. 그러나 내적 통일에는 앞으로 10년은 더 걸릴 것입니다. 전문가와 젊은이가 서독 지역으로 떠나면서 동독 마을이 비어가요. 출산율이 50%나 떨어져 유치원이 문을 닫고 있죠. 50대 이상 연령층은 경제적으로 어렵고 새 제도와 가치관 그리고 시대의 변화에 적응하는 데 가장 어려움을 겪는 것이 매우 안타깝습니다. 중요한 것은 지난 세월을 후회하지 않는 것이며 현실의 불평등에도 덜 감정적으로 생각하도록 도와주는 것이 지식인의 역할이겠죠."

뮌헨의 응용정치연구소 베르너 바이덴펠트(Werner Weidenfeld) 박사도 "물질적 기반은 좋아졌고 문화적, 사회적, 경제적 차이는 시간이 해결하겠지만 심리적 갈등을 해소하려면 아마 1세대는 더 걸릴 것"이라고 전망했다. [15]

실제로 격차는 많이 줄었다.

베를린사회과학연구소가 펴낸 보고서에 따르면 "서독과 비교해 동독인의 월평균 소득이 1990년에 55%였으나 1999년에는 88%나 된다. 연금수령액도 1990년 672마르크에서 1999년 1,741마르크로 159%나 올랐다. 통일 직후 제조업이 70%나 무너졌지만 이제는 해마다 두 자리 숫자로 증가한다. 이 보고서는 동독인의 불만을 "통일로 높았던 기대감이 충족되지 못한 때문"이라고 정리했다.

10년의 변화를 가장 실감나게 기억시켜준 내용은 요하네스 라우(Johannes Rau) 독일 대통령이 드레스덴에서 행한 통일 10주년 기념 연설문 가운데 두 문장이다.

우리 모두가 착각한 것이 있다. 동독인은 서독을 파라다이스처럼 인식했고 서독인은 통일비용이 푼돈 정도일 것이라고 믿었으며 동서독인 모두 재건비용이 금방 해결될 것으로 생각했다.

그러나 이런 여러 문제점에도 불구하고 동서독 간의 내적 통합은 급속하게 이루어지는 중이었다.

---

15 2000년 9월 25일 집무실에서 인터뷰.

민주주의를
가르치는 군대

동독 인민군의 해체와 연방군의 동부 지역 배치는 통일의 날보다 이틀 앞선 1990년 10월 1일 자로 단행됐다. 이날로 동독군은 바르샤바 조약기구를 탈퇴하고 동독 5개주 영토는 연방군의 관할로 편입됐다. 이날 0시를 기해 동독국방장관의 명령으로 동독군은 군무해제를 명령받았다. 이와 함께 탱크 2,337대, 장갑차 5,980대, 대포 2,245문 전투기 479대, 함정 71척도 연방군에 인계됐다. 120만 정의 개인화기와 30만 톤의 탄약도 이관됐다. 전투기 중에는 당시 서방세계가 들여다보지 못한 미그31 전폭기 2개 편대와 T-74의 최신형 탱크도 포함되었다. 독일과 NATO는 첨단장비와 함께 동독군으로부터 확보한 2만6천여 건의 군사기밀 및 작전계획도 입수해 분석함으로써 구소련의 전략체계와 작전개념을 완전히 파악했다.

이와 함께 136㎞에 이르는 장벽과 1,477㎞나 되는 동서독 경계선의 철조망, 경계선 사이에 매설된 130만 발에 달하는 지뢰제거 업무도 아울러 떠맡았다.

군 통합작업은 1990년 8월 동독 지역을 관할하는 동부지역사령부

를 설치하고 통합과도기간의 군행정, 인민군의 해체 및 감편, 무기
탄약 시설장비의 관리업무 및 소련군의 철수지원계획을 수립하면서
부터였다.

동독군인 중 장성과 정치장교, 군 검찰과 군사법원 소속군인은 전
원이 예편조치됐다. 3단계에 걸친 엄격한 심사를 거쳐 선발된 병력
은 장교 3천2백 명, 하사관 7,650명 등 1만1천여 명만 연방군으로
편입됐다. 연방군의 동부지역사령부는 1991년 6월 30일 자로 해체되
면서 군의 통합이 마무리된다.

독일의 군사적 독립이 이뤄진 것은 소련군이 완전히 철군한 1994년
말이었다. 철군비용과 철군 후 주둔비용도 독일정부가 부담했는데
150억 마르크였던 것으로 알려졌다. 통일 당시 동독 지역에는 소련군
34만 명과 소련군 가족 및 군무원 등 민간인 21만 명 등 모두 55만
명이 살았으며 이들이 차지했던 면적은 2만여㎢였다.

병력감축과 작전개념에도 변화가 있었다. 〈슈피겔〉 등 언론보도에
따르면 병력숫자는 1993년까지는 41만 명, 1994년에는 37만 명으로
감축한다. 독일정부의 기본전력은 클라우스 나우만(Klaus Naumann)
합참본부장이 의회에 보고한 대로 "NATO(북대서양조약기구)의 틀 내
에서 충분한 자위력을 확보하고 유엔의 평화유지활동에 적극 기여한
다"는 것을 기본방침으로 한다. 21세기 들어서는 25만 명으로 감축한
다는 계획이지만 구체적인 내용은 발표되지 않았다.

37만 병력은 육군 26만, 해군 3만, 공군 8만 명으로 유지하고 전시
나 비상시에는 90만으로 증편한다는 기본계획을 밝혔다. 육군은 3개
지역사령부에 10개 사단을 편제로 하고 사단병력은 23개 기계화보병
여단, 3개 공정여단, 1개 산악여단 및 1개 독일-프랑스 혼성여단으로

구성한다. 공군은 3개 전폭기 전투단을 감축해 10개 전투단(전폭기 6대와 전투기 4대 포함)과 3개 수송전투단으로 구성하며 해군은 110척의 전함에 80대의 함재기와 60대의 헬기를 보유하는 것으로 되었다.

서독은 전쟁이 끝난 후 전 국민을 대상으로 민주주의 교육을 시행했으며 연방정치교육원이 그 역할을 담당했다. 군인을 대상으로 하는 교육목표 역시 '민주적 군대의 육성'이었다. 기본개념은 '제복 입은 시민'(Bürger in Uniform)을 모토로 삼았다. 군인은 기본적으로 시민이며 일정 기간에 군복을 입고 국가와 국민에게 봉사한다는 개념이었다.

이런 바탕 위에 2개의 교육기관을 설립했다. 하나는 '내부 리더십'(innere führung)을 구현하는 정훈학교와 리더십 아카데미였다. 교육은 〈기본법〉제1조 "인간의 존엄은 훼손될 수 없다"에 바탕을 둔 인간의 존엄성과 민주적 자유를 바탕으로 하고 제87조 a항에 규정된 국가방위 임무로서의 군대라는 두 가지 축을 바탕으로 한다.

통일 후 연방군으로 편입된 동독 출신 군인에게도 내부 리더십 교육이 시행됐다.

독일군 정훈학교

정훈학교 취재는 신청한 지 두 달 만에 허가받았다. 참모차장 명의로 된 공문이었다.

내가 취재한 곳은 정훈학교 또는 정신전력학교라고도 불린다. 프랑크푸르트에서 라인 강을 따라 본으로 가다 보면 모젤(Moselle) 강과 합쳐지는 곳에 코블렌츠(Koblenz)라는 조그마한 도시가 있다. 한국

관광객이 즐겨 찾는 로렐라이(Loreley) 언덕은 여기서 북쪽으로 30㎞ 가량 더 가야 한다. 강 건너 파휀도르프라는 산자락에 독일 국방부가 운영하는 정훈학교가 있다.

이 도시의 역사를 기록한 안내책자에는 코블렌츠는 로마제국 때 연대병력이 주둔했던 군사도시로 십자군 원정대를 조직할 때 이 도시에서 집결해 편성한 뒤 출발했던 곳이라고 쓰였다. 2차 대전이 끝난 뒤에는 프랑스 점령군의 장교 숙소로 쓰였다.

1950년 독일의 연방군 창설과 함께 개교한 이 학교의 운영목표는 '군대의 민주화 교육'이다. 내가 독일 국방부의 허가를 받아 이곳을 찾았던 1993년 11월, 통일 후 연방군에 편입된 동독군 출신 장병에 대한 교육내용을 취재하고 싶다는 목적을 미리 알려 두었다. 학교장 프리드리히 디크호프(Friedrich Diekhof) 대령과 부교장 에드가 귄터(Edga Günter) 중령은 "외국기자들이 잘 찾지 않은 곳인데 반갑다"며 현황과 교육내용을 설명해주었다.

정훈학교의 기본이념은 인간의 존엄성으로 설정한다. 1919년 바이마르 공화국 때 유린된 경험과 1945년 나치정권이 붕괴하기 까지 독일이 겪었던 뼈아픈 역사적 경험을 교훈으로 삼는다. 히틀러 시대의 제국군대(Reichswehr)는 국가 전체를 군사국가로 기능하는 결과를 빚어 결국 참혹한 전쟁과 분단이라는 아픈 역사적 과거를 만들었기 때문이라고 했다.

디크호프 교장은 "군대에서 〈기본법〉의 원칙을 구현하는 개념, 즉 자유와 평화를 보호하는 민주적 군대를 육성하는 데 있다"고 강조했다. "군인은 그 바탕이 시민이며 교육도 당연히 시민의 군대, 민주적 군인의 육성을 목표로 한다"고 했다.

기구는 대단히 단출했다. 교직원은 교수요원 40명, 지원요원 백명 등 140명이 전부였다. 교수요원 중 30명은 각 군에서 차출된 군인이며 나머지 10명은 국제법, 언어학, 논리학, 정치학 등 민간인 전문가이고 언론인, 지역사회 인사, 국회의원, 성직자, 여성활동가, 관련 분야의 대학교수를 수시로 초청해 강좌를 맡겼다.

교육방법은 철저한 토론 위주의 세미나 형식이었다. 안내받은 한 교실에는 중견장교와 민간인이 참석해 NATO의 기능과 역할변화에 따른 회원국 상호 간의 협력방안을 토론하는 중이었고 다른 교실에서는 위관급 장교를 대상으로 리더십 세미나가 열리고 있었다. 교실마다 서너 명의 민간인이 참석해 관심을 끌었다. 통일 이후엔 전군의 초급장교에게는 필수과정이며 리더십 함양과 민주적 시민 교육이 핵심내용이라고 했다.

연간 교육일정에 대해서도 설명했다. 장성급 세미나가 2회, 연대장급이 10회, 부사관 교육이 25회, 나머지는 중대장급 교육일정으로 채워졌다. 여기에는 반드시 소수의 민간인이 참여토록 되었다. 군대와 사회 간의 유기적 협력관계를 설정하는 데 역점을 두었다. 그제야 민간인이 참석하는 이유를 깨달았다.

본(Bonn)에 있는 연방정치교육원도 그 역할을 담당했다. 교육원은 전후 서독 국민을 대상으로 민주주의 교육을 담당해왔다. 이 교육원의 한스 유르겐 베어펠츠 부원장은 이렇게 설명했다. [16]

"1년에 평균 9천5백 회의 각종 회의나 세미나가 열립니다. 세미나

---

16 1993년 11월 4일 집무실에서 인터뷰.

는 하루 평균 2회이고 예산을 전액 지원합니다. 공산치하 40년간 동독주민은 감정을 드러낼 수 없는 억제된 삶을 살았습니다. 반면 서독주민은 경제적으로는 성공했지만 절제력을 갖지 못했습니다. 체제에 따른 사고방식과 생활형편이 달랐기 때문에 서로를 이해하는 데 어려움이 있습니다.

특히, 독일 국민은 역사적으로 봉건주의 성향과 프로이센의 군사적 분위기로 복종성향이 강했습니다. 나치세력이 쉽게 국민을 끌어모은 것도 이 같은 정서적 측면 때문에 가능했습니다. 독일의 정당체계는 약합니다. 1993년 현재 통일독일의 정당가입자는 280만여 명에 불과하죠. 특히, 동독 지역은 더 취약합니다.

동독주민에 대한 교육도 당연히 민주적 가치에 중점을 두고 있습니다. 처음에는 우리 센터의 교육을 믿으려 하지 않았습니다. 때문에 2개의 위원회를 구성해 교육내용을 철저히 검증한 뒤 시행했습니다. 핵심은 자율과 책임이었습니다. 2년이 지난 후부터는 적극적으로 참여합니다."

디크호프 교장과의 인터뷰

문 정훈학교의 설립배경은 무엇인가?
답 바이마르 공화국과 히틀러 시대를 거친 근대사의 뼈아픈 경험과 독일 〈기본법〉 제1조에 명시된 '인간의 존엄은 훼손될 수 없다'는 두 가지 사실에서 출발한다. 자유와 민주에 바탕을 둔 시민의 군대를 육성하는 데 목적이 있다. 군인은 '제복 입은 시민'으로 군인은 국토방위라는 기본목적에 필요한 최소한의 영역으로 제한하면서 한편으로 시민사회의 일원으로 육성해 인간의 존엄과 가치를 보호하는 데 있으며 이 원칙이 Innere Führung이다.

문 제복 입은 시민은 어떤 모델인가?

답 군은 3가지 역할이 있다. 전투행위자로서의 군인, 자유로운 인간 그리고 시민의 한 사람이다. 군인으로서의 역할과 민주시민의 일원으로 동참시키는 것이다. 이렇게 해야 군대가 고립되지 않는다. 그래서 군인은 정당에 가입할 수 있고 사회단체에 참여할 수 있다. 지방의회 의원으로 활동 중인 군인은 1천5백 명이나 된다(필자 주: 직선의원이 아니라 정당이 작성한 비례대표에 의해 선출됨). 이는 군에 대한 확고한 문민통제를 확립하고 불법부당한 명령을 거부할 수 있도록 하고 있으며 군의 정치적 중립을 지키는 일이기도 하다.

문 명령에 선택권이 있다는 이야기인가?

답 오해하지 마라. 기본목적에 대한 명령을 재고 내지 선택할 권리는 없다. 있을 수도 없는 일이다. 다만 명령은 분명해야 하고 마땅히 복종해야 한다. 그러나 상관의 명령이라도 범죄적 명령, 개인적 명령은 거부하도록 되었다. 특히 범죄적 명령은 거부해야 할 의무가 있으며 이 의무를 지키지 않으면 처벌받는다.

베를린 지방법원도 베를린장벽 탈출자를 사살한 혐의로 재판에 회부된 사병 4명에 대한 1992년 재판에서 '국가의 법률이 공공연한 불법적 성격을 갖고 있음에도 이에 복종한 것은 유죄'로 판단했다.

문 정당 가입이 허용되면서 정치적 중립을 지킨다는 것은 모순되지 않나?

답 그렇게 보일 수도 있다. 그러나 군인은 정당의 정강정책에 동의하는 것이지 인간존엄과 자유를 침해하는 정치행위는 위법으로 처벌한다.

문 문민통제는 어떻게 이루어지나?

답 군의 기본은 국토방위와 문민정권에의 복속, 제복 입은 시민이다. 문민통제의 기구로는 연방의회 내에 설치된 옴부즈맨이다. 이 기구는 엄격한 통제권을 갖고 있는데 학자, 변호사, 공무원, 의원, 언론인 등 각계의 민간인 80명으로 구성되었다. 이들은 어느 군부대이든 수시로 불시에 방문해 시찰, 감사, 조사활동을 할 수 있으며 이에 대한 특별보고서를 매년 작성해 의회에 제출해야 한다.

휴식시간에 교실 밖으로 나온 동독군 출신 부사관에게 동독군대의

교육방법에 대해 물어봤다. 어깨를 으쓱하더니 "ein Ordnung"이라고
했다. 명령뿐이었다는 뜻이다.

동독군이 해체되면서 연방군으로 선발된 군인은 전원 정훈학교의
교육과정을 수료해야 했다. 동독군의 특성은 '적과의 투쟁에서 승리
하는 법'만 배운 사람들이다. 이 정신은 1917년 볼셰비키 혁명 때 써
먹었던 공산주의자의 수법이었다.

집단적이고 기계주의적이며 당과 상관으로부터 사소한 행동까지
명령을 받아 움직이고 항상 슈타지(STASI: 동독정보기관)의 감시를
받았던 군인이었다. 처음에는 정서불안 증세까지 보였다고 한다. 항
상 감시받고 의심받는다는 피해의식 때문인지 처음에 자율과 재량을
부여했을 때 아무것도 할 줄 몰랐다. 심지어 휴식시간에 화장실 가
는 것도 허락을 받으러 오더라는 것. 중학생이 되는 아이를 어느 학
교에 보내야 하느냐고 묻는 군인도 있었다. 동독 시절에는 당에서
결정해주었다고 한다. 교장은 교육받던 동독 출신 군인에 대해 "처
음에는 소프트웨어를 넣어야 작동하는 로봇 같았다"고 말했다.

이들에 대한 교육은 두 가지 원칙을 세웠다. 하나는 사회주의 또
는 마르크스레닌주의라고 하는 이념과 과거는 일체 거론치 않도록
했다. 둘째는 공동프로그램으로 훈련하되 개인의 창의와 책임을 바
탕으로 상호협력에 중점을 두도록 했다.

교장의 관심은 이들이 어떻게 민주적 생각과 자세를 갖추느냐에 있
었다. 그래야 사회에 나와 빨리 적응할 수 있기 때문이라고 강조했다.

오씨 vs. 베씨

훔볼트대학은 동베를린에 있던 학교이다. 홀머 교수는 통일이 된 후 교수자격심사에서 탈락해 실직했다. 그는 "오씨(Ossi: 동독인을 지칭)들은 40년 동안 놀기만 했다. 그들이 먹고 사는 비용을 우리가 감당해야 하는데 우리도 지금 힘들다는 서쪽 사람의 말에 엄청난 서러움을 느꼈다"고 했다. 그래서 서베를린에 오지 않는다.

동베를린의 공산당기관지인 〈노이에스 도이칠란트〉의 한 기자는 "통일이 친구의 우정과 이웃의 인정도 끊었다"며 안타까워했다. 전에는 이웃 간의 왕래는 물론 서독의 친구와도 자주 만났으나 이제는 직장을 잃은 이웃은 만나기를 꺼려하고 자신도 서독 친구와 만남이 꺼려진다고 했다. 서로 마음을 드러내기 쉽지 않다는 말이다.

1992년 9월 13일 베를린 방송이 동독인의 심리상태를 조사한 내용을 인용보도한 것 중에 "응답자 12%가 장벽을 다시 쌓자"는 응답결과를 보면 이들이 가진 심리적 격차가 얼마나 큰 것인가를 보여주었다.

유대인이라는 이유로 독일인이 좋아하지 않는 하인리히 하이네의 시詩 〈눈물의 계곡〉이 자주 인용되는 시기였다. 위축되는 동독인을 보는 서독인의 시각은 "생각과 행동은 안 바꾸고 현실만 탓한다"며 못마땅해 한다.

40년간 달리해야 했던 관행이 수년 만에 바뀔 수는 없다. '한 민족 두 국가'였던 것이 '한 국가 두 사회'로 나뉘어졌다. 양측은 두 사회가 하나로 통합되려면 적어도 한 세대는 필요할 것이라고 공통적으로 지적한다.

홀머 박사는 "서로가 다른 체제의 경험에 뿌리내려야 했기에 이를 바꾸는 과정은 동독인이 더 많이 노력해야 하고 특히 젊은이들도 매우 힘들어 한다"고 말했다. 동베를린의 기자도 "과거에는 가야 할 길을 걱정하지 않아도 됐으나 지금은 방향을 잃은 듯하고 20, 30대는 갈등으로 거리를 나돌고 있다"고 했다. 1992년 한 해 동안 고향을 등지고 일자리를 찾아 서독으로 간 이들 가운데 20, 30대만도 20만 명에 이른다.

내가 찾아본 동베를린 교외의 못젠 마을의 에버트 베커라는 70대 노인은 "마치 전쟁 직후의 황량함과 꼭 같은 느낌"이라고 했다. "나치 시절에는 천년제국의 선전에, 공산당 시절에는 유토피아의 약속에 속았고 현실을 볼 수 있는 눈을 가졌을 때는 이미 늙었다"며 한탄했다. 베를린자유대학의 울리히 알브레히트 교수는 "오씨와 베씨(Wessi: 서독인 지칭)로 구분되다가 이제는 '비천한 동독인', '영악한 서독인'으로 골이 깊어진다"고 말했다.

동유럽의 다른 나라 사람도 같은 체제를 경험했지만 동독인은 박탈감이 더 큰 것 같았다. 한 민족의 또 다른 쪽인 서독인의 물질적 풍요와 깨끗한 주거환경, 복지정책, 자유로운 생각과 생활을 보고 엄청난 박탈감을 느꼈다. 무엇보다 사유재산을 가질 수 없었던 그들에게 서독인이 누리는 여유로움과 가진 재산에 엄청난 충격을 받은 것이다.

공산당 시절에 동독은 세계 10대 공업국의 하나이며 동유럽과 독일발전의 전위역할을 한다는 선전을 자랑스럽게 믿었다. 실상은 선전이 허구로 드러났다. 통일은 잠깐의 희열을 가져다주었지만 곧이어 생활의 위축과 실업을 만들어냈다.

통일 직후 헬무트 콜 총리가 약속했던 "꽃피는 봄날"에 대한 기대도 사라졌다. 악화하는 생활고와 사회불안, 안전에 대한 위험이 늘어나는 상황에서 힘들게 얻은 자유라도 그 빛이 바래질 수밖에 없다. 동베를린의 대학생은 "우리의 삶이 부서지는데 누가 국가에 충성할까?"라고 되물었다.

이런 동독인을 보는 서독인의 시각은 달랐다. 헬무트 와그너 박사는 "동독인이 너무 엄살을 떤다"는 식이다. 동독지원비용이 연간 1천 8백억 마르크이며 서독인은 세금부담이 늘어났고 복지혜택 감축을 수용하면서 그 비용을 부담하는데 현실비교의 감정만 앞세우는 게 못마땅하다는 것이다. 같은 운명이었던 다른 나라 국민과는 비교하지 않고 서독인의 지금 수준을 기대하는 것은 문제가 있다고 했다.

사실 공산 체제하에 있던 다른 나라보다 동독 지역의 회복속도는 무척 빠르다. 국가의 엄청난 재정지원과 기업의 투자가 바탕이 되기 때문이다.

"우리도 이해한다. 자기 운명의 개척자가 아닌 피동적으로 살 수밖에 없었던 세월이라 자기 결정과 책임, 미래를 개척하는 용기와 그에 따른 위험감수의식을 찾아보기 어렵다. 그래서 시간이 필요한 것이다."

심리적 격차의 확대추세는 통일 3년이 고비인 것으로 느껴졌다. 통일

10주년에 가서 만난 동독 지역민의 격차의식이 아주 엷어졌음을 읽었다. 〈프랑크푸르터 알게마이네 차이퉁〉(*Frankfurter Allgemeine Zeitung*)의 휄트마이어 기자는 "자신의 이익추구에만 급급하고 자아실현이라는 미명하에 이기주의를 정당화하는 서독인의 마음을 바꾸는 일도 힘든 일"이라고 했다.

주간 신문인 〈디 차이트〉(*Die Zeit*)의 마라온 된호프 논설위원은 기발한 제안을 신문에 썼다.

"동독인은 현실에 적응하기 위해 참고 노력하거나 아니면 지금처럼 고립을 견디면서 살아가든지 선택하라. 서독인 역시 동독인과 접촉해 타협하고 화해하든지, 아니면 지금처럼 적개심과 긴장감을 느낀다면 만나는 일을 그만두어야 한다."

독일과 한국,
무엇이 다른가

독일의 통일은 1990년 10월 3일 0시를 기해 서독의 〈기본법〉 제23조
가 동독 지역에도 적용되면서였다. 즉, 서독 헌법이 동독지역에 적용
된 것으로 법적으로는 흡수통일이었다.

제23조는 〈기본법〉의 효력범위를 규정한 것으로 서독의 12개주를
나열하고 "독일의 다른 부분(in anderen Teilen Deutschland)은 그들
이 편입된 후에 효력이 발생한다"고 되었다. [17]

1990년 3월 자유총선거로 구성된 동독인민의회는 〈기본법〉 제23조
와 제146조[18]를 두고 의견이 갈렸으나 그해 8월 하순 최종적으로 제
23조를 수용하는 것으로 결의했다. 즉, 동독의 정치·경제·사회 체제

---

17 이 표현은 지역적으로 분명히 규정하지 않아 외교문제가 되기도 했다. 서독정부가 동쪽
  국경을 현행 폴란드 국경인 오데르-나이제 선으로 국한한다고 천명함으로서 주변국의 우
  려를 해소해주었다. 1937년 국경으로 할 경우 현 폴란드 영토의 절반과 칸트의 고향인 쾨
  니히스베르크도 독일 영토로 간주될 수 있기 때문이었다.
18 제146조는 〈기본법〉의 효력정지조항으로 이 방법을 택할 경우 국민투표를 통한 헌법 개
  정의 절차를 거쳐야 하기 때문에 통일에 시간이 걸리고 안 될 수도 있는 상황이 생길 수 있
  다. 제23조와 제146조는 통일 후에 구성된 연방의회의 〈기본법〉 개정으로 삭제됐다.

로는 도저히 국가를 지탱할 수 없을 정도로 붕괴되어 서독의 자유민주주의와 시장경제 체제를 받아들인 것이다. 동독이 스스로 붕괴한 것이다.

베를린장벽 붕괴 후 동서독 간 통일협상을 맡았던 볼프강 쇼이블레(Wolfgang Schäuble) 당시 서독내무장관은 "동독에 대한 흡수통일은 한 국가의 몰락으로 보지 않고 동독 측에서 요구하는 통일조약에 의한 통합으로 간주했다"며 동독 국민에 대한 자존심을 세워주었다.[19]

독일의 통일과 내적 통합과정을 지켜보면서 한국의 통일에 어떤 의미를 줄까 생각해 봤다. 비非전문가인 내 머리에도 독일과 한국은 너무나 많은 차이점이 있음을 느낀다. 그럼에도 나름대로 분석해 본 것은 다음과 같다.

우선 동서독은 한반도처럼 동족상잔의 비극을 겪지 않았다. 때문에 피해감과 적대감이 우리와는 판이하게 다르다. 우리는 북한의 남침으로 인한 6·25전쟁으로 남쪽에서만 3백만 명의 인명피해를 당했다. 더구나 북한은 체제 유지를 위한 핵무기 등 비대칭 무기의 개발 및 보유로 남북한 간에 안보위협이 상존한다.

둘째는 휴전선과 베를린장벽의 차이이다. 베를린장벽과 동서독 경계선에서는 무력충돌이 일어나지 않았다. 서독은 북대서양조약기구에, 동독은 바르샤바 조약기구에 속하는 집단안보체제에 묶여 독자적으로 군사행동을 할 수 없었다. 작은 충돌이라도 유럽전쟁 또는 제3차 세계대전으로 비화될 수도 있기 때문이다. 그럴 이유도 없었다. 이 덕분에

---

19 Wolfgang Schäuble, Dirk Koch, & Klaus Wirtgen, 1991, *Der Vertrag : Wie ich über die deutsche Einheit verhandelte*, Stuttgart : Deutsche Verlags-Anstalt, 한우창 역, 1992, 《나는 어떻게 통일을 흥정했나 : 협상의 주역 쇼이블레가 증언한 독일통합 18개월의 대드라마》, 서울 : 동아일보사, 19쪽.

서독은 경제부흥에 집중할 수 있었고 라인 강의 기적을 만들어냈다. 그러나 우리나라의 휴전선은 수시로 충돌이 일어났고 1960년대와 1970년대에는 수시로 남파된 무장공비가 양민을 학살하는 일이 빈번했다.

셋째는 동독 지도부에는 세대교체가 있었다. 치열한 토론을 거치고 정치국원에 임명되어 업무수행 역량을 평가받는 등 당의 검증된 인물이 지도자로 선출되었다. 공산당 중앙위원회 산하에 정치국과 서기국이 있는데 정치국이 핵심기구로 여기서 선출되는 서기장이 수상을 맡았다. 동독주민 역시 시민사회의 경험도 있었고 한때이기는 하지만 체제저항의 역사도 갖고 있었다. 그러나 북한의 지도자는 봉건왕조 국가처럼 3대째 권력을 세습했다. 뿐만 아니라 북한 주민은 조선의 붕괴와 일제 강점기를 거쳐 곧바로 공산통치에 들어가면서 부당한 권력에 저항한 경험도, 자유의 경험도 없다. 아직도 봉건시대의 계속이라 봐야 한다.

넷째는 동서독 간의 교류이다. 서독의 대對동독 정책은 1960년대부터 '작은 발걸음'(Kleinen Schritt)과 '접촉을 통한 변화'(Wandel durch Annährung)라는 두 가지 정책을 일관되게 추진했다. 이산가족의 상호방문이 1980년대 후반에는 연간 3백만여 명이나 됐다. 각 분야에서 교류도 활발하게 진행됐다. 그러나 한반도는 분단 이후 지금까지 완벽하게 단절된 상황이 계속된다. 아마 인류 역사상 이처럼 오랫동안 부모자식, 형제자매 간에 만나지 못하고 이산의 아픔을 겪는 민족은 없을 것이다.

다섯째는 지정학적 위치와 정보의 흐름이다. 폴란드와 체코가 이웃해 다른 나라의 정보가 스며들 수 있었다. 특히 바르샤바 조약기구 국가 간에는 비자면제협정이 체결되어 동독 시민은 이 국가에 자유롭게 여행할 수 있었다. 여행은 정보의 접촉이다. 여행지의 정보는 물론이고 서유럽의 갖가지 정보를 접할 수 있었다. 특히 동독 시민은 서독의 자유로움과 높은 생활수준, 질 좋고 풍족한 생필품을 부러워했다. 언젠가 하노버(Hannover)에서 베를린으로 가는 기차 안에서 "나는 친척 집에 왔다 갈 때마다 물건을 지고 가는 조랑말"이라고 한탄하는 동독 남자를 만난 적이 있다. 베를린 역에서 헤어질 때 정말 그의 두 손과 등에 가방이 주렁주렁 달렸다. 그러나 북한은 완벽하게 차단된 나라이다. 북-중 국경만 통제하면 정보의 유입이나 인적 왕래가 불가능하다.

여섯째는 통일정책이다. 우리의 대북정책은 정권이 바뀔 때마다 변한다. 1993년 남북기본합의서 이후 김대중, 노무현, 이명박 정권을 거치면서 최근까지 대화와 단절을 거듭했다. 그러나 서독은 정권의 교체와 상관없이 일관된 정책을 폈다.

서독이 통일을 포함해 대외정책을 다루는 외무장관이 초당적으로 장기간 재임한 점이 대표적이다. 한스 디트리히 겐셔(Hans-Dietrich Genscher)라는 인물이다. 1974년부터 통일 후인 1992년까지 무려 18년 동안 외무장관을 맡았다. 이 기간에 정권은 사민당에서 기민당으로 바뀌었음에도 불구하고 그에게 같은 직책을 부여했다. 1969년 빌리 브란트가 수상이던 사민당 정권에서 내무장관 4년 역임을 포함하면 무려 22년간 통일 관련 업무를 맡은 셈이다.

동독 출신으로 1953년 서독으로 탈출한 그는 서독이 나토 회원국으로서 동서 간 가교역할을 할 수 있다는 이른바 겐셔리즘으로, 레이건 대통령 때는 단거리 핵미사일의 서독 영내 배치를 반대해 서유럽과 미국으로부터 엄청난 비난을 듣기도 했으나 동서유럽 간의 타협정책을 일관되게 추진했다. 일관성 있는 동서화해정책과 이에 따른 독일정부의 신뢰성, 이를 바탕으로 쌓은 인간관계를 장점으로 대외정책을 이끌었고 재통일에 기여했다.

마지막으로 통일의 기회가 왔을 때 우리가 감당할 수 있는 성숙한 역량과 경제적 능력이 있느냐이다. 이념, 빈부, 계층, 세대 간 갈등이 계속되고 심지어 일각에선 반목 징후까지 나타나는 상황에서 온 국민이 과연 한마음으로 북한을 이른 시일에 안정시키고 북녘 동포를 끌어안을 수 있을지 염려스럽다. 민족이 하나가 되는 데는 무엇보다 헌신과 희생, 절제와 배려의 성숙한 공동체 정신이 절대적으로 필요하다고 본다.

임진왜란을 앞두고 일본을 다녀온 사신들이 정치적 이해관계가 다르다는 이유로 정반대의 보고를 한 1591년의 역사, 북한을 보는 서로 다른 시각, 국민과 국가의 미래보다는 권력투쟁의 소모적 정쟁이 계속되는 정치권의 모습에 통일을 이야기하기는 너무 답답하다.

경제적 측면에서도 내적 역량을 쌓아야 한다. 경제·사회적 통합으로 가자면 재정투입이 불가피하고 그 금액을 추정한다는 것은 현재로선 불가능하다. 분단으로 인한 지출비용이 줄어든다는 점을 감안한다 하더라도 내적 통합을 위해서는 우리 기준의 SOC와 고용, 복지, 안정을 위해 막대한 투입비용을 고려해야 한다. 정부의 재정확보와 기업의 투자 역량을 준비해야 한다. 국민도 통일세 부담을 흔쾌히 받아들여야 한다.

통일 20주년을 맞아 2010년 독일정부가 공식적으로 밝힌 통일비용은 20년간 1조 6천억 유로에 달했다. [20]

---

20 독일외무부 〈독일통일 20년〉(*20 Jahre Deutsche Einheit*, 2010) 홍보자료(DVD Video).

정권범죄의 청산

동유럽 국가들이 민주화되면서 이들 국가수반은 대부분 과거청산 차원에서 역사의 단죄를 받았다. 차우셰스쿠 루마니아 대통령은 권좌에서 쫓겨난 지 3일 만에 부부가 전격 총살당했다. 그다음으로 집요하게 법정에 세워졌고 처벌받은 이가 동독수상이었던 에리히 호네커 등 공산당 간부였다.

당시 서독언론은 호네커와 비밀경찰 두목인 밀케에 대한 동정과 재판사항을 정권범죄와 인권탄압청산 차원에서 거의 매일 보도했다.

베를린장벽이 무너지기 전 동독 지역 곳곳에서 대규모 시위가 연일 발생하던 1989년 10월 17일, 호네커는 공산당 중앙위원회에서 축출됐다. 3시간의 격론 끝에 만장일치였다.

18일 발표내용은 "건강상의 이유"였지만 정치국원 모두 사전에 모의한 결과였다. 호네커도 자신의 축출표결에서 찬성표를 던졌던 것으로 밝혀졌다. 재임 18년, 당시 77세라는 고령에다 이미 신장암과 담석증을 앓고 있었다.

베를린장벽이 무너진 해인 1989년 12월 동독공산당 인민회의는 호네커의 부정부패혐의 조사위원회를 설치하고 검사를 임명했으며 그를 가택연금 조치했다. 수상관저에서도 쫓겨나 장애인요양소로 주거가 제한됐다. 1990년 1월 정식으로 체포됐으나 지병으로 수형생활을 감당하지 못해 일시 석방된 틈을 타 동베를린 교외의 베리츠에 있는 소련군 병원으로 숨어들었다.

통일 후인 1991년 독일 검찰이 1961년 동서독 국경방화혐의로 체포영장을 발부받았으나 소련군 영내 거주로 집행을 못했다. 그사이 호네커 부부는 소련군용기를 타고 모스크바로 달아났다.

사위가 칠레인이어서 모스크바 주재 칠레 대사관에 난민으로 들어가 소련정부에 망명신청을 했으나 소련정부는 "적법한 여권 없이는 안 된다"며 거부하고 오히려 출국을 요구했다.

1992년 여름 그는 결국 추방형식으로 독일로 강제송환됐으며 베를린에 도착하자마자 체포되어 모아비트 형무소에 수감됐다. 부인은 딸이 있는 칠레의 산티아고로 갔다.

독일 검찰은 호네커를 포함 정치국원 6명을 법정에 세웠다. 집단살해, 장벽축조 명령, 국경요새화 명령, 권력남용 등 무려 68개 혐의가 적용됐다. 재판은 베를린 지방법원에서 공개로 진행됐다.

그는 "서독 영토의 법정은 나를 재판할 법적 권한이 없다"면서 베를린장벽과 내독국경건설에 대해 "동독 단독으로 한 것이 아니며 바르샤바 조약기구의 집단안보차원에서 이루어진 것으로 건설이 없었다면 제3차 세계대전이 발생했을 것"이라고 항변했다.

당시 그는 지병인 신장암에다 암세포가 간으로 전이된 상태여서 의사는 잔여수명이 3~6개월이라고 진단했고 이를 근거로 변호사가 보석을 청구했으나 기각됐다. 병세가 악화되자 결국 수감 169일 만에 석방되어 칠레로 떠났으며 1994년 82세로 사망했다.

호네커와 함께 당을 이끌었던 정치국원도 법적 처벌을 받았다. 에곤 크렌츠(Egon Krenz)는 징역 6년 6개월을, 국방장관 하인츠 케슬러 (Heinz Kessler), 국방차관 프리츠 스트레레츠(Fritz Streletz)는 6년, 한스 알브레히트(Hans Albrecht) 정치국원은 7년 6개월, 귄터 클라이버(Günter Kleiber) 정치국원은 3년, 어설픈 브리핑으로 베를린장벽을 열게 만든 귄터 샤봅스키(Günter Schabowski) 정치국원은 3년을 선고받았다. 대부분 권력남용, 부패, 장벽과 국경 지역 사살명령을 내린 혐의였다. 정치국원은 2000년 통일 10주년을 맞아 모두 사면됐다.

그러나 비밀경찰 책임자였던 에리히 밀케(Erich Milke)는 반역, 테러, 살해, 국가경제훼손 등 혐의로 징역 6년을 선고받고 5년 2개월 동안 수감생활을 했다. 법원은 그에게 "가장 포악한 경찰관이자 독재자였으며 역사의 뒷길로 사라졌어야 할 사람"이라고 단죄했다.

제 4 부

민주화의
문을 연 폴란드

Republic of
Poland

비공산정권의 출범

공산정권 첫 취재에 나섰던 1988년 12월 중순, 나는 헝가리의 부다페스트에서 폴란드 대사관을 찾아갔다. 입국비자를 신청하러 왔다는 말에 문화담당관이라는 남자는 "외교관계가 수립된 뒤에 오라"고 퉁명스럽게 대답했다. 기왕 돈 들여 출장 온 것이라 헝가리만 보고 갈 수는 없었다. 더구나 순회특파원 아닌가. 폴란드는 미국이민자만 3백만 명이나 되고 자국동포의 자유로운 고국방문이 이루어지는 등 동유럽 국가 중 가장 열린 나라이기 때문에 무작정 부딪혀본 것이었다.

중학교 때 노벨 물리학상을 받은 마담 퀴리를 교과서에서 읽었고 프리드리히 쇼팽의 〈월광 소나타〉를 배웠으며 아우슈비츠(Auschwitz) 비극의 현장을 꼭 가보고 싶다는 간청에도 "초청장 없이 비자발급은 현재로서는 불가능하다"는 응답에 발길을 돌려야 했다. 그러나 국가기관의 접촉이 이루어지는 중이었지만 국가이익과 관계되는 것이라 그걸 기댈 언덕으로 삼을 수는 없었다. 오스트리아였다면 쉽게 받았을 것이다. 같은 나라의 외교관이라도 공산권이냐 자유세계냐에 따라 인식의 차이가 있었다.

폴란드는 공산국가처럼 생각되지 않은 나라였다. 세계사에서 두 번이나 지워졌던 나라, 20세기 들어와서는 히틀러와 스탈린의 밀약으로 영토를 빼앗기고 독일의 침략으로 시작된 2차 대전 동안 국민 6백만여 명이 희생된 약소민족의 아픔도 공유되는 느낌이 있었기 때문이었다. 뉴욕지사에 근무할 당시 가끔 만났던 화가 부제크 씨도 폴란드 바르샤바 출신이었다.

특파원 근무지로 오스트리아의 빈에서 막 자리를 잡아가던 1989년 4월, 원탁회의 타결 뉴스가 귀를 번쩍 뜨이게 했다. 공산정권과 반체제 단체인 자유노조 간에 정치적 합의가 이루어졌다는, 공산국가에서 있을 수 없다고 생각한 일이 이루어졌기 때문이었다.

합의 내용은 이랬다.

- 자유노조를 합법화한다.
- 의회에 상원을 신설하고 100석을 자유선거로, 하원 460석 중 60%는 공산당 계열 정당에 배정하고 야당 몫 35%와 가톨릭 정당 몫 5%는 자유선거로 선출한다.
- 언론자유를 부분적으로 허용한다.
- 교회에 법적 지위를 허용한다.
- 프랑스식 대통령제를 도입한다.
- 경제·사회 부문의 자유화한다.

이를 위해 1989년 6월에 첫 자유총선거를 시행한다는 내용이었다. 이 가운데 부분적 언론자유는 일주일에 TV는 30분, 라디오는 1시간 동안 야당의 주장을 의무적으로 방송해야 한다는 내용이었다. 또한 교회의 법적 지위 허용은 공산국가에서는 폴란드가 처음이었다. 또한 경제·사회 부문의 자유화를 위해 농산물의 자유시장 개설을 허용하는 내용을 담았다.

협상의 당사자이자 자유노조의 리더인 레흐 바웬사는 각종 매스컴에 집중 조명되면서 민주화의 영웅으로 떠올랐다. 원탁회의의 정부 측 대표는 바웬사를 체포해 감방에 보냈던 체스와프 키슈차크(Czesław Kiszczak) 내무장관이었다.

1980년 공산권에서 처음으로 레닌조선소에서 자유노조가 출범하고 노조결성이 인근 회사로 확산됐다. 바웬사가 이 개별노조를 통합해 솔리다르노시치(Solidarność 단결, 단합, 연대라는 의미. 이하, 연대)를 출범시켰는데 순식간에 가입자가 천만 명으로 늘어났다. 정부의 경제정책이 실패하면서 전국 곳곳에서 항의시위가 1년 이상 계속되자 1982년에는 계엄령을 선포하면서 자유노조를 불법화하고 바웬사를 체포 구속했다. 원탁회의의 결과는 혹독한 탄압을 받으면서도 끈질기게 자유와 민주화 운동을 벌여온 폴란드 국민의 용기였다. 6월에 시행된 자유총선거는 서울을 다녀오는 바람에 취재하지 못했다.

1989년 8월부터는 비자를 쉽게 받았다. 민주화, 자유화로 바뀐 폴란드의 정치변화 때문이었다. 막상 현지에 가보니 정치적 측면보다 경제, 특히 민생문제가 더 심각했다. 생필품의 부족현상이 심해지고 물가가 치솟으며 대외채무도 390억 달러에 달했다. 물가고에 대한 항의시위가 10년째 계속되었다. 1988년 2월에 발표한 물가현실화 조치로 생필품 가격이 폭등하면서 국민의 불만이 더 폭증하는 상황이었다. 폴란드 국영통신사(PAP)의 레이자크 씨가 들려준 경제상황은 이랬다.

"빵과 우유, 버터, 고기 등 기본 식료품은 평균 40%나 인상됐습니다. 뿐만 아니라 교통비 50%, 술 46%, 담배 40%, 디젤유 100%, 휘발유 60%, 라디오와 TV 75%로 폭등했습니다. 우리는 생존차원에서 살았습니다. 정부의 보조금도 한계가 있었죠. 정부의 불신이 극에 달하기 시작했습니다. 정부의 실패는 공산 체제의 실패였습니다. 이 제도로는 희망이 없으며 바뀌어야 한다는 생각에서 변화를 주장하는 자유노조의 활동을 지지할 수밖에 없었죠."

1989년 6월 4일 공산통치 44년 만에 처음으로 자유총선거에서 자유노조는 하원(460석 중 35％인 161석을 선거로 선출)에서 160석, 상원 백 석 가운데 99석을 휩쓸었다. 이후 2개월에 걸친 정부구성에서도 자유노조 주도의 연립정권이 출범하면서 전후 동유럽에서 처음으로 비공산정권이 들어섰다. 수상은 자유노조원으로 주간지 편집장을 지낸 반체제 인사인 타데우스 마조비에츠키(Tadeusz Mazowiecki)였다.

나는 공산권 최초로 출범한 비공산정권 탄생 이후의 분위기를 취재하기 위해 폴란드로 갔다. 자유노조의 활동이 미친 국민의식 변화와 민주화 운동이 폴란드 국민은 물론 다른 동구권에 어떤 영향을 미칠 것인가가 관심이었다.

바웬사는 새 정부 출범을 즈음해 그단스크(Gdánsk)에서 특별성명을 통해 국민에게 단합과 신뢰를 호소했다.

"폴란드는 전체적인 변화를 요구하고 있습니다. 지금은 변화의 출발점입니다. 마조비에츠키 수상은 노조의 한 사람으로 열심히 일했습니다. 우리끼리 싸우면 모든 걸 잃습니다. 파업은 경제를 망치는 길입니다. 다 함께 폴란드를 일으켜야 합니다. 우리는 45년간 기다려왔으며 이 기회를 잃으면 안 됩니다!"

자유노조의 대국민 호소가 영향력을 나타냈다. 그러나 국민의 절제와 내핍의 인내심이 얼마나 갈지는 미지수였다.

사실 폴란드는 전 국민 90%가 가톨릭 신자의 나라이다. 그들 스스로 자유로운 영혼을 가진 국민이라고 자부한다. 때문에 통제와 억압의 공산주의와 맞지 않는다. 더구나 당시 교황 바오로 2세는 폴란드 출신이었다. 그러나 공산주의는 스스로가 종교를 부정한다. 마르크스는 종교를 아편이라고 했다.

자유노조 전국대회 취재하다

폴란드에는 자유노조를 이끌며 민주화 운동을 하는 레흐 바웬사 때문에 몇 번이나 갔다. 공산권에서 처음으로 비공산정권이 들어서는 1989년 8월이 첫 번째였고 두 번째는 바웬사를 초청하라는 본사지시로 자유노조 본부가 있는 그단스크까지 갔다.

비공산정권이 출범한 이듬해 4월에 열린 자유노조 전국대회는 중구난방이었다. 5일 동안 계속된 토의는 노조의 진로에 관한 내용이 핵심이었다. 정말 말이 많고 말을 잘 했다. 토론에서 이겨야 살아남고 토론이 명징해야 승리하는 공산주의 체제에서 갈고 닦은 실력을 과시하는 것처럼 보였다.

동유럽에서 처음으로 민주화 운동을 성공시킨 자유노조로서는 정치·사회·경제적으로 막강한 영향력을 가졌으나 나라를 이끌 역량이 있는지는 미지수였다.

말체로비치 경제담당 부총리는 "국민으로부터 고립되지 않고 이데올로기의 포로가 되어서도 안 되며 민주개혁과 경제건설에 도움이 되는 방향이어야 한다"고 역설했다. 대회를 줄곧 참관한 정치평론가인 레지에프스키 즈비그뉴 씨도 "자유노조는 정치적 기반을 가진 노조 자체로 남아야 하며 현 정부가 취약한 데다 노조 자체도 국정 경험이 없으므로 노조가 정치에 뛰어들면 엄청난 국가적 혼란을 초래할 것"이라고 말했다.

상당수 국민도 자유노조는 노조로 남아야 하며 정치는 정치인이 맡아야 한다는 입장이었다. 비공식 자리에서 "대통령을 하겠다"는 바웬사의 발언이 알려지면서 엄청난 비난이 일자 "그런 생각을 접었다"며 말을 바꾸었다. 바웬사의 오락가락하는 행보는 국민에게 실망을 안겨주었다. 때문에 1989년 11월 한때 93%나 됐던 인기도 1990년 4월에는 총리보다 못한 79%였다.

대회 마지막 날 등장한 바웬사는 자유노조 및 자신의 위상정립에 관한 고민을 다음과 같이 털어놓았다.

"노동자들은 나를 노동자로 생각하지 않고, 정치인들은 나를 정치인으로 생각하지 않는다."

이 말을 들은 한 노조원은 "바웬사는 정말 대통령이 되고 싶어 하는 사람"이라고 단정했다. 그의 말대로 바웬사는 대통령선거에 출마했다.

대통령선거를 취재하기 위해 1990년 10월 하순 폴란드를 찾았을 때 바웬사에 대한 평가는 급락해있었다. 10월 25일 시행된 선거에서 바웬사는 과반수에 훨씬 못 미치는 39%를 득표했다. 404개 선거구에 투표소는 2만2,241개, 교황 바오로 2세도 크라쿠프(Kraków)의 선거사무소에 카롤 보이틸라(Karol Wojtyla)라는 이름으로 등재되었다는 신문보도가 눈길을 끌었다. 정부는 투표 하루 전인 24일과 선거일인 25일 전국에 술 판매까지 금지했다.

결선투표는 2주 지난 11월 9일에 시행됐다. 결선투표는 상위득표자 2명인 바웬사와 돌풍을 일으킨 재미교포로 압축되었다. 폴란드인은 어느 날 갑자기 나타난 재미교포에게 대통령을 맡길 수는 없었다. 가톨릭의 전폭적 지지와 자유노조의 동지였다가 노선차이로 등을 돌린 마조비에츠키 총리의 협조 덕에 바웬사가 대통령에 당선됐다.

'노벨평화상 수상자', '자유의 투사'라는 화려한 경력에도 불구하고 국민은 그의 정치력과 리더십에 불안감을 나타낸 것이다. 노조 지도자로서는 탁월한 리더십을 보였으나 권력의 행사와 관료운영에는 아마추어였고 1993년 상하원의원 선거 때 그의 인기는 10%대로 추락했다.

1차 선거가 끝난 뒤 바르샤바의 지식인들이 그에 대해 회의적 평가를 하는 데 대해 좀 어리둥절했다. 일간지 〈비보르차〉(Gazeta Wyborcza) 신문의 편집인 출신인 정치평론가 아담 미흐니크(Adam Michnik)는 바웬사를 두고 "예측할 수 없는 사람, 무책임하고 양면적 인간, 개혁능력이 없는 사람"이라고 혹평했다. 공산계열의 한 신문은 가십을 통해 "그의 정치력은 저울 위에 올려놓은 솜뭉치 정도"라고 악담을 퍼부었다. 그만큼 신뢰성, 일관성, 책임감을 보여주지 못했기 때문이었다.

결선투표까지 간 대통령선거가 끝난 소감에 대해 〈비보르차〉 신문의 파세비치 기자는 "폴란드의 신화는 추락했다. 우리 사회에 적개심이 이렇게 크다는 사실에 놀랐다"고 한탄했다.

발트 해 연안 도시인 그단스크의 레닌조선소 전기공으로 출발해 1980년 자유노조를 만들어 자유화, 민주화 투쟁을 이끌어온 반체제 인사, 거칠지만 리더십을 보여준 인간, 1987년까지만 해도 폴란드 공산당 정부가 가장 꺼렸던 인물, 레흐 바웬사. 평가가 어떻든 그는 폴란드 역사상 처음으로 직선제로 뽑힌 민선대통령이 됐다. 콧수염과 옷깃에 늘 달고 다니는 '검은 마돈나'가 그의 트레이드 마크였다.

보이체흐 야류젤스키

보이체흐 야류젤스키(Wojciech Jaruzelski)는 늘 선글라스를 쓴 인물이었다. 2차 대전 때 소련군 병사로 참전하면서 눈 덮인 벌판에서 망막을 손상당했기에 한쪽 시력을 잃었다고 한다. 1981년부터 1989년까지 폴란드 공산당 서기장을 맡았으며 바웬사 등 반체제 세력과의 원탁회의에서 내정개혁을 약속하고 서기장에서 물러났다.

그러나 대통령직은 1990년 12월 자유총선에서 승리한 바웬사가 취임할 때까지 유지했다. 그는 서기장으로(1981~1989. 7), 총리로(1981~1985)로, 국가수반(1985~1990)으로, 대통령(1989. 7. 19~1990. 12. 22)으로, 군 최고사령관 등 여러 자리를 동시에 지냈기에 폴란드 사람도 헷갈리게 불렀다.

서기장에 취임하던 해에 벌어진 자유노조의 파업에 계엄령을 선포하고 바웬사를 체포 구속하는 등 강경진압했다. '프라하의 봄'에서처럼 소련군의 개입을 막기 위한 사전조치였다. 하지만 소련을 맹목적으로 따르지 않았다. 독자성과 정치·경제 등 내정개혁을 추진하고 자유노조를 국정파트너로 인정하는 등 폴란드 민주화에 기여한 측면도 있다.

1990년 그를 포함한 5명의 당 간부가 법정에 섰으나 흐지부지됐다. 10년도 더 지난 2006년에 발족한 국가추모위원회가 그를 정권범죄로 기소했지만 재판이 열리지는 않았고 2014년 5월에 사망했다. 그의 장례식에는 반체제 인사도 대거 참석했는데 바웬사도 그중 한 사람으로 "그에 대한 판단은 하느님에게 맡겨졌다"고 언급한 내용이 외신에 보도됐다.

바웬사 인터뷰
실패

레흐 바웬사가 근무하던 레닌조선소는 발트 해 연안沿岸의 그단스크라는 도시에 있다. '동유럽 민주화의 문을 연 인물'로 평가되는 노조 위원장을 인터뷰하러 가는 길은 참 멀었다. 가능한 방법을 찾아 3번이나 현지로 갔지만 실패했다.

비공산정권이 출범한 직후 동아일보사는 사장 명의의 초청장을 보내면서 바웬사의 한국 방문을 협의하라는 지시가 있었다. 협의차 전화를 받은 자유노조 본부의 모로슬라브 코발렙스키(Moroslaw Kowalevski) 부대변인은 "바웬사의 해외 여행계획이 없다"고만 했다. 그래도 현장으로 가 초청장을 전하면서 인터뷰 방법을 찾아볼 심산이었다.

바르샤바의 12월은 오후 4시면 어두워지고 아침 8시가 되어야 어둠이 걷힌다. 겨울은 늘 진눈깨비가 내리는 고약한 계절이다. 폭설이 내리는 1989년 12월 14일 아침 7시 기차로 출발했다. 햇살이 비치고 36량의 객차를 단 기차가 달리면서 일으키는 눈보라는 장관이었다. 차창에 비치는 설경은 절경이었다. 눈 덮인 끝없는 벌판, 어쩌다 보이는 눈에 폭 파묻힌 농가, 나뭇가지에 핀 눈꽃, 짙은 안개

바르샤바에서 그단스크로 가는 도로. 1990년 11월이었다.

까지 껴 신비스런 느낌을 주었다. 인간의 흔적을 하얗게 지운 눈 세상이었다.

　바르샤바에서 그단스크까지는 360㎞. 일등석인데도 차비는 8천 즈워티(10달러)에 불과했다. 정부보조가 없으면 불가능한 가격이었다. 공산 체제가 좋기는 하다는 생각도 들었다.

　두 번째는 1990년 4월에는 자유노조 전국대회 취재를 위해서였다. 바르샤바 중앙역에서 밤 10시에 출발하는 기차는 아침 8시에 그단스크에 도착한다. 4월인데도 난방시설이 없는 기차라 추위가 뼛속까지 파고들 정도였다.

　세 번째는 1990년 10월 하순으로 대통령선거 취재차 폴란드에 갔다가 그단스크를 방문했다. 선거운동이 한창이라 기대하지 않았지만 인터뷰라도 해 볼 요량이었다. 승용차로 다녀오는 날에는 짙은 안개로 앞이 안 보일 지경이었다. 그야말로 적막강산이었다. 어두워지면서 오가는 차량도 드문 데다 눈까지 내린 길이 미끄러워 거북이 운행을 해야 했다. 기름을 채우러 들어간 주유소에서 도리 없이 하룻밤을 보냈다.

바웬사가 이끄는 자유노조의 공식명칭은 '솔리다르노시치'. 1989년 12월 처음 갔을 때 사무실은 시내 7층 건물에 3개 층을 쓰고 있었다. 연대의 조직은 그단스크 시내에 있는 본부와 전국 36개소에 지부를 두었으며 바르샤바에는 40여 명으로 구성된 특별팀을 가동하고 있었다. 특별팀은 내년에 있을 대통령선거에 대비한 조직이라고 설명했다.

본부의 레흐 카진스키(Lech Kaszinski) 노동담당 보좌관은 "본부에 약 70명이 일하며 생활은 어렵지만 이 삶을 행복하게 여기는 사람들"이라고 말했다. 공산당 45년은 이 나라를 파괴했고 정신적으로 황폐화시켰다고 주장했다. 그는 또 "자유노조 활동은 노동운동의 차원을 떠나 사회개혁 활동의 성격을 지녔으며 그 성과에 대해 자부심이 있다"고 흐뭇해 했다. '연대'의 정책은 노조 내의 지식인 그룹이 외국의 선례를 참고해 생산하며 바웬사는 최종 결정 과정에 의견을 제시한다고 말했다.

자유노조 본부 사무실은 많은 사람이 들락거리고 면담을 기다리는 사람으로 북적였다. 영국과 이탈리아 등 서유럽에서 온 기자도 있었고 서방 언론의 현지 프리랜서도 있었다. 기자들은 바웬사 인터뷰 때문에 왔다고 했다. 쉽지 않겠구나 하는 느낌이 들었다.

코발레프스키 부대변인은 동아일보사 발행인 명의의 초청장을 보면서 "오느라 고생했지만 정말 어렵다"며 "바웬사는 미국과 영국의 노조지도부 초청도 거절했고 정당이나 언론사의 초청을 받아들인 적이 없었다"며 거부했다. 인터뷰도 어렵다고 잘라 말했다. 노벨 평화상도 부인이 대신 수상했다고 덧붙였다. 그의 비서는 바웬사가 바빠서가 아니라 공산정권 시절에는 외국에 나가면 귀국하지 못하게 하는 사례가 있었기 때문이라고 말했다. 당시 폴란드 정치상황이 완전한 자유를 보장하지 못하기 때문이라는 분석이었다.

처음에는 자유노조의 바르샤바 지부 대변인이라는 야세크 모스크바(Jacek Moskba)를 만났다. 그단스크 본부를 찾아가라고 했다. 일본 공동통신 바르샤바 지사장 에이지 하세가와 씨의 조언도 받았다. 하세가와 씨는 바웬사와 절친한 일본인 우메다 요시오梅田芳穂 씨를 만나보라고 했다. 전화로 미리 면담목적을 설명했더니 "그것이라면 자기가 주선하기는 매우 어렵다"며 완곡하게 거절했다. 그녀가 소개해준 사람이 코발레프스키 부대변인이었다.

사건기자처럼 1시간 정도 접견실에 앉아있자 비서실의 크리스토퍼 푸즈(Christoper Pusz) 씨가 다가와 "멀리서 온 손님인데 미안하다"며 "바웬사는 인터뷰를 하지 않는 사람"이라고 말했다. 몇 개월 뒤 영국의 〈파이낸셜 타임스〉(Financial Times)에 난 그의 인터뷰를 보고 무력감이 들기도 했다.

바웬사 인터뷰는 끝내 실패했지만 다른 세상도 있다는 걸 알았다. 바로 일본이었다. 외교관계가 있다는 이점도 있지만 기본적으로 우리나라와는 차원이 다름을 느꼈다. 일본의 언론과 기업은 해당국가의 정보와 인맥, 정세파악을 독자적으로 하지만 정보는 공유한다는 점을 여러 나라에서 느꼈다.

1990년 4월 그단스크로 가는 기차 안에서 만난 일본 신문사의 논설위원은 정기적으로 동유럽 국가들을 순회취재한다고 했다. 〈요미우리신문〉讀賣新聞 논설위원으로 기억한다.

그는 몇 장의 참고자료를 보면서 일본 기업들의 그단스크 조선소 현장 방문 이야기를 들려주었다. 조선소 종업원은 1만6천여 명, 자본주의 국가라면 8천 명으로 충분하며 최대건조능력 연 4만 톤으로 10척 정도라고 설명했다.

히타치 등 제철소와 일본 조선회사 직원들의 그단스크 방문보고서도 간략하게 이야기했다. 그 보고서에는 근로자의 출퇴근 모습, 근무태도, 기능과 기술 수준, 회사의 활력 정도 등을 면밀히 관찰한 내용이 담겼다고 했다. 일본인의 치밀함과 철저함, 직업윤리에 다시 한 번 놀랐다. 같은 자료나 내용을 기업과 언론, 정부가 갖고 있다는 사실은 정보의 공유가 아닌가 싶다.

일본은 1904년 러일전쟁 이전에도 이미 유럽 각국에 무관들을 파견했고 아카시 모토지로明石元二郎 대좌는 모스크바 주재 무관으로 러시아 혁명 때 트로츠키파를 지원했을 정도로 공작과 첩보작전에 뛰어난 능력을 인정받았다. 제 1차 세계대전(이하, 1차 대전)이 끝난 1921년에는 전쟁 상황을 분석하기 위해 2차 대전 전범으로 처형된 도조 히데키東條英機 등 대본영 핵심참모 4명을 유럽에 파견해 국제정세와 작전상황, 전투기술, 병참, 무기체계 등을 면밀히 조사했다는 기록도 있다.

폴란드의
보따리장수

1990년 당시 바르샤바의 변두리에 암시장이 있었다. 하늘만 가린 임시 건물로 없는 물건이 없다고 해서 가보았다. 30여 가게가 노점형식으로 줄지었으나 옷가지와 식료품, 채소, 과일이 위주였다. 국영식품점에서 보기 어려운 싱싱한 포도와 사과도 있었다. 물건이 많지는 않았다. 외교관 번호판을 단 승용차가 오더니 포도와 사과를 싹쓸이해 갔다. 몇 개 사려고 곁에서 지켜보며 기다리다가 낭패를 봤다.

가격은 일반 상점보다 2~5배나 비쌌다. 노점상 가격이 오히려 비싼 이유는 노점 거리에 와서 봐야만 아는 현실이다. 시중에서 보기 어려운 싱싱한 육류도 있었다. 쇠고기 1kg이 3만 즈워티. 물론 질이 떨어지는 고기가 시내 상점에서는 8천 즈워티였다. 스위스제 초콜릿은 1개가 1만2천, 소시지는 1만 즈워티였다. 폴란드 1인당 평균소득 13만 즈워티에 비하면 엄청 비싼 곳이 노점상이었다.

한 가게에는 농심라면과 카레도 전시되었다. 엄청 반가워 가격을 물었더니 한국 돈으로 대략 5천 원쯤이었던 것으로 기억한다.

폴란드는 다른 동유럽 국가와는 달리 처음부터 집단농장제로 가지 않았지만 사회주의 정책은 따라야 했다. 농경지 90%가 개인농 소유이지만 생산 품목과 양은 국가가 결정해주었다. 때문에 생산성은 낮을 수밖에 없었다. 다만 일부 경작지에 작물과 채소, 과일을 경작할 수 있어서 식량난을 겪지는 않았다.

농기구도 개인 소유였다. 일손이 부족해 영농이 어려웠고 농작물 수확과 판매체계가 제대로 수립되지 않았다. 채소의 경우 유통과정이 붕괴되어 생산에서 판매까지 평균 한 달이 소요되고 그 과정에서 많은 양이 썩어나갔다.

이처럼 폴란드는 공산주의의 계획경제 체제에 따라 움직이면서도 개인에 한해 자유시장 원리도 일정 부분 인정해주는 경제정책을 펴왔다. 그 대표적인 사례가 보따리장수였다. 공산정권 시절에 폴란드인의 보따리장사는 유럽에서도 유명했다. 서베를린의 베를린장벽 부근, 부다페스트 시내, 빈의 다뉴브(Danube) 강변은 폴란드인이 가져온 각종 잡화의 시장으로 규모가 크지는 않지만 늘 점포가 문을 연 곳이었다.

1990년 가을부터는 보따리장수가 서울까지 진출했다. 이들은 국경을 넘어 소련 땅인 브레스트로 가서 전세 낸 아에로플로트를 타고 서울을 왕복하는 것이었다. 바르샤바 주재 한국 대사관 직원은 비자신청명단에는 낯익은 이름도 많으며 11월 중순까지 신청한 숫자만도 6백여 명이라고 말했다. 4박 5일 동안 드는 비용은 항공료 450달러(약 50만 원), 5일간의 체재비 150달러였다.

이들은 유스호스텔에 머무르며 주로 남대문시장과 동대문시장, 청계천, 이태원까지 돌며 옷, 양말, 내의류, 신발, 안경테, 액세서리 등 신변잡화를 구입했다. 구입금액은 몇천 달러이지만 컨테이너를 이용하는 사람은 수만 달러가 넘는다고 했다.

도매상인 레흐 마레크(Lech Marek) 씨는 "지난 11월 소매상 여러 명과 함께 서울을 다녀왔으며 나는 5만 달러어치의 의류를 사왔다"고 말했다. 이들이 가장 불편해 하는 것은 돌아올 때 소련 국경과 세관을 통과하는 데 7시간이나 걸린다는 것이었다.

돌아오는 비행기에는 온갖 짐 보따리로, 화물 속에 파묻혀온다고 했다. 이렇게 들여온 상품은 중간상인을 통해 크라코우, 카토비치, 포즈난 등지로 팔려나간다.

이들이 서울행을 개척한 이유는 그동안 적은 비용으로 손쉽게 물건을 구입할 수 있었던 베를린(왕복 20달러)과 빈(15달러) 통로가 10월부터 닫혔기 때문이었다. 그동안 무비자였던 독일과 오스트리아가 동유럽 난민 유입을 억제하기 위해 비자 발급을 아주 까다롭게 했기 때문이라고 했다.

한국 상품은 폴란드 내에서도 고급으로 여겨 시내 중심가의 가게에서나 볼 수 있었다.

바르샤바 시내에서 가장 높은 건물인 문화궁전. 폴란드 사람들은 이를 스탈린이 지어준 흉물이라고 부른다. 이 건물 앞에 늘어선 수백 개의 가게 중 한국 상품을 취급하는 마레크 씨도 3차례나 서울을 다녀온 상인이다. 공무원 출신이라는 그는 "예상보다 서울 물가가 비싸지만 가격에 비해 품질이 좋아 우리가 찾아가는 것"이라고 말했다.

포럼 호텔 건너편에 있는 '모다폴스카'('폴란드의 멋'이라는 뜻)라고 쓰인 광고판 아래에 줄지은 옷가게에는 한국산 앙골라 스웨터가 150~200달러, 양말 한 켤레는 3달러, 신발은 60달러로 표시되었다.

상인을 모집하는 T여행사나 단골상인들도 좀처럼 이 비즈니스의 내막을 이야기하지 않는데 "괜찮은 사업이기 때문"이라고 했다.

마레크 씨가 서울행 보따리 장사는 일시적이라고 보는 이유는 폴란드인의 구매력 하락과 소련 비행기의 항공료 인상, 서울 물가의 상승 때문이라고 설명했다.

제 5 부

이웃사촌
헝가리

Republic of
Hungary

무척 궁금한
한국의 발전

1989년 12월 중순, 난생처음으로 공산국가에 들어가던 날 마음에는 약간의 두려움과 호기심이 교차했다. 이미 우리나라 대표부와 KOTRA가 있기에 걱정하지는 않았지만 어린 시절부터 공산국가는 이마에 뿔이 난 붉은 악마 같다고 배웠기 때문이다. 독재, 잔인함, 처형과 유형, 음흉함이 공산국가에 대한 이미지였다.

그런 나라의 국민은 어떻게 사나? 무엇을 하며 생활은 어떤지? 자유와 양심, 지식과 권력, 복종과 저항, 이념과 현실 등 삶과 인간적 가치에 대한 궁금증이 일기도 했다. 또 기자로서 활동영역이 앞으로 얼마만큼 넓어질지도 관심거리였다.

공산국가 헝가리이지만 우랄알타이어 계통이라 우리 민족과 같은 혈통이라는 점에서, 얼굴 생김새가 동양적이고 몽골반점이 있으며 주소를 쓰는 순서도 한국과 같다는 점에서 갈수록 친근감이 들었다.

헝가리의 부다페스트 공항에 도착하던 날은 진눈깨비가 내리는 우중충하면서도 쌀쌀한 날씨였다. 도시 전체가 어두운 느낌을 주었다. 한국에서는 굴러다니지 않을 정도로 고물인 소련제 라다 택시나 승

© 최맹호

1989년 당시 부다페스트에서 가장 번화했던 바시 거리의 모습.

용차는 검은 매연을 뿜고 다녔다. 버스와 트럭은 더 심했다. 도시의
건물도 때가 묻어 검은 색이었다. 흰색 와이셔츠는 반나절 만에 목
주변이 시꺼먼 색이 됐다. 매연을 머금은 안개는 시내 중심가를 흐
르는 강과 도시를 뒤덮어 숨쉬기조차 힘들었다.

언덕 위에 자리한 부다 지역의 성벽과 교회 건물이나 거기서 바라
보이는 강 아래 페스트 지역의 의사당 건물도 검었다. 강 하류 언덕
에서 시내 전체를 바라볼 수 있는 곳에 세워진 소련군 전승기념탑과
붉은 별, 레닌동상이 소련의 위성국가로서, 공산국가로서의 이미지
를 더욱 강하게 해주었다.

서울의 명동처럼 부다페스트 시내에도 100m 가량 되는 보행자 전
용거리가 있다. 이름은 '바시'(Váci) 거리. 패션의 거리이자 젊은이의

장소였다. 이 거리와 강변에 붙은 인터콘티넨탈 호텔의 테라스에서 아이스크림을 핥는 것이 젊은이에게 선망의 대상이었다. 시민도 무료함을 달래기 위해 이 거리를 찾아서인지 오가는 인파가 많았다. 환전하라며 접근하는 암달러상도 수시로 만났다.

10년 뒤의 모습은 정말 강산이 변한다는 말이 실감났다. 2000년 부다페스트를 다시 찾았을 때 시가지는 전혀 다른 모습이었다. 도시 전체가 밝아졌고 깨끗해졌으며 매연차량도 사라졌다. 검고 우중충하던 의사당 건물은 완전히 새로 지은 건물처럼 우아함을 보여주었다. 무엇보다 공산정권과 함께 어두웠던 이미지는 사라지고 시민의 미소와 밝은 표정 속에 생동감이 넘쳤다.

부다페스트(Budapest)는 가운데를 흐르는 다뉴브 강을 사이로 언덕 쪽이 부다(Buda), 의사당이 있는 아래쪽이 페스트(Pest)로 구분되었다. 페스트 지역 강변에 자리한 현대식 건물 3개 중 하나가 포럼 호텔이고 그 건물에 한국대표부가 있어 태극기가 펄럭이는 모습이 인상적이었다. KOTRA 사무실은 한참 떨어진 마르기트(Margit)라는 섬에 있었다. 정식외교관계 수립은 1989년 2월이었지만 이미 수교상태나 다름없었다. 한국의 경제력과 경제성장 방법이 공산국가의 문을 열게 만든 원동력이었기 때문이라 생각한다.

사회주의 경제의 정체에서 벗어나려는 개혁·개방의 시점에서 한국은 그들에게 무척 좋은 모델의 하나였다. 취재차 만난 기업인이나 대학생, 정부기구의 관리나 연구원도 한국에 대한 높은 기대감을 가져 부담스러운 점도 있었다.

헝가리경제계획연구소의 카다르 소장은 "한국이 30년 만에 어떻게

부다페스트의 랜드마크인 헝가리 국회의사당. 1904년에
완공된 이 건물은 유럽 각국 의사당 가운데 가장 오래되었다.
공산정권 시절에는 의사당 돔 꼭대기에 붉은 별이 달려있었다.

경제발전을 이루었는지, 그 원동력, 한국인의 근면성과 인내심이 어디서 나오는 것인지가 무척 궁금하고 연구대상"이라고 말했다. 칼마르크스대학(현재는 코르비누스대학으로 바뀜)에서 경제학을 공부하는 페렌치 군도 "학교에서 마르크스 경제를 공부하면서 케인즈 이론도 배우는 과도기"라며 씁쓸하게 웃고는 "한국이 어떻게 30년 만에 경제발전을 이루었는지 연구하는 것이 인기과제"라고 말했다.

한국에 대한 관심이 엄청 높았다. 올림픽은 물론 학생데모, 전두환 전前 대통령의 동정, 3김씨의 정치적 행보까지 관심을 보이는 시민도 있었다. 헝가리에서 그만큼 한국 뉴스가 자주 보도되었다. 학생의 시위, 전직 대통령에 대한 비판 등 자유로운 움직임을 이해하지 못했다.

일반 시민도 한국에 대해 매우 부정적 이미지를 가졌다고 했다. 1960년대 사진에 거지가 많고 아주 가난한 나라일 뿐이라고. 내가 공산국가를 악마처럼 생각했던 것과 꼭 같은 느낌이었다. 인간에 대한 가르침이 아니라 이념과 체제가 다른 데서 오는 교육 때문이었다. 그런 이미지는 서울올림픽을 통해 보도되는 서울을 보고 완전히 바뀌었다고 한다.

　공산당 스스로 개혁의 길로 나서긴 했지만 그때까지도 당의 지침이 행정부나 언론기관에 내려졌다.　부다페스트에서 발행되는 〈마자르〉(Magyar Nemzet) 신문의 부주필 조셉 씨는 "당에서 보도지침이 내려오는데 논의 중인 헌법이 개정되면 언론자유도 상당히 확대될 것"이라고 전망했다.

　부다페스트를 찾는 횟수가 늘어날수록 헝가리 민족인 마자르족의 얼굴에 우리 민족의 모습이 보이지만 우리와는 달랐다.　노벨상 수상자 9명 모두가 의학과 물리학 분야이다.　또 전 세계에서 런던 다음 두 번째로, 유럽대륙에서는 처음으로 1890년 지하철이 건설된 역사를 보면 과학과 기술에서 헝가리는 한국보다 선진국으로 보였다.

헝가리 국왕이 살았던 왕궁인 부다 성(城). 세계문화유산에 등재되었다.

죽은 사람의
손톱도 자란다

폴란드보다 먼저 내부개혁과 변화를 추구한 나라는 헝가리였다. 시
대상황과 국민이 요구하는 측면도 있었지만 공산정권 지도부가 먼저
변화의 필요성을 절감하고 개혁을 추진해왔다.

1956년 헝가리 봉기 이후 집권했던 야노스 카다르(János Kádár) 서
기장이 1988년 5월에 물러나고 그로스 서기장이 들어서면서부터 그
해 10월부터 공산당의 자체개혁이 본격화됐다. 당의 지도부도 서기장
중심에서 4인 집단지도 체제로 바뀌었다.

정치학자 아틸라 애그 박사는 "1988년 10월에 열린 전당대회에서
지도부가 스스로 개혁으로 방향을 잡고 다당제 도입, 당명과 조직
을 개편하기로 했다"면서 "붉은 별로 상징되는 각종 심벌과 강변 언
덕에 있는 레닌동상과 소련군 전승기념비도 조만간 사라질 것"이라
고 말했다.

다당제가 도입된 후 1990년 3월 시행된 자유총선거 유세에서 제 1 야
당인 민주포럼의 조셉 안탈(Joseph Antall, 민주화 이후 총리 역임) 대표는
공산당 후보의 점진개혁주장에 대해 "죽은 사람의 손톱도 자란다"며 "공

2차 대전 후 처음으로 실시되는 자유선거에서 처음으로 탄생한 야당인
헝가리민주포럼(MDF)의 포럼 선거운동에 시민들이 구름처럼 몰렸다.

산치하에서 40년간 징역을 살다가 나왔는데 뭐가 두려워 우물쭈물하느
냐!"고 외치고 다녔다.

　헝가리 정부는 이때 부다페스트의 내외신 기자에게 전후 첫 자유총
선거 취재를 무제한 허용했다. 나는 그날 투표소 10여 군데를 둘러봤
다. 11구 제 4투표소는 초등학교 건물. 80대 노부부가 팔짱을 끼고 나
왔다. "다시는 공산국가가 되는 일이 없어야 한다"고 했다. 7구 제 25투
표소에서 만난 치지 줄라니 씨는 "내 생애는 이제 끝났고 다음 세대에
희망을 주는 일어야 할 것"이라고 했다.

　제 3투표소에서 만난 키스 야노스라는 노인은 "내 평생 이런 것은
처음"이라며 감격하는 모습이었다. 제 55투표소에는 개혁론자인 포

즈가이가 출마했으나 아쉽게도 낙선했다. 개혁주체이긴 하지만 공산당 정치국원이라는 이유에서였다. 공산당에 대한 헝가리인의 인식을 보여주는 사례였다.

선거결과 헝가리 공산당은 4위로 추락했다. 야당인 민주포럼이 압승했다. 내가 만난 사람 대부분은 소련의 개혁·개방 정책에 '그건 그 나라 사정'이라며 큰 비중을 두지 않았다. 한 언론인은 "진동을 느끼는 정도"라면서 "다만 소련의 개혁이 성공해야 헝가리에 도움이 된다"고 말했다.

아바르 이스트반 같은 의원은 "소련과의 무역에서 우리가 수입할 때는 미국 달러를 달라고 하고 우리가 수출하면 소련은 우리에게 루블로 지급하는 얌체 짓을 하고 있다"며 헝가리인의 반소련 감정은 뿌리도 깊음을 일러줬다.

이 나라의 본격적인 개혁은 1989년 10월에 시작되었다. 나는 공산주의 청산을 내용으로 하는 전당대회를 취재하러 갔다. 7일부터 시작된 공산당 전당대회는 공개로 진행됐다. 이례적이었다. 개혁방향을 놓고 갑론을박이 진행되던 회의는 8일 레조 니에르스 정무장관의 발언으로 결론이 났다. 그는 개혁의 필요성과 방향을 제시하면서 "스탈린식 사회주의 체제는 우리의 정치·사회·경제 및 도덕적 가치와 기준에 맞지 않는다"며 '공산당 종식'을 공식 선언했다. 또한 "민주주의는 자유 그 자체이며 이보다 더 큰 자산은 없다"는 명연설로 헝가리인의 마음을 사로잡았다. 박수와 함성이 한참동안 이어졌다.

임레 포즈가이(Imre Pozsgay) 정치국원도 "우리는 스탈린주의와 프롤레타리아 독재를 거부한다"며 개혁방향을 지지했다.

집무실에서 필자와 인터뷰하는 헝가리 공산정부의 개혁론자 니에르스 정무장관.   ⓒ 최맹호

    당시 당의장을 맡았던 니에르스 전 정무장관은 후일 나와의 만남에서 "고르바초프가 헝가리 공산당 개혁내용을 알기 위해 2시간이나 기다려 전화를 했을 정도로 관심을 보였다"고 뒷이야기를 해주었다.

    1989년 6월에 거행된 임레 나지(Imre Nagy)의 장례식은 헝가리인의 가슴을 울렸다. 그 광경이 새롭다. 나지 전 수상은 1956년 소련통치에 저항, 민주적 개혁을 주도하다가 체포되어 혹독한 고문을 받고 교수형에 처해진 인물이었다.

    그의 장례식은 처형된 지 31년 만에 민주세력의 주도로 거행됐지만 거의 전 국민이 추도에 동참했다. 부다페스트 시내의 영웅광장에서 치러진 장례식에는 10만여 명이 모였다. 건물마다 검은 천이 드리워지고 전국적으로 1분간 추모묵념을 올렸다. 공산당 간부도 정치국원이 아닌 정부기관장의 자격으로 참석했다. 미클로스 네메스 총리, 포즈가이 정무장관, 피터 메기에시 부총리, 마티아스 조로스 국회의장 등이었다.

식장 전면 단상에는 "그는 우리 속에 살아있다. 그는 가지 않았다"는 내용의 헝가리어 플래카드가 국기와 나란히 걸렸다. 장례식은 오전 9시부터 오후 6시까지 계속됐고 국영TV가 2시간 동안 생중계하는 이례적인 일도 벌어졌다. 주최 측은 나지 전 수상과 함께 1956년 부다페스트 봉기를 앞장서 이끌었다가 처형된 260명의 이름을 부르고 당시 그들의 직업과 나이도 일일이 소개했다. 그 시간만 3시간이나 됐다.

장례식 날 묘하게도 야노스 카다르 전 서기장이 사망했다. 그는 부다페스트 봉기를 탄압하고 나지 전 총리를 처형하는 데 앞장섰으며 헝가리를 30년간 강권통치한 골수 공산주의자였다. 그의 사망 뉴스는 다음 날 간략하게 보도됐다.

부다페스트 봉기는 헝가리 민주화 운동의 시발점이었다. 흐루쇼프 당시 소련 서기장이 공산당 비밀회의에서 스탈린을 비판한 것은 1956년 2월. 동유럽에서 스탈린 추종자들도 자연스럽게 교체됐고 모스크바의 통제가 느슨한 틈을 타 자유의 열망이 일기 시작했다.

그 첫 번째가 부다페스트 봉기였다. 그해 10월 하순부터 시작된 자유화 시위는 석 달간 계속됐고 헝가리에 주둔하던 소련군이 투입되면서 비극으로 끝났다. 소련의 강경무력진압으로 2만여 명이 사망했고 2만5천 명이 구속됐다.

처음에는 대학생이 정치적 자유와 개혁을 요구하는 16개 항을 발표하면서 시위에 들어갔다. 군의 일부도 가담했다. 이들은 스탈린 동상을 끌어내리고 소련군의 철수를 요구했다.

당시 수상이던 임레 나지의 국정개혁안은 소련의 안보 및 대외정책과 정면으로 배치되는 내용이었다. 개혁안의 핵심은 바르샤바 조약에서 탈퇴하고 중립국을 선언하며 유엔의 개입을 요청했다.

11월부터 소련군이 본격적으로 투입되면서 전국적으로 산발적으로 저항했으나 무력진압에 속수무책으로 무너졌다. 소련의 꼭두각시인 야노스 카다르가 이끄는 강경보수정권이 들어서면서 2만여 명이 추가로 체포되어 투옥됐다.

헝가리인은 '1956년이 없었다면 1989년도 없을 것'이라며 당시 자유화 투쟁의 의미를 높게 평가했다.

수교 후 우리나라의 초청을 받아 방한 직전에 나와 인터뷰한 아르파드 곤츠(Árpád Göncz) 헝가리 대통령도 당시 체포되어 종신형을 선고받아 6년간 복역하고 나온 후 직업을 갖지 못했다. 옥중에서 독학한 영어실력으로 어네스트 헤밍웨이(Ernest Hemingway), 존 업다이크(John Updike), 윌리엄 포크너(William Faulkner) 등 영국과 미국 작가의 작품을 번역했고 자서전적 소설인《크리스마스 농장》은 이데올로기라는 미명 아래 인정과 감정이 메말라버린 어두운 시대의 헝가리 모습을 묘사한 것으로 한때 지하출판물의 베스트셀러였다고 말했다.

자신은 글을 쓴다는 핑계로 건달로 생활했고 생계는 그의 부인 수잔나 여사가 공장직공으로 일하면서 꾸려왔다며 웃었다. 인터뷰에서 그는 "우리는 사촌 간"이라며 "특히 한국의 경제적 성공은 친척이 성공한 것 같아 뿌듯한 마음으로 제3국에 자랑스럽게 이야기할 수 있는 가치"라고 대견해 했다.

인터뷰 때 그는 북한 유학생의 뒷이야기도 들려주었다.

"1956년 부다페스트 봉기 때 헝가리에 유학 중이던 북한 학생들도 참가했다. 그들 모두 붙잡혀 북한으로 돌아갔는데 어떻게 됐는지, 또 한국과 수교 이후 헝가리에서 공부하던 북한 유학생들도 1989년 여름 어느 날 갑자기 사라졌는데 그들의 운명도 어떻게 됐는지 궁금하다."

헝가리의 북한 유학생들은 짐을 챙길 시간도 없이 어느 날 소집되어 사라졌다. 여름방학이 지나도 유학생들이 돌아오지 않자 학교 측에서 거주지를 파악해 본 결과 공부하던 책과 입던 옷가지, 음식이 그대로 남아있었다고 했다. 소지품을 챙길 시간을 주지 않고 갑자기 소집해 데려갔던 것으로 파악됐다.

그해 9월 북한의 "헝가리 유학생 강제소환"이라는 기사를 보내고 나서 후회했다. 유학생들이 그나마 해외경험을 가진 북한 내 유일한 변화가능 그룹이라는 점에서 이 기사가 그들에게 좋지 않은 영향을 줄지도 모른다는 생각에서였다.

북한은 그 후에도 폴란드와 체코에 보냈던 유학생도 모두 소환해 간 사실을 확인했지만 기사화하지는 않았다. 개혁·개방의 바람을 불러일으킬 수도 있는 젊은이들이라 그들에게 거는 일말의 기대 때문이었다.

카롤리 그로스(Károly Grósz)는 헝가리 공산당 서기장이었다. 32년이나 집권한 야노스 카다르가 건강상의 이유로 사임한 1988년 5월에 서기장으로 지명됐지만 권력을 행사하지는 않았다. 국민의 개혁·개방요구가 상당한 수위에 올랐으며 곧바로 공산당 4인 집단지도 체제가 작동됐기 때문이었다. 레조 니에르스 정무장관, 기율라 호른 외무장관, 임레 포즈가이 등 3명이 개혁주도 세력이었다.

그로스 서기장은 1990년 총선에서 소속정당이 실패하자 당을 떠났으며 1996년 65세의 나이로 사망했다. 신장암이었다.

집단농장을 찾아

공산국가의 집단농장 취재는 참 힘들었다. 어느 나라든 잘 보여주려고 하지 않았다. 계획경제, 국유화, 계급철폐와 평등이라는 마르크스 경제의 실패현장이기 때문이라 짐작했다. 헝가리에서도 정부허가를 받는 데 6개월이나 걸릴 만큼 어렵사리 취재를 허가받았다. 혼자서 취재하러 돌아다니는 것은 허용되지 않으며 공보부서 직원의 안내를 받아야 했다. 부다페스트에서 가장 가까운 집단농장을 방문했다. 교외전철과 버스를 타고 1시간 30여분 만에 도착한 집단농장의 입구간판은 '10월 협동농장'이라고 쓰여 있었다.

이른 봄철이라 농사일하는 모습은 보이지 않았다. 깨끗하게 정돈된 모습이지만 황량하고 무엇인가 덜 채워진 느낌을 주었다. 미리 연락받은 경비원 겸 안내원인 50대 부인 2명이 야전캠프처럼 느껴지는 농장본부로 안내했다.

10월 협동농장의 책임자는 리카르드 레들(Ricard Ledl). 부다페스트 근교의 커들러농과대학에서 동물유전학을 공부하고 한동안 지방정부에서 근무한 뒤 1980년부터 10월 농장책임자로 발령받아 근무하는 중

집단농장의 책임자인 레들 씨(위).
부다페스트 외곽에 자리한 집단농장의 모습이다.
입구에는 '10월 협동농장'이라는 간판이 걸렸다(가운데).
입구를 지나 농장 안으로 들어가면 주택가가 나온다(아래).
ⓒ 최맹호

이었다. 40대 중반이라는 그는 현황에 대해 한 시간 가량 자세히 설명해주었다. 농장의 전체면적은 5천7백ha, 이 중 농지는 3천5백ha, 산림이 1천ha, 나머지는 초원 지역이었다. 집단농장의 종사원은 모두 4천4백여 명(이 가운데 여성이 45%)이며, 근로자가 3천2백 명이고 나머지는 연금생활자였다. 이외에도 사무직원, 식당 등 종업원으로 8백 명이 더 근무했다.

농장에서 생산되는 품목은 농산물뿐만 아니라 임산물, 축산, 가공까지 한다고 했다. 총자산은 22만 달러, 연간수입은 42만 달러로 농산물이 37%, 공산품이 47%, 나머지는 식료품 등이라고 했다. 집단농장이라는 이름과 달리 업종이 다양했다.

레들 씨는 이만한 규모의 협동농장은 전국에 10개뿐으로 10월 농장이 그중에서 가장 모범적으로 운영된다고 자랑했다. 실제 그의 사무실에는 상장과 상패, 각종 수상 사진이 벽면을 가득 채웠다.

근로자 대부분은 농장 내 개인주택에서 생활하며 일부는 부다페스트에서 출퇴근하는 사람도 있었다. 작업형태는 오전 7시부터 오후 4시까지 하루 8시간 근무에 주 40시간 근로시간이지만 더 많은 인센티브를 받기 위해 더 일하는 것을 허용했다.

일과 후와 주말은 집에서 부업을 하는데 농장 안 개별농가마다 330㎡(약 1백 평) 정도의 안팎에 텃밭이 딸려있었다. 근로자의 월평균 소득은 1만 포인트(약 330달러)이며 연말 결산 후 우수 근로자에게는 인센티브 상금을 준다. 이 인센티브와 집에 딸린 자영농지에서 나오는 생산품은 개별처분이 가능해 농민의 소득은 도시근로자보다 훨씬 높다고 자랑했다.

농산물은 밀, 수수 등 곡물과 채소가 주종이며 가축은 말 2천5백 마리, 젖소 6백 마리, 병아리가 4백만 마리인데 집에서 기르는 가축까지 포함하면 더 많을 것이라고 했다. 병아리 감별을 위해 한국인이 가끔 온다고 귀띔했다. 초지에서 생산하는 동물사료는 멸균처리되어 서유럽으로 수출한다고 했다.

인센티브와 개별처분소득 인정은 공산주의 이념과 다르지 않느냐는 질문에 "소련의 강제적 집단화와는 달리 헝가리와 폴란드는 개인농을 부분적으로 허용해왔다. 덕분에 소련처럼 극심한 생필품과 식료품 난을 겪지는 않았다"고 설명했다.

농민이나 근로자의 생활모습을 보여 달라고 했으나 난색을 표했다. 대신 농민이 사는 마을을 자동차로 안내하겠다며 차를 몰았다. 백여 가구쯤 되는 주택단지가 농경지의 군데군데 보였다. 집마다 조그마한 비닐하우스가 있었다. 마을 옆 들판에는 채소가 그대로 남았는데 임대를 준 텃밭이라 농장에서 간섭하지 않는다고 했다.

주택 지역인데도 생필품이나 식료품을 파는 가게를 찾아볼 수 없었다. 기본적으로 자급자족시스템이기에 필요 없다는 것이었다. 꼭 필요하면 부다페스트에 나가 구입한다고 했다.

레들 씨는 "시골이 도시보다 수입이 높고 살기도 좋아 이곳으로 들어오려는 신청자가 대기하고 있을 정도"라고 말했다. "집집이 TV와 냉장고는 기본적으로 갖추고 살며 좀 약삭빠른 사람들은 오디오와 비디오까지 갖고 있다"며 씩 웃었다. 때문에 집단농장으로 들어오려는 희망자도 늘어나는데 1년 동안의 성과를 보고 정식 농장원으로 받아들일지를 결정한다고 했다.

레들 씨는 월 4만 포린트(약 1,330달러)를 받는데 660㎡(약 2백 평)의 택지에 아담한 2층 집에 살았다.

공동작업이 생산성이 있느냐는 질문에 그는 개인별 인센티브 시스템을 적용하기 때문에 생산성이 높다며 더 높은 생산성을 위해 인센티브 제도를 더 확충하고 현대식 영농기술과 기계를 도입하는 것이 헝가리 농업을 살리는 길이라고 강조했다. 아울러 1970년대만 해도 1인당 농산물 생산량은 2백kg으로 세계 1위였으며 소련은 70kg에 불과했다 말을 덧붙였다.

안내를 맡은 공보부서 직원은 헝가리의 협동농장은 현재 2,557개로 경작지의 80%에 해당하며 나머지는 개인영농 지역이라고 설명했다. 공산정권 초기에는 스탈린식 집단화를 추진했으며 개인영농은 1960년대 들어서부터라고 했다.

개인영농 허용을 두고 반사회주의 죄악이라는 주장과 생산효율성을 추구하자는 주장이 격렬하게 대립했다는 것이다. 때문에 처음에는 경작지의 5% 수준에서 시작됐으며 생산효율성이 높아지자 20%까지 확대한 것이며 협동농장에도 인센티브 시스템을 도입하게 된 배경이라고 했다.

집단화는 급여도 적고 연금도 충분하지 않아 공동소유의식이 희박했으며 자연히 생산성이 떨어졌다. 이에 따라 농민의 이농현상이 심해지고 식료품 부족현상이 나타나면서 집단농장의 운영 체제를 바꾸기 시작했다고 했다.

젊은이를 붙잡고 농민의 생활수준을 높이기 위해 보조금을 지급하고 영농기계와 비료, 농약을 대대적으로 공급하기 시작하면서 집단영농의 활성화라는 성공적 측면을 보였으나 농약오염, 기계과다, 과잉고용이라는 또 다른 문제가 생기면서 1980년대 초반부터 다시 위축됐다고 했다.

중산층으로의 소망

부다페스트에서는 오후 3시경이면 러시아워이다. 겨울철은 일찍 어두워지기 때문이라고 짐작했지만 한여름에도 마찬가지였다. 제2의 직장에 가기 때문이라는 사실을 뒤늦게 알았다.

그들은 이것을 부업이 아니라 '2차 경제활동'이라고 불렀다. 화학연구소의 여성 연구원은 오후 4시부터 정부연구기관의 다른 일을 한다. 중앙부처의 중견공무원인 남편과 자신의 월수입은 월 5백 달러. 이 금액은 헝가리 근로자 월평균 소득인 7천 포린트(약 230달러)의 두 배가 넘는 고소득자 가정이다.

오후 3시 넘어 택시를 타면 부업하는 기사를 심심찮게 만난다. "살기 힘들어 부업을 하느냐?"는 질문에 공무원이라는 기사는 "더 잘 살기 위해 2차 경제활동을 하는 것"이라며 웃었다. 또 대학교수라는 또 다른 운전자는 상당히 깊이 있는 이야기를 했다.

"자유의 폭이 넓어지면서 생활수준에 대한 관심이 높아집니다. 공산국가에서 교수나 과학자, 의사, 전문직 종사자에 대한 대우는 일반 노동자와 비슷하죠. '평등'이라는 사회적 도그마 때문입니다. 평등이

238

좋지만 그 해악은 천천히 나타나요. 무기력, 게으름, 수동적 자세, 창의성 부재가 그 폐해이죠. 발전에 전혀 도움이 되지 않은 요소입니다. 잘 살아보는 것이 인간의 본성이 아닌가요? 헝가리가 이제 그런 사회적 분위기로 쏠려갑니다. 저도 그중의 한 사람이지만….."

그 교수는 불만이 많았다. 승용차의 경우 5~6년을 기다려야 소련제 소형차인 라다를 살 수 있었다. 헝가리는 코메콘 규정에 따라 버스만 제작하며 승용차를 만들 수 없게 되었다. 이건 소련의 횡포이다. 통신사정은 사회주의 국가의 공통현상으로 집 전화를 신청하면 7년을 기다려야 했다. 주택난도 심해 한 집안에 여러 세대가 사는 경우가 많은데 "동양식 대가족제도는 결코 아니다"며 웃었다.

개방 정책으로 물가는 오르고 밀려드는 고품질의 외국제품 구입 등 생활수준을 추구하는 경향이 나타나면서 외벌이로는 불가능하기에 부업이 활성화되었다. 인간의 욕구를 한참이나 자극시키는 과도기적 분위기로 보였다.

정부도 2차 경제활동을 공식적으로 인정해주었다. 카다르경제연구소의 한 연구원은 "국내 제품의 질이 국민욕구를 충족시켜주지 않고 인플레로 실질소득이 줄어들어 질 좋은 생필품과 소득하락을 보완하기 위해 부업이 번창한다"고 진단했다.

칼마르크스대학의 피터 살라이(Peter Szalay) 교수는 "2차 경제활동의 규모는 국내 GDP의 10%는 된다"며 "택시의 경우 50%는 개인사업자이지만 나머지는 국영으로 이 택시를 몰고 싶어 하는 사람이 많다"며 예를 들었다. 택시운전자는 외국 돈을 만질 수 있는 기회가 많았기 때문이라고 일러주었다.

칼마르크스대학 학생들이 헝가리의 개혁에 관해 토론하는 모습. © 최맹호

　시민들이 열심히 외화를 모으는 이유는 간단했다. 품질 좋은 외국
산 제품을 사기 위해서이다. 보행자 전용지구인 바시 거리에 1988년
11월에 문을 연 아디다스 상점은 하루 종일 30~40m씩 줄을 서 입
장하는 모습이었다. 독일의 기술지도로 헝가리에서 생산되는 스포츠
용품은 품질 면에서 썩 좋아 보이지 않지만 상대적으로 헝가리 제품
보다는 좋아 인기를 끌었다. 여기서 50m 정도 떨어진 맥도널드 가
게는 밤 9시까지 발 디딜 틈도 없이 북적였다.

　오스트리아 빈의 상가 지역인 마리아힐퍼 거리에는 전자제품을 사
러오는 헝가리인으로 늘 붐빈다.

　사유재산제도의 인정에다 2차 경제활동의 확산으로 공산 체제에서
있을 수도 없는 빈부격차의 모습과 이른바 중산층의 대두도 눈에 띄
었다. 서민적인 페스트보다는 부다의 사록 지역에는 서유럽의 고급
주택과 다름없는 정원이 딸린 2층 주택이 줄지어 늘어섰고 건축 중

240

인 건물도 여기저기 보였다.

공무원이라는 택시기사는 이 동네를 드라이브하면서 "정원이 있는 3백㎡(약 90평)짜리 2층 집값은 150만 내지 2백만 포린트(약 5만 달러 내지 6만6천 달러) 정도"라며 "집주인은 개인사업자나 외국무역을 하는 사람일 것"이라고 짐작했다.

제 6 부

프라하의
봄을 찾아

Czechoslovakia

살벌한 국경

프라하에서 1백㎞ 정도 떨어진 브루노에서 열리는 국제상품박람회를 취재하러 가는 길이었다. 체코 정부는 1989년 5월에 열리는 이 박람회에 처음으로 한국 기업의 참가를 허용했다. 빈에 주재하는 KOTRA 석희안 관장이 이 정보를 알려주었다.

박람회 취재와 관광만 한다는 조건으로 비자를 받고 프라하를 향해 차를 몰았다. 체코에 간다는 건 사실 겁도 나고 무서웠다. 혼자 가기 때문에 트집이라도 잡혀 연행된다면 꼼짝없이 당할 수도 있겠다는 걱정도 스멀거렸다. 냉전시대 공산국가는 기자나 외교관을 간첩혐의로 몰아 구금하거나 추방한 경우가 가끔 있었기 때문이었다. 더구나 체코는 소련이나 동독처럼 공산주의 통치가 가장 강경하고 외국인에게는 경직된 나라로 인식되었기 때문이었다.

빈에서 국도를 따라 북동쪽으로 가면 즈노이모(Znojmo)라는 국경마을이 나온다. 지도상으로는 이곳을 거쳐 가는 것이 가장 빠른 길이었다. 오스트리아 국경초소는 간단하게 여권만 보고 통과시켜주었다. 여기까지는 그래도 잘 정돈된 아담한 집들이 풍요로움을 느끼게 해주었지만 그 건너편으로 넘어가니 눈길에 보이는 풍경이 좀 서글펐다.

　체코 쪽 국경초소는 살벌했다. 말로만 듣던 철의 장막이라는 철조망이 끝없이 늘어선 가운데 국경검문소는 기관단총을 든 군인들이 경비했다. 검문소 양쪽의 망루에는 기관총을 든 군인들이 쳐다보고 망루 뒤의 도로 양쪽에 배치된 장갑차의 총구도 나를 향했다. 판문점보다 더 삼엄했다. 온몸에 소름이 돋았고 긴장됐다.

　파란 제복을 입은 관리는 웃음도 없었다. 엔진을 끄고 보닛과 트렁크를 열고 차에서 내렸다. 그 사람들의 지시였다. 한 사람이 차량을 검사하는 동안 나는 검문소 안으로 안내되어 여권을 확인하고 지갑과 가방을 열어보여야 했다. 가지고 있던 돈의 종류와 금액을 서류에 일일이 기재하라고 했다. 예를 들어 1백 달러짜리 지폐 몇 장에 얼마, 10달러짜리 지폐 몇 장에 얼마, 총액 얼마 이렇게 기록했다. 그리고는 도장을 찍고 건네주면서 돌아올 때 다시 제출하라고 했다. 체류기간에 사용한 금액을 신고해야 한다고 했다. 때문에 환전영수증이나 외화상점에서 구입한 영수증을 모두 챙겨야 했다. 이런 제도는 소련도 마찬가지였다.

　검문소를 통과하는 데 걸린 시간은 30여 분. 마치 3시간이나 된 것처럼 느껴졌다. 국경지대를 벗어나 브루노로 가는 지방도로 주변은 정말 환상적인 자연경관으로 아름다웠다. 가로수인 왕벚나무마다 분홍색 꽃을 흐드러지게 피우고 끝없이 펼쳐진 구릉지에는 파란 밀밭이 녹색 바다처럼 출렁였다. 어쩌다 보이는 농가에도 장미와 튤립, 이름 모를 꽃이 그득했다. 창틀마다 놓인 화분에도 꽃잎이 하늘거렸다.

　손바닥만 한 논과 밭을 갈라놓는 논두렁이 뱀처럼 꾸불거리는 한국의 농촌풍경과는 판이했다. 이렇게 평화롭고 풍요로운 자연의 모습을 찾아보기 어려울 정도였다. 5월의 맑은 햇살이라 정경이 더 선명하고 깨끗하게 보였다. 도로는 포장이 해어지고 보수가 되지 않아 군데군데 패인 자국이 있어 달리기에 시끄러웠고 공중화장실인데도 돈을 내야 일을 볼 수 있어 불쾌감도 들었다. 하지만 싱그러운 공기와 녹색 바다 위를 달리는 기분은 불편함을 잊게 해주었다.

삼성, LG, 대우 등 한국 기업은 체코에서 열리는 박람회에 처음 참가하는 만큼 준비를 많이 했다. 회사마다 자체부스를 만들고 전자제품 안내책자와 간단한 선물을 준비하는 등 많은 신경을 썼다. 한국 기업의 부스에는 오전부터 길게 줄을 섰다. 박람회 기간 5일 동안 매일 그랬다. 제품 구경도 했지만 무엇보다 비닐 백을 얻으려는 사람이 장사진을 이루었다. LG부스는 몰려든 인파로 한쪽이 무너지기까지 했다.

이들에게 비닐 백은 실용적일 뿐만 아니라 외국과 접촉하고 있다는 상징성이 있기 때문이었다. 특히 몰래 갖고 간 플레이보이 잡지를 본 상공회의소 남성 직원의 입은 귀에 걸렸다. 비닐 백은 체코뿐만 아니라 불가리아의 플로브디프에서 열린 박람회에서도 선풍적 인기를 끌었다.

3일째 되던 날 택시를 타고 프라하로 향했다. 취재지역을 벗어나는 것은 위법이지만 박람회 기간에 프라하를 관광차 다녀오면 나중에 들켜도 문제가 없을 것으로 생각했다. 프라하에서 적발되면 그건 그때 대처하기로 하고 무작정 감행한 것이다. 농촌마을에 들러 생활상을 보고 프라하로 가기로 계약한 택시운전사는 "외국인 안내는 허가를 받아야 하는데 못 받았다"며 곧바로 프라하 시내에 내려주고 돌아갔다. 사기를 당했다는 생각이 들었지만 몰랐던 상황이라 도리가 없었다.

다른 동유럽 국가도 마찬가지였지만 민주화 이전에 체코에 입국하기는 정말 힘들었다. 빈에 있는 체코 대사관의 공보관 베라 삼코바(Vera Samkova)는 미모의 중년 여성이었다. 그러나 외모와는 전혀 다른, 차갑고 냉정한 성격이었다. 비자 신청 면담을 하면서 "취재가 아니라 그냥 관광하고 오겠다"는 말에도 "아직은 외교관계가 없어 비자를 발급하기 곤란하다"며 거부했다. 이곳 신문도 어떤 것은 사실대로 쓰지만 어떤 것은 나쁘게 쓰기 때문에 자신도 당혹스러울 때가 많다고 푸념했다.

처음 보는 프라하는 동화에 나오는 도시처럼 아기자기하고 아름다웠다. 반反소련 민주화 시위가 있었던 1968년 '프라하의 봄'이라는 이름을 가진 현장으로 유명한 웬체슬라스(Wenceslas) 광장으로 통하는 구시가지 중심부 호텔에 체크인 후 시내를 구경하고 돌아와 로비에 들어서는 순간 당혹감이 들었다. 3성급인 에브로파 호텔로 기억한다.

김일성 배지를 단 정장 차림의 북한인 30여 명이 서성거리고 있었다. 막 도착해 투숙절차를 밟는 듯 여행가방을 놓고 로비에 기다리는 중이었다. 당황해 하는 나에게 호텔직원이 오더니 귓속말로 "다른 호텔로 가는 것이 좋겠다"고 권유했다. 여권을 맡겼기에 내가 남한 사람임을 알았고 한 달 전쯤 체코의 지방도시에서 유학하던 북한 학생이 서유럽으로 탈출한 뒤라 걱정된다고 했다.

뒷골이 당기고 무척 당황했던 나는 내심 숙소를 바꿔야겠다고 작정하던 차였기에 거절할 이유가 없었다. 혼자였기에 무슨 일이 생겨도 아무도 모를 일이었다. 1987년에는 우리나라 현직 국회의원 아들

체코 쪽에서 본 철의 장막. 소련은 북극해에서 흑해까지
9천km에 이르는 철조망으로 철의 장막을 드리웠다.

이 유럽에서 실종된 사건도 있었고 그해 가을에는 중동 근로자가 타
고 귀국하는 KAL기 공중폭파 사건도 있어 남북관계가 어수선할 때
였기에 더욱 신경 쓰였다. 그 직원은 변두리 호텔에 예약해주었고
택시를 불러 짐을 싣는 것까지 도와주었다.

　옮겨간 호텔은 비교적 크고 깨끗했으나 시내까지는 멀고 밤인 데
다 혼자라 외출할 엄두가 나지 않았다. 저녁에 방으로 전화가 왔다.
영어를 하는 남자였다. 신분을 확인하더니 혼자 외출하지 말라고 충
고했다. 누구냐고 물었더니 "충고대로 따르라"는 말만 하고 끊었다.
내가 몇 호실에 머문다는 것을 누군가 안다는 사실에 한편으로는 섬
뜩했지만 한편으로는 안심이 됐다. 아마 정보기관이나 경찰이 내 신

상을 알고 감시한다는 생각이 들면서 오히려 마음이 놓였다.

취재는 예상대로 어려웠다. 프라하에서 만난 현지 기자도 엄청나게 몸을 사렸다. 라디오프라하의 슬라드카(Sladka) 기자, 공산당기관지인 〈루데 프라보〉(*Rudé Právo*)의 페트리아키(Patriach) 기자는 약속하고도 만나주지 않았다. 인터뷰를 약속했던 주비코프(Jubikob) 상공회의소장도 연락두절이었다. 체코 상황을 설명해준 풀카르(Pulkar) 기자는 "절대 내 이름을 인용하지 말아 달라"고 부탁했다.

반체제 지식인 바츨라프 하벨의 집은 비밀경찰이 감시해 그곳으로 갔다가 잘못하면 내가 체포될 수 있다는 말에 엄두도 내지 못했다.

공기도 무거웠다

프라하에 머물던 3일째, 모스크바 방문을 마치고 귀국한 밀로스 야케스(Miloš Jakeš) 체코공산당 서기장은 기자회견을 통해 "사회적 통제를 강화해야 한다"고 강조했다. 구체적 인물은 거론하지 않으면서도 "사회주의에 반하는 세력과 결연히 싸워나갈 것"이라고 말했다.

소련을 비롯해 동유럽 일부국가에서 불기 시작한 개혁·개방의 흐름을 체코에 스며드는 것을 용납하지 않겠다는 선언이나 다름없었다. 20여 년 전 프라하의 봄을 겪었던 끔직한 과거를 피하려는 듯 정치적 변화나 반체제의 움직임은 드러나지 않았다.

아름다운 5월의 프라하가 무척 무겁게 느껴졌다. 길을 가는 사람에게 말을 걸어도 피했다. 그 당시 체코인에게는 외국인과의 대화금지령이 해제되지 않았다. 특히, 나는 동양인이라 외국인으로 두드러져서인지 더욱 피하는 느낌을 받았다. 심지어 길을 묻는 질문에도 고개를 돌렸다. 가게 점원도 물건 파는 이외의 물음에는 입을 다물었다. "왜 이렇게 불친절한 사람들이냐?"는 물음에 "비밀경찰이 너무 많기 때문"이라고 대답했다.

사회적 통제도 다른 나라보다 심했다. 내가 투숙한 이른바 관광호텔도 서유럽TV는 나오지 않았고 시내 어디에서도 서방 신문이나 잡지를 살 수 없었다. 일반 가정에서도 TV 시청은 체코의 국영TV 2개 채널과 소련TV만 가능할 뿐이었다. 요즘처럼 위성방송은 생각도 못할 때였다.

그래도 방문한 기간이 축제 기간이어서 축제 포스터가 시내 곳곳에 나붙어있었다. 귀에 익은 스메타나(Bedřich Smetana)의 〈나의 조국〉(*Má vlast*), 드보르작(Antonin Dvořák)의 〈신세계 교향곡〉(*Symphony from the New World*), 모차르트의 오페라 〈돈 조반니〉(*Don Giovanni*), 베토벤(Ludwig van Beethoven)의 〈9번 교향곡〉(합창) 등을 시내 곳곳에서 들을 수 있었다. 5월 축제는 스메타나의 사망일인 5월 12일 그의 작품 〈나의 조국〉을 연주하는 것으로 시작해 6월초에 베토벤의 〈9번 교향곡〉으로 끝난다.

안내인은 그래도 종교계 일부를 비롯해 재야단체의 움직임이 있으나 아직 두드러진 행동은 보이지 않는다고 말했다. 기자라고만 소개한 40대 남성은 "우리에게 '페스타브바'(přestavba: 재건이라는 뜻)는 먼 훗날 이야기일 것"이라며 강경보수파의 발언을 들려주었다.

정치국원인 바실 비라크는 모스크바에서 발행되는 신문 〈코뮤니스트〉(*Коммунист*)와의 인터뷰에서 "시장경제의 도입은 노동자 주축의 사회주의 경제 체제에 다이너마이트를 넣는 것과 같다"며 반대 입장을 분명히 했다는 것이다.

18년간 경제를 이끈 류보미르 스트로갈 총리가 1988년 11월 고르바초프의 개혁정책에 대해 "공산주의 경제 체제의 실패에 대한 솔

프라하의 명물 카렐 대교는 젊음과 낭만, 거리의 예술이
충만한 곳이다. 뒤에 보이는 첨탑은 프라하 성 일대이다.

© 김진순

직한 진단과 혁신적 접근이며 그의 정책을 지지한다"고 말했다가 즉
각 해임됐을 정도였다.

　1968년 민주화 시위를 짓밟고 들어선 구스타프 후사크(Gustáv Husák)
정권은 2년 동안 당과 정부를 개편하면서 50만여 명의 당원과 9백여 명
의 교수, 작가동맹의 3분의 1을 축출하고 21개 연구소를 폐쇄했다. 당
과 정부에서 지식인을 쓸어낸 셈이었다. 안내인은 그때 강경세력을 주
도했던 인물들이 아직도 당의 요직에 남아 두렵다는 것이다.

　1968년 프라하의 봄 때 소련군의 침공에 맞서 시내의 웬체슬라스 광

장에서 분신자살했던 칼마르크스대학의 학생이었던 얀 팔라흐를 추모하는 장소를 찾았으나 안내원은 "없다"고 한마디로 잘랐다. 아직은 때가 아니라는 것이다. 안내원은 자신도 들은 이야기라며 "팔라흐 군은 사망 후 프라하 시립묘지에 묻혔으나 사람들의 발길이 잦자 비밀경찰이 유해를 꺼내 화장하고 유골을 시골 어머니에게 보냈다"고 했다.

2002년 여름에 다시 프라하를 찾았을 때 국립박물관 앞의 바닥에 그를 추모하는 청동십자가 모양의 기념물이 만들어져 있었다.

그래도 1987년 4월 고르바초프 소련 대통령이 프라하에 와서 개혁·개방 및 신사고를 주장하고 간 이후 조금씩 변화가 일고 있었다. 두드러진 분야가 경제 부문이었다. 1985년부터 농촌의 사유지를 허용하고 식당, 가게, 택시 등 개인영업을 허가했으며 1989년부터는 외국자본의 진출도 허용했다. 또 노동생산성을 높이기 위한 인센티브 도입을 검토 중이라고 했다.

첨탑 건물 그득한
프라하

취재목적으로 온 것은 아니지만 그래도 기자로서의 욕심이 있어 대학생을 통역 겸 안내인으로 삼아 연구소와 언론사를 방문하려고 했으나 절벽이었다. 대한민국이 아니라 남한은 그때까지만 해도 접촉해서는 안 되는 나라였다. 외국 언론사의 현지 프리랜서도 만나길 꺼려했다.

그래, 안되면 시내구경이라도 하자. 프라하 시민의 생활모습이나 길가의 상가에 진열된 상품의 종류와 질과 가격, 박물관이나 미술관 전시실의 내용을 살펴보는 것도 좋은 취재거리라고 생각했다. 하루 종일 이용할 수 있는 전차표를 구입해 시내를 쏘다녔다.

시내는 어딜 가나 관광객으로 넘쳐났다. 안내책자에는 1988년 한 해 동안 입국한 외국인 관광객이 1천2백만 명이라고 밝혔다. 그러나 대부분은 공산 형제국에서 왔기에 관광수입이 낮았다. 언덕 위의 프라하 성城에서 시내를 내려다보면 고색창연한 건물, 주황색 지붕, 뾰족뾰족한 첨탑과 종탑이 중세도시에 들어온 느낌을 준다. 특히, 날씨 좋은 초여름, 해가 약간 기운 오후 5시경에 성 부근의 전망대에서 보는 시가지는 신비스럽다.

건축사를 공부할 수 있는 현장으로도 손색이 없는 프라하 시내 전경.

이 성 안에 있는 성聖비투스 대성당(St. Vitus Cathedral)을 지나 프란츠 카프카가 성질 고약한 아버지의 눈을 피해 누이동생 집에 살면서 소설을 썼다는 연금술사들의 골목인 황금 소로, 카프카가 머물렀던 황금 소로 22번지는 입장료가 없었으나 2002년 다시 이곳을 찾았을 때 입장료를 받고 있었다. 내리막 골목길을 한참 내려오면 블타바(Vltava) 강을 건너는 석조다리로 11세기에 건축됐다는 카렐 대교가 나온다. 1172년 목조다리로 건축됐다가 홍수로 쓸려간 후 1357년 현재 위치에 세워진 카렐 대교는 폭 10m, 길이 520m로 양쪽에 15개씩 성인이나 체코 역사 속 영웅의 조각상이 세워졌다. 이 다리는 보행자 전용이다.

프라하 구시가가지의 중심에 자리한 옛날 시청 청사 건물.

© 김진순

 거리의 악사, 초상화가, 잡화판매인, 책 파는 사람, 행위예술가의 공연과 인형 쇼가 시작되면 여기저기서 탄성과 박수소리가 들린다. 이 다리를 건너 구시가지 여기저기 흩어진 관광 명소에는 관광객이 물결 흐르듯 넘쳐났다. 특히, 구시가지의 화약고, 얀 후스 동상, 옛날 시청 청사 건물과 이 건물 남쪽 벽면의 오를로이 천문시계(Pražský orloj)는 프라하의 관광명소이다. 더구나 이 천문시계는 1490년 하누쉬라는 시계공이 만들었는데 이 세상에 2개 이상의 걸작을 만들지 못하도록 시계공의 두 눈을 뽑아버렸다고 전한다. 이 시계공은 눈이 없어 볼 수는 없지만 내가 만든 작품을 만져나 보게 해달라는 허락을 받고 손을 대는 순간 시계의 작동이 멈췄다는 애달픈 전설까지 있어 사람을 구름처럼 모았다.

안내책자와 안내원의 설명으로 시내 곳곳을 둘러보고 다시 프라하 성에 올라가 내려다본 시가지는 도시 전체가 '건축 박물관'처럼 느껴졌다. 9세기부터 짓기 시작한 프라하 성을 비롯해 14세기에 건축된 성 성聖비투스 대성당과 카렐 대교, 15세기에 건축된 구 시청사, 화약탑, 18세기에 지은 바로크와 로코코양식의 다운킨스키 궁전(Daun-Kinsky Stadtpalais), 19세기 건축물인 민족박물관과 20세기 아르누보 양식인 시민회관, 뿐만 아니라 구시가지 골목 곳곳에 자리한 다양한 건축물을 살펴보면 시 전체가 천 년 건축역사의 살아있는 현장이나 다름없었다.

수많은 전쟁을 치르고, 특히 2차 대전을 치르고도 온전하게 보존된 도시이며 건물마다 조각과 그림 문양이 아름다움을 더해준다. 길이 1m가량 되는 돌 말뚝을 박아 놓은 골목길은 사람이 밟고 지나간 세월의 더께인지 얼굴이 비칠 정도로 반질거린다.

시내는 맥주를 파는 선술집이 유난히 많았다. 드보르작 박물관 부근의 '우 칼리하'도 흑맥주와 감자전으로 유명한 선술집인데 벨벳 혁명 이후 한국 관광객이 많이 찾는 듯 악사들이 알아보고 〈아리랑〉을 연주하기도 했다.

또 필젠 맥주를 파는 '황금호랑이'(U Zlateho Tygra) 라고 불리는 선술집은 예술가, 작가, 조각가, 지식인이 많이 찾는 곳으로 유명하다. 안내원의 소개로 찾아갔으나 만원이어서 아쉽게도 돌아 나올 수밖에 없었다. 그 후 프라하를 여러 차례 방문했으나 그 선술집에 들를 기회를 얻지 못했다. '황금호랑이'라는 이름과 달리 그림은 호랑이가 아

258

니라 사자로 보이는데 안내원은 유럽에서 호랑이는 전쟁의 잔혹성을
상징하는 동물이어서 잘 쓰지 않는다고 설명했다.

체코의 벨벳 혁명

베를린장벽이 무너진 1989년 11월에 들어서면서 체코에도 민주화 물결이 거세지기 시작했다. 박람회 취재 때 안내해준 프라하에 사는 얀케스라는 청년이 상황을 전해주었다. 1989년 10월 하순에 처음으로 프라하에서 대규모 시위가 있었으나 밀로스 야케스 공산당서기장 명령에 따라 강경진압됐다. 소련의 고르바초프는 체코에 대해 "정치변화가 늦으면 심각한 문제가 발생할 수도 있다"고 언급했다. 이 말은 반체제 인사는 물론 국민의 가슴에 불을 지른 셈이 됐다.

엎드리면 코 닿을 거리인데도 비자를 받지 못해 빈에서 프라하 상황을 취재해야 했다. 빈 주재 일본의 교토통신 미우라 특파원은 현장에 간다고 알려왔지만 나는 도리가 없었다. 그때까지만 해도 체코에는 대사관이나 KOTRA는 물론 한국 기업조차 없었다.

빈에서 발행되는 신문이 상황을 자세히 보도해 이를 토대로 기사를 보낼 수밖에 없었다. 역사적인 현장을 보지 못해 너무나 아쉬웠다. 당시 〈동아일보〉는 석간신문이라 현지시각으로 새벽 2시까지만 기사를 보내면 됐다. 서울 시간으로는 오전 7시니까 오전 10시 30분의 마감시간으로는 충분했다. 밤 10시경 시내에 나가 가판대에 깔린 다음 날 신문 3개를 사와 당일 자 상황 전모를 훑어보고 기사를 보내는 일이 가장 나은 방법이었다.

11월 하순으로 들어 대규모 시위는 거의 매일 벌어졌다. 11월 20일은 20여만 명이 시내 중심가를 행진하며 시위를 벌였다. '자유'와 '자유선거'가 주된 이슈였다. 프라하는 1천 년이 된 도시라 골목길이 많았다. 시위군중은 강경진압의 빌미를 주지 않기 위해 경찰과 부딪치지 않았다. 1968년 프라하의 봄 때 잔혹하게 당했던 역사가 있었기 때문이었다. 경찰이 막으면 다른 길로 돌아갔다고 전했다.

현장이 바로 코앞이나 마찬가지인데 빈에서 신문을 보고 기사를 보내야 하는 게 영 마음에 차지 않았다. 노력은 해보자며 차를 몰고 국경으로 갔다. 처음 체코로 갈 때 통과했던 국경마을 즈노이모였다. 요행을 바랐는데 역시 체코 측 군인이 막아섰다. 외교관계가 없고 비자가 없기 때문에 입국이 불가능하다는 답변만 되풀이했다.

프라하의 시위사태에 관심을 가진 이유는 1968년 사태의 재발여부였다. 동독인의 대탈출과 베를린장벽 붕괴가 체코인에게 민주화의 희망을 준 역사적 전환이기도 했지만 소련이 어떤 대응을 하느냐에 따라 동유럽 국가의 민주화 성공 여부가 달렸다고 봤기 때문이었다.

1968년 프라하의 봄 때 소련은 바르샤바 조약군의 이름으로 5개 국가에서 동원한 탱크 4천6백 대와 16만 병력을 투입해 무자비하게 진압했다. 탱크 숫자는 히틀러의 프랑스 침공 때(2천5백 대)와 소련 침공 때(3,580대)보다 많은 숫자였다. 당시 소련은 유럽에서 제 3차 세계대전을 각오하고 무력을 투입했다.[1]

이번에도 1968년과 같은 사태가 벌어질 경우 동유럽의 민주화는

물 건너가는 셈이었다. 그러나 소련은 이미 브레즈네프 독트린을 포기한다는 입장을 여러 차례 밝혔기 때문에 재발사태를 예상하지는 않았다. 22일에는 시위군중이 급증했고 요구사항도 후사크 대통령과 야케스 서기장의 사임으로 수위가 높아졌다.

야케스는 비교적 충실하게 상황을 전해주었다. 시위는 매일 벌어졌고 참여도 날이 갈수록 늘어났다. 시위시간과 장소, 행동요령까지 담은 사미즈다트(samizdat: 원래 소련 반체제 인사들이 사용한 지하출판물)가 폭발적인 인기였다고 했다. 국영TV가 시위를 생중계하기도 했다.

희곡작가 하벨과 알렉산더 두브체크(1968년 공산당 서기장으로 개방을 이끌다가 체포된 후 20년째 지방에서 산림공무원으로 근무 중이었음) 등 반체제 인사들이 비폭력시위와 변혁을 주도했다. 체코 전역에서 파업과 시위가 벌어졌던 11월 25일 대통령과 서기장이 결국 사임했다. 이른바 피 한 방울 흘리지 않고 성공한 '벨벳(Velvet) 혁명'이었다. 벨벳혁명은 1968년 유혈 혁명과 대칭되는 평화와 비폭력으로 순조롭게 이룩한 혁명의 의미이자 체코인의 자존심을 나타내는 말이 됐다.

일당독재의 체코공산당은 급속히 무너졌다. 공산당의 권력독점을 중단한다고 했고 "1968년 소련의 침공은 부당하다"고 선언했다. 고르바초프 소련 대통령도 "1968년 체코의 개혁운동은 민주주의와 인간적

---

1 프라하의 봄 진압에 동원된 바르샤바 조약군의 병력과 무장 내용은 책자마다 다르다. 영국 옥스퍼드대학 동유럽 역사 담당교수인 크램프턴은 29개 사단, 탱크 7천5백 대, 항공기 1천 대로 기록했다(R. J. Crampton, 1997, *Eastern Europe in the Twentieth Century and After*, London: Routledge, p. 249).

   The Black Book of Communism: *Crimes, Terror, Repression*에 따르면 27개 사단, 탱크 6천백 대, 항공기 8백 대, 야포 2천 문 총병력 40만 명을 투입했다고 한다(Stéphane Courtois, Mark Kramer, 1999, Cambridge: Mass. : Harvard University Press, p442).

사회주의를 요구하는 운동이었다"며 11월의 대규모 민중시위에 정당성을 부여했다. 12월 들어 1968년 프라하 침공에 참여했던 소련과 동독, 폴란드, 헝가리, 불가리아 정부는 사죄성명을 발표하기까지 했다.

1989년 12월 29일 의회에서 대통령으로 선출된 하벨은 오후 늦게 프라하 성에서 취임식을 가졌다. 베토벤의 〈9번 교향곡〉과 체코의 민속음악 작곡가인 베드르지흐 스메타나가 작곡한 〈나의 조국〉이 연주되는 가운데 열렸다.

하벨은 취임사에서 말한 "국민 여러분, 여러분의 정부가 여러분에게 돌아왔습니다!"라는 표현은 참으로 감동적이었다.

그는 3일 후인 1990년 1월 1일 낮 12시에 전국의 TV와 라디오로 생중계되는 신년사를 했다. 후일 영어로 번역된 신년사를 꼼꼼히 읽어봤다. 그는 공산독재의 허구성과 비인간화를 통렬하게 비판하면서 국가의 비전을 민주주의와 활력 있는 자발성에 두고 국민의 공동체 정신을 특별히 강조했다. 그는 "과거 40년의 슬픈 유산을 어떤 친척이 우리에게 넘겨준 생소한 것으로 보는 것은 대단히 현명치 못한 일"이라며 "소중하게 얻은 자유와 민주주의를 우리가 공동으로 책임져야 하며 공동의 일에 무관심하고 독단적이고 이기적이며 개인의 영달을 추구해서는 안 된다"며 공동체 정신을 촉구했다.

그는 체코의 민주화에 대해 "오늘 누리는 자유를 위해 많은 대가를 치러야 했다"면서 "수천 명의 생명이 파멸되고 수십만 명의 재능 있는 국민이 해외로 쫓겨났으며 생각을 자유롭게 했다는 이유만으로 박해받았다"며 이들의 희생을 잊어서는 안 된다고 했다. 소련과 헝가리, 폴란드, 동독 국민의 변화에도 고마움을 표시했다. 이외에도 그가 지적한 공산 체제의 허구성을 비판한 몇 대목을 소개한다.

자칭 노동자의 것이라고 지칭한 국가가 노동자를 천시하고 착취했다.

우리는 도덕적으로 타락하고 병든 상황에서 살았다. 그것은 우리가 말하는 것과 생각을 달리하는 데 익숙해졌기 때문이다.

전임자들은 우리나라가 번영하고 국민은 행복하며 정부는 국민의 신뢰를 받으며 찬란한 장래가 우리 앞에 펼쳐졌다고 했다. 그러나 산업은 전 부문에 걸쳐 아무도 관심 없는 물건을 생산하는 반면 우리가 필요로 하는 물건은 공급이 부족한 실정이다.

그는 국민이 공산주의 허상에서 쉽게 벗어나지 못하는 점을 무척 안타깝게 생각했다. 벨벳 혁명 1주년 기념일인 1990년 11월 18일 대학생들과의 토론에서도 공산치하의 생활이 더 좋았다는 지적에 대해 "생활이 어려워진 것은 사실"이라면서 "허위와 환상이 깨지고 있지 않느냐. 그 체제는 절대로 오래갈 수 없는 체제"라고 설명했다.

그로부터 1년 뒤, 민주화는 됐지만 공산주의의 후유증이 여전한 검은 이데올로기의 그림자를 보고 하벨은 이렇게 탄식했다.

"인간을 타락시키는 데는 반세기가 걸렸지만 이것을 치유하는 데는 몇 세기가 걸릴지 모른다."

에릭 호퍼의 〈선창일기〉가 생각났다. 모세가 노예해방의 어려움을 기술한 대목에 "사막에 다시 데려가 그 세대가 모두 죽고 새 세대가 준비되기까지 40년이 걸렸다"고 그리고 있었다.

변화의 어려움을 절감한 대목이었다.

걷히는 철의 장막

체코의 민주화 과정이 성공적으로 끝난 11월, 민주정부가 들어선 뒤 12월부터 본격적인 개혁작업이 시작됐다. 40여 년이 넘는 공산주의 폐해를 청산하는 순서에 들어선 것이다.

그러던 어느 날 오스트리아 공보처는 빈 주재 특파원들에게 재미있는 행사를 알렸다. '철의 장막'을 체코정부와 공동으로 철거하는 행사로 날짜와 시간, 장소를 안내했다.

12월 17일 오전 10시. 빈에서 40㎞ 정도 떨어진 국경마을 클라인스도르프 마을과 타야(Thaya) 지방은 축제 분위기였다. 알로이스 모크(Alois Mock) 오스트리아 외무장관과 지리 딘스트비어(Jiři Dienstbier) 체코 외무장관이 나타나자 경음악대의 연주 속에 수십 명의 주민이 환호했다. 양국 장관은 붉은 포도주와 흑빵 소금을 조금씩 나누어 먹었다. 고난에서 벗어나 자유와 행복을 영원토록 추구하길 빈다는 의미라고 설명했다.

아버지가 반체제 활동으로 투옥됐을 때 빈으로 넘어와 공부하던 딘스트비어 장관의 딸 모니카 양은 6년 만에 만난 아버지의 품에 얼굴을 묻고 흐느꼈다. 구경하던 마을주민과 취재기자들도 뜨거운 박수로 부녀의 상봉을 축하해주었다.

양국 장관은 같은 차를 타고 30㎞ 정도 떨어진 국경마을로 이동해 환영행사에 참석했다. 딘스트비어 장관은 "이제 이웃을 갈라놓은 장애물은 없어졌다. 다시는 이런 이념의 물리적 장치들이 있어서는 안 된다"고 역설해 박수를 받았다. 모크 외무장관도 "인간의 존엄성은 자유로 지켜지며 벨벳 혁명을 이룩한 체코 국민의 위대함을 존경한다"면서 "이제 장막이 걷히면서 유럽은 한 지붕, 한 가족 이 될 것"이라고 답사答辭를 낭독했다.

국경의 오스트리아 쪽은 마을이 있어 주민이 보였으나 체코 쪽은 철조망 뒤로 군사도로가 개설되었고 잡목 숲이 시야를 막는데 마을은 한참 떨어진 곳에 보였다.

장관 일행은 체코 쪽 국경으로 가 철의 장막 절단행사를 가졌다. 그 자리에 참석한 인물 중 유일한 동양인이었던 내게 모크 장관이 가까이 오라고 손짓했다. 20㎝ 길이로 철조망을 자르고 딘스트비어 장관에게도 부탁해 같은 길이로 자른 뒤 철의 가시장미 2개를 선물로 주었다. 주민에게도 잘라낸 철조망을 나누어주었는데 체코에서 온 주민은 "가장 의미 있는 크리스마스 선물"이라며 즐거워했다.

딘스트비어 장관은 원래 언론인이었으나 1968년 프라하의 봄 때 민주화 운동에 참여했다는 이유로 언론사에서 해고된 뒤 체포되어 3년간 감방에서 보냈다. 직업도 가질 수 없었으며 집에 있던 전화도 빼앗긴 채 고난의 세월을 보내야 했다. 그래도 그는 공산통치에 항의하는 '77헌장'의 초안자 역할을 했다. 1989년 벨벳 혁명 후 들어선 민주정권에서 외무장관에 취임했고 이날 철의 장막 절단행사를 치른 것이었다.

철의 장막 절단행사. 오스트리아의 알로이스 모크(왼쪽)와 체코슬로바키아의
지리 딘스트비어(오른쪽) 외무장관이 철의 장막인 철조망을 자르는 중이다.
오른쪽 여성은 딘스트비어 장관의 딸 모니카 양.

그 후 상원의원을 지냈으며 2000년 빈에서 열린 IPI(국제언론인협
회) 50주년 총회에서 전 세계 자유언론 50인 중의 1명으로 선정됐다.
2011년 대만에서 열린 IPI 연차총회에서 만난 그는 철의 장막 절단행
사 이야기를 하자 나를 알아보며 무척 반가워했다. 2012년 겨울, 외
신에서 그의 부음기사를 보면서 자유를 갈망했던 그의 불그스레한 얼
굴과 흰 머리칼이 떠올랐다.

　절단행사가 끝난 뒤 뒤풀이에서 갑자기 내가 취재대상이 됐다. 북
한의 개방전망과 남북 간 화해, 통일전망 등에 대한 질문공세를 받
았다. 특히 동유럽 국가처럼 민주화 가능성이 없는지에 관심이 높았

다. 특히 북한과 루마니아는 지도자가 죽기 전에는 변화를 기대하기 어려울 것이라는 비관론에서부터 "경직된 체제일수록 오히려 쉽게 무너질 수도 있다"는 낙관론까지 나왔다.

장관을 수행한 오스트리아 외교부의 발렌틴 인즈카 박사는 "한국의 휴전선은 세계에서 마지막 남은 철의 장막"이라면서 "한반도에서도 그 장막이 조만간 열리기를 희망한다"고 위로 섞인 한마디를 던졌다.

이날이 루마니아의 '티미쇼아라'(Timişoara) 라는 소도시에서 혁명의 불길이 일기 시작한 날이었지만 현장에 있던 어느 기자도 루마니아 혁명은 먼 훗날의 일일 것으로 전망했다.

철의 장막을 걷는 행사는 이미 1989년 5월 오스트리아와 헝가리 국경에서 있었지만 출장 중이어서 현장을 보지 못했다. 무척 아쉬워하던 차에 체코 측 철조망을 제거하는 행사를 취재하면서 남북한 간에도 긴장과 대치 국면이 끝나고 평화와 안정 속에 공동발전의 길을 찾을 수 없나하는 아쉬움이 밀려들었다.

양국 장관이 잘라준 철조망 2개는 소중히 간직해오다 당시에 쓴 기사를 복사해 유리함 속에 같이 넣어 동아일보사가 운영하는 신문박물관에 기증했다.

공산범죄 청산

체코는 하벨이 대통령에 취임하면서 정권범죄 청산을 시작했다. 문서고를 샅샅이 뒤져 1968년 '프라하의 봄' 진압을 요청하는 편지에 서명한 공산당 고위간부, 인권탄압 주도자를 법정에 세웠다. 강경파 공산당원으로 모두 169명. 그러나 한 사람도 감방에 보내지는 않았다. 대신 양심과 인륜을 배반한 도덕적 처벌로 마무리했다. 감방보다 더 부끄럽게 만든 지혜를 보여주었다.

밀로스 야케스 체코공산당 서기장의 재임기간은 1987년부터 1989년 11월까지 2년에 불과했다. 개혁거부 동유럽 4인방 가운데 1명이었다. 그도 2003년에 법정에 섰다. 증거부족으로 형을 선고받지는 않았다.

대신 요셉 레나트 정치국원과 야로미 오브지나 내무장관은 국가배신행위, 반체제 인사 탄압혐의로 가택연금에 처해졌다. 내무장관은 지식인을 포함 반체제 인사 40만 명의 직장을 빼앗고 수백 명을 투옥한 혐의였다.

공산주의의
흔적을 지워라

프라하 시는 1992년 말까지 공산주의 냄새가 나는 이름을 바꾸는 작업이 한창이었다. 시 의회 주도로 진행되는 개명작업은 공산주의 흔적뿐만 아니라 과거 식민지배의 어둠까지 완전히 걷어내는 의식혁명의 차원에서 추진되었다. 체코의 고유한 전통과 역사적 인물로 대체하는 작업은 명예회복과 자존심 및 뿌리 찾기 노력의 하나로 전 시민의 공감을 얻었다.

시 의회는 1992년 초에 로만 라라이 박사의 주도로 지정학 연구위원회를 발족시키고 시민, 정치인, 역사학자, 언어학자로부터 대상명칭에 대한 제안을 받고 고증작업을 거쳐 하나씩 고쳐나가는 중이었다. 이 위원회에서 채택된 이름은 해당 지역에 사는 주민의 투표를 거쳐 최종 결정된 후 표지판에 붙여졌다.

변경 대상은 거리뿐만 아니라 광장, 공원, 교량, 지하철 역 등 5백여 개나 된다. 바뀌진 이름의 대표적인 지명을 보면 소련의 볼셰비키혁명을 상징하는 1구의 '11월7일 거리'는 1989년 민주혁명을 기리는 '11월의 거리'로, '소련군탱크의 광장'은 '역사의 광장'으로 바뀌었다.

6구의 '붉은 군대의 거리'는 나치 시절 반대운동을 하다가 체포되어 처형된 전 프라하 시장 '클라포바'로, 중남미의 유명한 공산주의 게릴라였던 체 게바라의 이름을 딴 '게바로바 거리'는 고대 체코의 전쟁 영웅이었던 장군의 이름으로, 1956년 폴란드 봉기 때 진압군사령관이었던 소련장군 '로코숍스키 거리'는 11세기 폴란드에 처음으로 성지를 세웠던 체코인 '흐네젠스카 거리'로 변경됐다.

특히, 1984년 북한 김일성의 체코 방문을 기념해 6구의 한 거리에 붙였던 '코레이스카 거리'는 옛 전승지였던 '마르네 거리'로 바뀌었다.

이외에도 1993년부터 분리독립하는 슬로바키아 공화국과 관련된 이름도 지워간다. 프라하에서 슬로바키아 이름을 없애기로 함에 따라 슬로바키아의 수도 브라티슬라바(Bratislava)에서도 체코의 흔적을 지우기로 해 민족감정의 앙금을 보여준다.

프라하 시 측이 밝힌 개명이유에 대해서는 "거리나 광장 등의 명칭이 우리 민족의 수난만큼이나 많은 오욕의 역사를 갖고 있기 때문"이라고 한다. 근세만 봐도 오스트리아 · 헝가리(Austria-Hungary) 제국의 지배에서 벗어난 1918년부터 개명작업을 진행해오다 1939년 나치의 침공으로 무산됐다. 더구나 1948년 공산화 이후 거의 모든 거리가 공산주의 사상이나 활동가 또는 관련사건의 이름을 딴 붉은색으로 바뀌었다. 당시 체코의 공산당 지도부가 적극적으로 채색한 결과이기도 했다.

그러나 민주주의라는 새 시대, 체코 공화국이라는 오롯한 새 역사를 세운 국민은 불운한 역사와 오도된 이념의 청산 차원에서 대대적인 개명작업을 진행하는 것이다. 이 위원회에 참여하는 블라디미르 드보르챠크 박사는 "공산 체제 이외의 나라에서는 알 수도 없는 인물과 역사의 지저분한 이름이 여기저기 붙어있었다"며 "세월은 온갖 쓰레기를 치워간다는 점에서 무척 좋은 약"이라고 유쾌해 했다.

T-72 탱크 공장을 가다

1991년 초여름이었다. 눈이 시리도록 아름다운 연초록색으로 뒤덮인 산록도로를 곡예를 하듯 차를 몰았다. 스위스의 융프라우(Jungfrau) 초입인 인터라켄(Interlaken)에서 국제올림픽위원회(IOC) 본부가 있는 로잔(Lausanne)으로 떨어지는 알프스 산맥을 넘는 길보다 더 험준한 길이었다. 계곡을 돌아나가면 앞을 가로막는 또 다른 산맥으로 이어지는 길이 까마득하게 보였다.

격세지감隔世之感이라는 말이 실감났다. 1989년 5월, 빈에서 체코로 들어가는 국경은 중무장 초소로 삼엄했다. 이번에는 달랐다. 여권만 보고 입국도장을 찍어주곤 통과시켰다. 거기다가 한국 기자가 감히 공산권 최고의 무기생산 공장을 취재하러 가다니! 프라하 호텔에서 기자의 동정까지 추적하던 분위기였는데 이제는 외부인 출입금지 지역에 있는 무기생산 공장에 취재허가까지 내주었다.

빈을 출발해 슬로바키아의 수도 브라티슬라바를 거쳐 차를 몰고 가기를 4시간, 동북쪽 250km 떨어진 마틴이라는 지역이다. 험준한 카르파티안 산맥의 자락인데 주변은 높은 산이 병풍처럼 둘러싸인

천혜의 요지였다. 마틴에 있는 군수공장단지는 탱크뿐만 아니라 장갑차, 박격포, 기관총, 소총 등 중화기의 무기생산 공장 60%가 밀집된 곳이었다.

산맥 깊숙이 숨겨져 방어하기도 좋았고 외부사람이 쉽게 오갈 수 있는 곳도 아니며 소련 국경과도 가까워 무기생산지로서는 전략적 요충지였다.

2차 대전 때 히틀러 정권이 먼저 이곳에 군수공장을 세웠다. 영국 폭격기가 도달할 수 없는 천혜의 요지라는 이유에서였다. 2차 대전 후 체코를 위성국가로 만든 소련은 이곳을 바르샤바 조약기구의 무기 공장으로 활용했다. 여기서 만든 탱크나 중화기는 소련을 비롯한 동유럽 국가의 무기체계가 됐고 제3세계로도 수출됐다.

마틴 지역에는 축구장만 한 공장이 산자락과 평지 여기저기에 자리 잡고 있었다. 얼핏 본 숫자는 40여 개가 넘는 듯했다. 공장은 활기가 없었다. 작업하는 기계음도 들리지 않았고 오가는 사람도 드물었다. 안내를 맡은 얀 일고(Jan Ilgo) 씨는 조심스러워하며 공장 쪽으로 발길을 옮겼다. 지나가던 사람들이 흘깃거리며 쳐다봤다. 공장 벽면과 울타리에는 트랙터 등 농기구가 그려져 있었다. 공장 입구마다 철제문이 닫혀있거나 길이 20m 가량의 두터운 비닐이 드리워져 내부를 들여다 볼 수 없도록 했다.

이 많은 공장 중 내가 둘러볼 수 있도록 허락된 유일한 공장은 ZTS 중공업회사. 바르샤바 조약군의 주력 전차인 T-72 탱크를 생산하는 공산권 최대의 군수공장 가운데 하나였다. 1948년 스탈린중공업회사로 출범해 광산용 기관차를 생산했고 그의 사망과 사후비판이 시작되면서 지금의 이름으로 바뀌었으며 1960년대에는 디젤기관차, 1970년대 들어 각종 엔진과 트랙터를 생산했으며 1970년대 중반부터 소련의 라이선스를 받아 T-72, T-55, T-54의 탱크를 일주일에 10대씩 연간 350대를 생산하던 공장이다. 탱크 외에도 박격포와 중화기도 생산한다고 했다.

공장 안의 사진촬영은 금지였다. 붉은 완장을 찬 보안요원이 바짝 붙어 다녔다. 안내원은 현지어와 영어를 두 번씩 사용해야 했다. 보안요원이 간간이 질문과 답변 내용을 메모했고 민감한 질문에는 현지어로 말하면 안내자는 답변하지 않았다. 공장 안 곳곳에는 조립된 엔진이 높게 쌓여있었고 생산라인도 오래전에 멈춰선 듯 녹슨 부분도 있었다. 비닐로 가려진 생산라인에는 우람한 탱크 2대가 보였고 제작하다가 중단된 듯 조립라인에 있는 탱크 차체도 보였으나 그곳은 외부인 금지구역이라며 손을 끌었다.

안내원 일고 씨의 설명은 이랬다.

"1989년까지만 해도 구소련과 바르샤바 조약군 및 아프리카 중동 등 제3세계의 주문이 밀려 24시간 가동되던 공장인데 지금은 가장 한가로운 곳이 되었습니다. 무기 외에도 트랙터, 디젤기관차 등 민수용 엔진도 생산했으나 지금은 가동률이 30%에 불과합니다. 전성기에는 1만1천여 명의 근로자가 있었으나 체코 혁명 후 5천 명이 해고됐고 남은 인원 역시 조업단축으로 생계비에 못 미치는 임금을 받고 있습니다."

이곳에서 80㎞ 떨어진 두브니차중공업도 연간 9천8백만 톤의 철강을 생산해 소련에 75%를 공급했으나 현재 가동률은 장갑차 제작에도 못 미치는 8%에 불과하다고 했다.

1988년까지만 해도 체코는 해외에 2백 개 지사를 둔 세계 7대 무기수출국으로 연간 매출이 15억 달러에 달했다. 1990년 하벨이 대통령에 취임한 뒤 군수산업을 민수용으로 전환하고 군수공장의 가동률을 8%로 유지하라는 명령에 따라 타격을 입었고 국제정세의 급변으로 민수, 군수용 시장의 대부분을 잃었다.

ZTS중공업도 트랙터, 각종 엔진, 불도저, 금속 덤프트럭 등 6개 민수산업 분야로 재편하고 합작회사를 물색하는 중이라고 했다. 이 회사의 대외무역담당 라디슬라브 세긴 씨는 "대상자체가 엄청난 규모인 데다 기술도 낙후되어 1990년 이후 98개 외국 회사가 찾아왔으나 성사된 건 이탈리아의 롬바르디 엔진회사 하나뿐"이라고 했다. 한국의 현대도 찾아온 적이 있지만 성사되지는 않았다. 그가 설명하는 시장 상실은 조립라인의 폐쇄와도 같았다. 1990년 농기계 수출이 2천여 대였지만 1991년에는 단 8대에 불과했고 임업기계는 1989년 5백여 대였는데 1990년부터는 단 1대도 팔지 못했다.

군수산업은 여전히 매력적이라 지금도 T-72 탱크를 만들지만 구체적인 생산대수와 주문국가는 기밀이라며 말을 잘랐다. 1992년 말까지 주문받은 탱크는 250대이지만 유엔이 주문국가를 무기수출 금지국가로 결의했기 때문에 생산을 미룬다고 말했다.

제 7 부

차우셰스쿠는
20세기의 드라큘라

Romania

성탄절에 처형된
차우셰스쿠 부부

동유럽의 민주화 혁명이 있은 지 10년 만인 2000년 6월 루마니아를 다시 찾았다. 영하 20도나 됐던 한겨울, 검게 그을린 도심지의 주요 건물과 무수한 총탄 자국, 도로변 곳곳에 놓인 촛불과 조화로 기억 됐던 루마니아의 수도 부쿠레슈티는 엄청나게 변했다.

단순히 계절의 차이만이 아니었다. 도시가 밝아졌고 건물도 깨끗 해졌다. 무엇보다 시민들의 얼굴이 맑고 생기가 넘쳐 보였다. 당시 에는 볼 수 없었던 생필품 가게가 넘쳐났고 외국 유명 패션상품 전 시장도 거리를 메울 정도로 많았다.

35년간 철권통치를 했던 니콜라이 차우셰스쿠(Nicolae Ceausescu) 의 무덤을 찾았다. 부쿠레슈티 서쪽 외곽에 있는 겐치아(Ghencea)라 고 불리는 시립공동묘지의 한 구석에는 비석과 묘석이 검게 그을린 자국과 함께 자그만 꽃다발 서너 개가 놓여있었다. 부부가 처형당하 고 한참 뒤 루마니아 공산당이 그를 이곳에 안치했다. 누군가 꽃다 발을 놓으면 다른 사람이 불에 태우는 일이 한동안 번갈아 일어났다 고 한다. 부인 엘레나(Elena)와 둘째 아들 니쿠(Nicu)의 묘지는 같은 묘역이지만 한참 떨어졌다.

1989년 12월 25일 아침 지방 소도시인 트르고비슈테(Targoviste)의 군부대에 억류 중인 차우셰스쿠와 부인 엘레나를 태운 헬기 2대가 낮게 지그재그로 날면서 부쿠레슈티의 외곽에 내렸다. 대기 중이던 장갑차는 이 부부를 태우고 시내의 옅은 노란색 건물로 들어갔다. 장갑차에서 내린 차우셰스쿠 부부는 1층에 마련된 임시법정 구석으로 끌려갔다.

재판이 시작됐다. 수석검사가 부부에게 학살, 국유재산파괴, 경제파탄 등 포악한 방법으로 인민을 파괴한 '인민에 대한 범죄' 혐의로 기소장을 읽으면서 사형을 구형했고 변호인도 재판은 진행하지만 검

부쿠레슈티 외곽 공동묘지에 있는 독재자 차우셰스쿠의 묘지.
불탄 흔적과 장미꽃 다발이 공산주의의 영욕을 말해준다.

ⓒ 최맹호

사의 기소의견에 동의했다. 법정 안에 있던 한 장교에게는 재판 도중 차우셰스쿠 구출시도가 있거나 재판을 방해하면 사살하라는 지시가 내려져 있었다.

후일 공개된 동영상을 보면 사형이 선고된 후 재판부 및 변호인단이 퇴정하고 군인들이 포승줄을 갖고 들어왔다. 차우셰스쿠는 "이게 무슨 짓이냐"며 고함을 지르다 체포에 응했지만 부인 엘레나는 비명과 고함을 지르며 저항했다. 손을 뒤로 묶인 부부는 곧바로 바깥으로 끌려 나가 총살됐다. 형 집행 군인 8명은 수도에서 50㎞ 정도 떨어진 보테니에 주둔 중인 제64공정여단에서 자원한 장병들이었다. 후일, 총살형에 참여했던 서란이라는 병사는 자신이 기독교 신자인데 "신성한 성탄절에 누군가의 목숨을 빼앗는다는 것이 아주 무서웠다"고 술회했다.[1]

당시 루마니아 전역은 공황 그 자체였다. 지방 주요 도시에서는 차우셰스쿠의 비밀경찰인 세큐리타테 요원과 시민혁명을 지지하는 군경과의 총격전이 계속되었다. 심지어 러시아의 지원을 받는 쿠데타 소문도 흉흉하게 나돌았다. 처형 소식은 날씨가 어두워진 오후 8시경 발표됐다. 당시 구국위원회는 "우리는 루마니아 역사를 피로 물들인 소름끼치는 독재자를 제거했다"고 발표한 내용이 전 세계를 돌았다. 빈의 ORF TV도 헝가리의 방송 MTI가 방영한 화면을 받아 재판장면을 보여주었다.

1990년 1월 부쿠레슈티에 취재 갔을 때 구국위원회의 한 위원에게 "왜 그렇게 빨리 처형했느냐? 재판절차를 거쳐야 하지 않았느냐?"고

---

1 *The Times*, 2009년 12월 24일 자.

물었더니 "여유가 없었다. 비밀경찰이 모든 통신과 수송수단을 장악하고 있었고 심지어 차우셰스쿠 부부가 억류된 군부대까지 공격했을 정도였다. 비밀경찰 조직은 막강했다. 혁명이 실패할 위험이 있는 매우 급한 상황에서 정치적 결단이 필요했던 시기로 서둘러 처형할 필요가 있었다"는 설명을 들었다.

그는 차우셰스쿠를 "20세기의 드라큘라였다"고 덧붙였다. 브람 스토커(Bram Stoker)가 쓴 소설 《드라큘라》(*Dracula*, 1897)의 배경이 루마니아라는 점을 절묘하게 비유했다.

개인우상화에 집착한
차우셰스쿠

냉전이 최고조에 달했던 1960~1970년대에 차우셰스쿠는 미국과 서유럽에서 영웅으로 대접받았다. 동구권이면서도 소련의 정책을 비판하는 등 대소 독자노선을 추구했기 때문이었다. 체코의 민주화 운동이었던 1968년 '프라하의 봄'에 바르샤바 조약군을 투입해 유혈 진압한 소련에 대해 차우셰스쿠는 "아주 큰 잘못"이라며 "유럽의 평화에 위험한 행동"이라고 비난했다.

1984년 미국의 LA올림픽 때 소련을 비롯한 동유럽 공산권 국가가 모두 불참했지만 루마니아는 당당히 선수단을 입장시켰다.

1970년에는 리처드 닉슨 미국 대통령은 차우셰스쿠를 워싱턴으로 불러 극진하게 환대했으며 지미 카터 대통령도 그를 '위대한 지도자'라며 백악관으로 초청했다(1978). 영국을 방문했을 때(1978) 엘리자베스 여왕과 함께 황금마차를 타고 행진하는 영광도 누렸다. 일본을 방문했을 때(1975)도 일왕이 극진하게 대우했다.

세계 각국을 방문할 때마다 환대받았던 그도 1971년 중국과 북한을 방문하고 돌아온 뒤부터 망상적 편집증을 키워갔다. 이른바 개인숭배화, 우상화 작업이었다.

그는 공산당 서기장에다가 1974년 대통령 직위를 만들어 자신이 그 자리에 올랐고 군 최고사령관인 국가방위협의회 의장, 국가경제계획위원회 의장(부인이 부의장, 동생이 제1부의장을 맡았음) 등 국가의 모든 권력을 장악했다. 이는 소련과 동구권에서도 유례없는 경우로 전제군주와 흡사했다. 뿐만 아니라 반체제 인사와 정적을 처단하기 위해 비밀경찰을 창설해 운영했다. '세큐리타테'라는 비밀경찰은 3천 명으로 이루어진 루마니아의 최정예부대였다.[2]

세큐리타테 요원은 도시게릴라 훈련을 받고 첨단장비로 무장했으며 강한 충성심을 가진 조직이었다. 공산당이 해야 할 노동자, 농민의 통제를 비밀경찰이 맡았고 수송과 통신을 완전히 장악해 모든 것을 통제했다. 심지어 집안의 온도까지 감시했다고 한다. 무소불위의 권력기관이었다. 반면 정규군은 훈련도 안 시키고 무장도 초라할 뿐만 아니라 공사장이나 곡물추수 지원 등 농사일에 투입되곤 했다.

12월 17일 티미쇼아라에서 시위군중이 반정부 구호가 등장하자 차우셰스쿠는 "사회주의 파괴자들이자 난동꾼"으로 규정하고 "1시간 내에 평정하라"고 지시하면서 저항자는 사살하라고 명령했다. 그날 비밀경찰은 시민에게 발포명령을 거부한 군인 42명을 처형했다. 21일 수도에서 벌어진 시위에 발포명령을 거부한 국방장관을 집무실에서 사살한 사람도 대통령의 명령을 받은 비밀경찰이었다는 소문이 있었다. 차우셰스쿠가 처형당한 크리스마스 저녁 대통령 관저 외곽을 경

---

2 빈의 한 일간지는 "17개 여단 2만여 명이며 그중 6천 명은 소년원 출신으로 '매의 아이들'(Kinder des Falken)이라는 이름이 붙어있을 정도로 용맹한 부대"라고 보도했다 (*Wiener Zeitung*, 1989년 12월 17일 자).

비하던 군인 12명을 살해한 것도 이들이었다.

파리의 샹젤리제 거리를 흉내 내 10만여 명의 주민을 강제 퇴거시키고 '사회주의승리의 거리'를 만들었고 호화찬란한 대규모의 인민대회당 건축을 시작했다. 영화광이기도 하였기에 별도 영화관을 짓고 매일 밤 영화를 관람했다.

그는 20세기 최대의 엽관주의 인사의 대표적 인물이기도 했다. 부인 엘레나를 실질적인 권력의 2인자로 만들었고 3명의 형제 모두 고위직을 주었다. 자신과 같은 이름의 형에게는 내무부 국장과 비밀경찰학교 교장을 맡겼으며 둘째 형 일리에(Ilie)에게는 국방차관을, 동생 마린(Marin)에게는 빈 주재 루마니아 대사관의 경제국장을 맡겼다. 그는 일족의 비밀자금을 스위스 은행으로 빼돌리는 역할을 맡았는데 형이 총살당한 3일 후 대사관 지하실에서 목매달아 숨진 채로 발견됐다.

이처럼 차우셰스쿠는 당, 군, 관계, 경제계의 모든 인사권을 완벽하게 장악하고 일족이 무소불위의 권한을 행사했다.

2남 1녀의 자녀 중 차남 니쿠를 후계자로 키웠는데 32세에 공산당 중앙집행위원에, 34세에는 정치국 후보위원으로 승진시켰다. 그 후 시비유(Sibiu) 주지사로 임명해 이른바 제왕학을 습득도록 배려했다. 그도 혁명 직후 체포되어 20년의 징역을 선고받았으나 질병으로 출옥하자마자 사망했다. 장남은 핵물리학 박사로 연구원을 지냈고 딸은 수학박사였으나 차우셰스쿠는 수학전공을 못마땅하게 여겨 딸이 근무하는 수학연구소를 해체했다.

그는 동유럽의 연쇄적인 민주화 혁명에도 아랑곳하지 않았다.

1989년 11월 말까지만 해도 이른바 개혁거부 4인방 중 유일하게 권좌를 지킨 인물이었다. 동독의 호네커 서기장은 10월 중순에, 불가리아의 지프코프 서기장은 11월 초순에 축출됐고 체코의 야케스 서기장은 체코 국민의 개혁요구 시위에 시달리고 있었다. 그도 결국 12월 초순에 사퇴했다.

차우셰스쿠는 체코의 민주화 시위가 한창이던 1989년 11월 20일부터 5일간 제14차 루마니아 공산당대회를 직접 주관했다. 〈루마니아 뉴스〉(Romania News)는 공산당과 정부의 기관지였다. 빈에서 본 영문판 〈루마니아 뉴스〉는 12월 1일 자가 마지막이었다. 타블로이드 판형의 이 신문은 대회 개막식에서 행한 차우셰스쿠의 연설을 자세히 보도했다. 내용은 차우셰스쿠와 공산주의에 대한 자화자찬이 전부여서 당시 취재수첩에 메모해두었던 내용은 간략했다.

천 년 역사에서 획기적인 순간이다. 다면적으로 발전한 사회주의 사회의 성공적인 건설을 이룩했다. 이는 인류의 꿈인 공산주의로 향하는 견고한 전진이었다. … 보고시간은 5시간. 박수와 함성으로 130차례나 연설이 중단됐다. 그것도 서기장이 제지해야 조용해졌다. 차우셰스쿠와 인민 만세, 차우셰스쿠는 우리 인민의 영웅, 공산주의의 승리라는 함성이 대회장을 울렸다.

대충 이런 내용이었다. 11월 24일 폐막연설을 한 차우셰스쿠는 31일 만에 총살로 생명과 한 시대의 종말을 맞았다.

혁명의 진원지를 가다

크리스마스는 서유럽의 최대 명절이다. 폴란드, 헝가리, 체코의 민주혁명과 베를린장벽 붕괴로 이어진 일련의 변화를 겪으면서 겨울에 접어들자 한숨 돌리는 분위기였다. 철권통치가 자행되던 루마니아에 불길이 타오를 것이라고는 생각하지 않았다.

크리스마스를 앞두고 동계올림픽이 열렸던 오스트리아 인스부르크 (Innsbruck) 근처의 키츠뷔엘(Kitzbühel)로 5일간 휴가를 떠났다. 아이들이 오스트리아에 와서 처음 맞는 방학이고 스키를 배우는 계획도 세워놔 마음이 들떠있었다. 성탄절 다음 날부터 본격적으로 몰려들 휴가객을 피하기 위해서였다. 폭설이 내리는 한밤중에야 도착했다.

이 일대는 유럽에서도 알아주는 명승지라 겨울과 여름 휴가철이면 방 잡기가 무척이나 어렵다. 말 그대로 휴가지라 호텔에는 신문은 물론 TV도 없다.

다음 날 저녁식사를 마치고 쉬는 도중 우연히 로비에서 TV를 봤다. 루마니아 사태가 심상치 않다는 내용이었다. 같이 간 일행에게 가족을 부탁하고 빈으로 돌아왔다. 일은 겹쳐 터진다고 난감한 일이 생겼다. 아내가 스키를 배우다가 인대가 끊어졌다. 해발 3천m에서 연습에 열중하느라 내려가는 마지막 곤돌라를 놓쳤다. 이미 밑에는 어둠이 내리기 시작한 시간이라 왕초보이면서도 스키를 타고 일행과 내려가다가 1백m 가량 미끄러지면서 뒹굴었다고.

숙소에 돌아와 아픈 부위를 따뜻한 욕조에 담그고 마구 주물렀는데 그 덕분에 인대를 더욱 망가뜨려 깁스를 오랫동안 해야 했다. 다음 날 한쪽 다리의 허벅지까지 깁스한 아내를 그야말로 실어 와야 했다.

루마니아 상황은 하루가 다르게 변했다. 대규모 시위, 군의 발포, 국경폐쇄, 시민희생 등의 뉴스가 쏟아졌다. 비자를 받기 위해 19일 빈 주재 루마니아 대사관에 갔다. 대사관 출입문은 폐쇄됐고 주변은 이민 온 루마니아 사람들의 항의시위로 접근조차 어려웠다.

나뿐만 아니라 빈 주재 특파원들도 비자를 받지 못해 안절부절못했다. 불가리아의 이종태 KOTRA 관장에게 소피아에서 육로로 부쿠레슈티로 가는 상황을 물어봤다. 그는 "국경이 열렸는지 확인이 안 되고 치안문제가 있으며 이곳에 온 외신기자들도 소피아에서 머무는 중이다"는 대답이 돌아왔다.

그 상황에서 할 수 있는 일은 주재국 언론을 인용해 기사를 작성하는 일밖에 없었다. 빈에서 발행되는 신문과 APA통신은 주로 헝가리와 유고 등 동유럽 언론에서 내보내는 뉴스를 인용해 보도했다. 나는 그 기사를 다시 인용하는 일이었다. 기자는 현장에 있어야 한다는 원칙이 통하지 않으니 할 수 있는 방법이 이것뿐이었다.

빈에서 상황을 지켜보던 나는 성탄절 저녁에 처형 소식을 듣고 부랴부랴 기사를 보낸 뒤 다음 날 아침 헝가리의 부다페스트로 차를 몰았다. 반정부시위가 처음 벌어진 티미쇼아라를 취재하기 위해서였다.

헝가리와 루마니아와의 국경도시인 세게드(Szeged)로 향했다. 여기서 유혈 혁명의 진원지였던 티미쇼아라까지는 80㎞로 제일 가까운 거리였다. KBS 오건환 부다페스트 특파원과 동행했다. 그 도시는 과거 오스트리아·헝가리 제국의 영토였기에 헝가리인이 많이 사는 곳이기도 했다. 국경을 지키는 루마니아 군인들도 여권만 보고 통과시켰다.

티미쇼아라는 평온했다. 민간인이 피살됐다는 장소에는 시민들이 갖다놓은 꽃다발이 놓여있었다. 인형극장 앞 작은 공원에는 조화와 검은 리본, 돼지머리가 나무에 걸려있었다. 공원 입구에서는 여성들이 모여있다가 기자에게 비밀경찰이 인형극을 보고 나오는 어린이에게까지 총을 쏴 40여 명이 숨졌다며 출입구 계단을 가리켰다. 집단 매장됐다는 장소에는 시민들이 이장을 위해 발굴작업을 하고 있었다.

시민들이 전하는 혁명의 발단은 이랬다. 식량은 늘 부족했고 감시가 심했으며 그해따라 동유럽 인근 국가들이 연이어 민주화를 성취하자 루마니아 내에서도 독재정권에 대한 불만과 개혁의 바람이 높아지던 시기였다. 차우셰스쿠 체제에 비판적이던 헝가리계 라슬로 퇴케스(Laszlo Tokes) 신부에게 추방명령이 내려졌다. 그를 보호하기 위한 시민들의 항의집회에 정부는 강경진압으로 대응했고 시위가 계속되자 비밀경찰이 투입되어 무차별 사격을 시행했다. 심지어 군인들에게까지 총을 쐈다.

이 소식은 입으로, 또 〈자유유럽방송〉(Radio Free Europe), BBC와 더불어 〈미국의 소리〉의 전파에 실려 산맥을 넘고 하늘을 날아 수도를 비롯한 루마니아 전역에 알려지면서 도시 여기저기서 시위가 발생했다. 차우셰스쿠는 시위사태에도 불구하고 부총리인 부인에게 나라를 맡기고 이란을 방문하느라 자리를 비웠다.

식량은 늘 부족했다. 막대한 국가부채를 농산물로 갚았기 때문이다. 트란실바니아 평원은 곡창지대이다. 1년 농사를 지은 수확물로 전 국민이 3년간은 먹을 수 있는 양인데도 그랬단다. 빵을 배급했고 한 가구당 30W 전등 하나이며 그것도 몇 시간만 송전했다.

40대 남성은 두려웠던 며칠간을 설명해주었다.

"차우셰스쿠가 퇴진하던 날부터 우리는 불안에 떨었습니다. 혁명이 이곳에서 시작됐고 그가 쫓겨난 것도 우리가 벌인 시위 때문이라 비밀경찰의 보복이 두려웠죠. 처형되긴 했지만 요원이 이 도시에도 있어 오늘밤도, 내일도 불안하기는 마찬가지입니다."

부상자가 입원한 병원을 찾았다. 경상자는 교실 같은 널따란 공간에 모아 치료하는 중이었다. 영어를 할 줄 아는 간호사를 통해 질문했으나 대답을 피했다. 가족들은 그때까지도 두려운 눈으로 주위를 살폈다. 말이 통하지 않으니 당시 상황을 들을 수가 없었다. 간호사가 "밤이 되면 위험하니 돌아가라"고 귀띔했다. 오후 4시, 바깥은 벌써 어둠이 내리기 시작했다.

겨울이지만 날씨가 포근해 짙은 안개로 20m 앞을 볼 수 없었다. 상향등을 켜자 바로 앞은 안개 장벽으로 바뀌어 운전 자체가 어려웠다. 그런 상황에서 기사는 시골도로를 시속 80㎞로 달렸다. 안개 속에 불쑥 나타난 검문용 바리게이트와 부딪힐 뻔했다. 밤 9시 국경에 도착하자 루마니아 측 경비군인들은 "운이 참 좋다, 당신들이 지나온 아라드(Arad)의 우체국 앞에서 지금 총격전이 벌어지는 중이다"고 설명했다. 간이식당에 들어서서야 온몸이 땀으로 흠뻑 젖은 것을 알았다.

몇 달 후 빈의 집으로 프랑스어로 쓰인 장문의 편지가 왔다. 티미쇼아라 취재 중 건넨 명함을 보고 한 부인이 써서 보낸 편지였다. 요지는 에이즈에 걸려 치료조차 받지 못하는 딸에게 도움을 달라는 내용이었다. 살기가 어려운 형편인데 자신 또한 에이즈에 걸려 죽을 날을 기다리지만 어떻게든 딸은 살리고 싶다는 애절한 내용이었다. 아내와 상의한 끝에 그 편지를 들고 다음 날 오스트리아 적십자사를 찾아가 전해주면서 이 부인을 도와주면 좋겠다는 희망을 이야기하고 나왔다. 그게 내가 할 수 있는 전부였다.

부쿠레슈티의
격전 흔적

1990년 1월 3일, 내가 탄 오스트리아 항공 여객기는 부쿠레슈티 상공을 세 번이나 선회하다가 착륙했다. 새해 들어 빈에서 루마니아 수도로 가는 첫 비행기였다. 비행기 안은 빈자리가 없었다. 차림새로 봐서는 대부분 현장을 취재하러 가는 언론인이었다. MBC 김영일 특파원도 같이 갔다. 비행 도중 기장은 "루마니아에서 첫 시위가 발생한 티미쇼아라 상공이다", "드라큘라의 전설이 나온 카르파티안 산맥이다"라며 친절하게 안내방송을 했다. 옆자리에는 임지로 돌아간다는 일본 대사관 와타베 3등 서기관 부부가 탔다. "비상시에 연락해도 되겠느냐?"고 부탁했더니 사무실 전화번호를 주며 흔쾌히 수락했다. 고맙게도 그는 3일 동안 밤마다 전화를 걸어 안부를 물어왔다.

비행기는 오토페니 국제공항에 착륙한 활주로에서 180도 돌아 기우뚱거리며 계류장으로 돌아와 승객을 토해냈다. 공항에 다른 나라 비행기는 보이지 않았고 루마니아 국영 타롬항공사 여객기는 엔진 덮개가 씌워진 채 줄지어있었다. 입국심사를 하던 관리는 나의 여권을 가지고 위층으로 갔다가 내려온 뒤 "세울에서 왔느냐?"고 물었다. "세울올림픽"이라고 대답했더니 "남한 기자는 처음"이라며 스탬프를 찍었다.

공항청사는 계단마다 기관단총을 든 무장군인 7~8명이 지켰고 건물을 나오자 공항 주변 곳곳에 탱크와 장갑차가 배치되었다. 총탄 자국과 불에 탄 건물이 여기저기 보였다. 청사 외벽에도 총탄 자국이 무수히 나있었다.

경비 중인 군인에게 "여기서도 교전이 있었느냐?"고 물었다. 그는 "차우세스쿠가 도망간 22일 오후 이곳에서 군인과 비밀경찰 간에 치열한 총격전이 벌어져 백여 명이 사망하거나 부상당했다"고 말했다.

공항은 12월 27일부터 열었으나 서유럽에서 지원하는 의약품과 식료품을 실은 전세기만 이착륙하고 있으며 민항여객기는 새해 들어 제한적으로 운항 중이라고 했다.

공항에서 시내로 들어가는 여러 군데의 임시검문소에서도 여권과 얼굴을 대조했다. 중심가로 들어서자 길 곳곳에 조화와 촛불이 켜져 있었다. 혁명 기간에 시민이 희생된 장소라고 했다. TV방송국과 그 일대 건물에는 무수한 총탄 자국과 검게 그을린 벽면, 수십 개의 조화와 촛불이 유혈 혁명의 흔적임을 말해줬다.

프레스센터가 있다는 인터콘티넨탈 호텔로 가 간신히 방을 구했다. 호텔 외벽 곳곳에 총탄 자국이 있었다. 호텔직원은 대학로와 가까운 곳이라 22일 밤 호텔 부근에서 치열한 교전이 있었으며 취재하던 프랑스 기자가 총에 맞아 사망했다고 말했다. 호텔 로비는 어수선했다. 통신수단이 가장 큰 걱정이었다. 팩스는 고장이었고 텔렉스는 겨우 1개 라인만 운영했다. 국제전화는 수백 명의 외신기자가 사용해 한없이 순서를 기다려야 했다.

"부쿠레슈티 오는 길"을 첫 기사로 작성해 빈, 파리, 런던으로 전화를 시도했다. 어느 곳이든 먼저 연결되면 기사를 불러야 하기 때문이다. 2시간 만에 런던 남중구 선배와 연결이 됐다. 전화로 기사를 부르고 매일 저녁 서울에서 전화를 해달라고 부탁했다. 런던으로 걸었던 전화는 40여 분 됐을까, 전화요금이 무려 230달러나 나왔다.

날씨는 엄청 추웠다. 얼어붙은 눈 위에 다시 내린 눈이 차곡차곡 쌓여 얼어 얼음덩어리가 시내를 덮은 모습이었다. '바늘구멍에 황소바람 들어온다'는 속담이 실감 났다. 내가 투숙한 인터콘티넨탈 호텔 방의 유리창에는 2개의 총탄 구멍이 나 있었다. 창문을 뚫고 들어온 총탄 자국이 벽면에도 검은 흔적을 남겨놓았다. 이 구멍으로 들어오는 칼바람과 추위 때문에 제대로 잠을 잘 수 없었다.

건물 석조 벽에 난 무수한 총탄 자국

4일 오전 프레스센터에 있는 외신기자 지원부서를 찾아 통역과 차량을 요청했다. 승용차는 1시간에 7달러, 통역은 하루 백 달러로 계약했다.

로빙 이안(Lovin Ioan) 씨의 안내를 받아 시내를 돌아봤다. 3일 동안 격렬한 시위와 시가전이 벌어졌던 '피아타 로마나'라고 불리는 공화국 광장, 대학 광장, 우니리 광장, 로제티 광장을 차례로 둘러봤다. 공화국 광장은 공산당 중앙위원회 건물과 주변의 국립도서관, 국립미술사박물관, 비밀경찰 건물이 자리한 핵심요지였다. 이들 건물의 석조벽의 무수한 총탄, 포탄자국과 화염에 그슬린 시커먼 모습이 그때의 참상을 말해주었다. 차우셰스쿠 부부가 헬기로 탈출했던 공산당 중앙위원회 건물 옥상에는 '루마니아여 영원하라!'는 슬로건만 남았고 차우셰스쿠를 칭송하는 선전문구는 철거됐다고 했다. 아

비밀경찰 부쿠레슈티 지부 건물.
총탄과 불탄 흔적이 치열했던 격전을 말해준다.

© 최명호

래쪽 정문에는 '민주, 자유. 이는 국민의 목소리, 신神의 목소리'라
는 구호가 페인트로 큼지막하게 쓰였다.

　너무 추운 날씨 탓인지 사진을 찍다가 카메라 셔터가 부러졌다.
조심스럽게 다루지 못한 내 성격에 괜히 짜증이 났다.

　국립도서관은 탱크의 포격으로 유리창이 모두 깨지고 천장과 일부
벽면이 무너져 내렸고 박물관 벽에 걸린 미술품도 총탄에 찢겨 바람에
너풀거렸다. 전신전화국도 총탄세례의 흔적을 그대로 보여주었다. 비
밀경찰이 탈환하려고 했던 주요 건물 중의 하나였기 때문이라고 했다.
　TV 및 라디오 센터 부근은 더 처참했다. 방송센터 주변의 3개 건물

혁명기간 총격과 포격으로 부서진 국립도서관의
복구 작업 모습. 1990년 1월 4일이었다.

이 가장 심하게 그을려있었다. 2차례나 비밀경찰이 탈취를 시도했고
실제 방송센터 뒤의 건물을 빼앗겨 한때 위험한 순간도 있었다고 설명
했다. 방송센터를 지키는 경비군인은 "이곳을 빼앗겼으면 혁명이 실패
했을 것"이라면서 "비밀경찰이 두 차례나 탈취를 시도했다"고 말했다.
그들은 뛰어난 사격 솜씨와 월등히 좋은 장비를 가졌기에 그날 저녁
군인 12명이 그들의 저격에 희생됐다고 말했다.

　다음 날에는 희생자 묘역인 벨라 지역을 찾았다. 원래 어린이 공원
으로 건설되다가 혁명 직후에 공동묘역으로 조성된 곳으로 이미 3백
구를 매장했다. 내가 방문한 날에도 2명의 희생자 장례식이 치러지고

있었으며 수십 명의 시민이 꽃다발을 들고 와 묘역에 바치고 있었다. 꽁꽁 언 땅을 삽과 곡괭이로 간신히 파고 관도 없는 시신을 눕힌 뒤 흙을 덮었다. 일행은 얼어붙은 흙덩이 위에 장미꽃과 생가지를 꺾어 놓고 묵념을 올렸다. 옆의 한 시신은 오빠인 듯 두 자매가 무덤에 꽃을 바치고 촛불을 켠 뒤 노래를 부르고 나무십자가를 세운 뒤 오랫동안 입맞춤했다. 양 볼에 흐르는 눈물이 조문객을 울렸다.

대학 광장 한쪽에 마련된 분향소에는 조화와 시민들이 바친 조사弔詞, 희생자의 사진으로 가득했다. 시민들이 발걸음을 멈추고 눈시울을 붉혀가며 읽는 종이를 봤다. 내용을 노트에 옮겨 적는 시민도 있었다. 그 시민들 어깨너머로 사진 속 젊은 얼굴이 보였고 그 밑에 아래와 같은 글귀가 놓여있었다. 안내인이 번역해준 내용은 이랬다.

어머니, 먼저 죽는 것을 용서하세요.
언제나 문을 열고 기다리실 어머니.
나는 자유를 위해 싸우다 먼저 갑니다.
어머니, 조국은 영원할 겁니다.
이 조국을 아들처럼 사랑해주십시오.

1989.12.18.
비탈리안

안내인은 아마 유서를 미리 써놓고 숨진 젊은이의 어머니나 가족이 놓아둔 것으로 추측했다. 내용을 취재노트에 받아 적으며 숙연해졌다. 추운 날씨에 슬픈 바람이 가슴을 스치고 지나갔다.

안내인은 길을 가다가 달라진 모습이라며 급조된 가게를 가리켰다. 정육점은 아닌데 고기를 팔았다. 돼지고기, 소고기, 양고기 등이었다. 셀로판지로 된 포장지 위에는 영어, 프랑스어, 독일어, 러시아어, 이탈리아어 등 5개 언어가 인쇄되었다. 수출용 제품이었다. 구국위원회의 첫 조치가 식료품 수출을 전면금지하고 시중에 풀었다. 배급제도 폐지했다고 설명했다.

뿐만 아니라 조그마한 가게에는 커피도 팔았다. 안내원은 3년 만에 처음 구경한다고 했다. 차를 몰고 가다가 주유소에 들렀다. 줄도 서지 않고 기름을 채웠다. 열흘 전인 지난 크리스마스 이전까지만 해도 상상도 못했다고 한다.

이듬해 새 정부가 들어선 후 발표된 차우셰스쿠 치하의 농산물 생산 통계를 발표했다. 1989년 11월 차우셰스쿠 정부가 발표한 농산물 생산은 6천만 톤이었으나 이듬해 새 정부가 실사한 결과는 1천8백만 톤에 불과했다. ha(헥타르)당 생산량도 밀은 8천1백kg이란 발표와는 달리 실제는 3천3백kg이었고 콩은 6천1백kg이라는 발표에 476kg, 감자는 8천1백kg이라고 했으나 실제는 1천4백kg에 불과했다. 사탕수수, 쌀, 과일, 채소, 육류도 같은 비율의 차이를 보였다.

그나마 이 생산물도 2백억 달러에 달하는 외채를 갚느라 수출하는 바람에 전 국민이 기아상태에서 살 수밖에 없었다. 이듬해 4월에 시행된 자유총선거를 취재하러 갔을 때 길가에는 못 보던 오렌지, 바나나 등 풍성하게 전시된 모습을 봤다.

어느 시민이 겪은
민주혁명

당시 공화국 광장에서 현장을 목격했다는 로빙 이안은 시위 상황을
다음과 같이 들려주었다.

티미쇼아라에서 발생한 시위 소식은 소문을 통해 부쿠레슈티에도 알려지기 시작
했습니다. 시민들이 동요하기 시작했죠. 이란 방문에서 돌아온 차우셰스쿠 대통령
은 21일 공산당 청사 건물의 발코니로 등장했습니다. 당시 이 광장에 모인 시민은
약 10만여 명. 사실 대부분은 충성을 맹세하러 소집된 강제동원이자 관제데모였습
니다. 그는 '이렇게 많은 시민이 행사에 참석해주어 감사하다'고 말했습니다. 그러
나 연설을 해도 박수치는 사람은 앞쪽이었고 중간부터는 침묵이었죠. 분위기가
싸늘하게 변해갔습니다. 서로가 같은 마음이었다고 생각합니다. 종전대로라면 손
바닥에 불이 날 정도로 박수를 치고 함성을 질러야 했습니다. 그것도 차우셰스쿠가
진정시켜야 그치곤 했습니다.

연설을 계속하면서 자신과 사회주의 체제에 대한 장점 등을 되풀이하자 "우
우 …"하는 소리가 터져 나왔습니다. 동조하는 것도 아니고 야유하는 것도 아닌
소리가 점점 커졌죠. 누군가 불을 질러주기를 기다리는 순간 같았습니다.

관제시위가 반정부시위로 바뀌는 순간이었습니다. 그동안 참고 억눌러왔던 감
정이 일시에 폭발하는 분위기였어요. "독재타도!", "살인자", "자유 민주"라는 구호
가 뒤쪽에서 앞쪽으로 전달되는 것처럼 밀려왔죠. 마치 소리의 파도 같았어요.
미술사 박물관 근처에 있던 나는 공산당 중앙위원회 건물에 있던 지도부가 보

© 최맹호

루마니아 공산당 청사 건물.
차우셰스쿠는 건물 옥상에서 헬기를 타고 달아났다.

이지는 않았지만 한동안 마이크 소리를 듣지 못했습니다. 갑자기 차우셰스쿠는 이상한 정책을 발표했습니다. "당장 내달부터 1인당 임금을 1백 레우(필자 기억으로는 약 10달러) 인상시킨다"는 내용이었습니다. 이 금액은 노동자 월평균 소득의 절반에 해당하는 큰돈이죠. 항의 분위기에 당황한 일종의 무마용 연설이었습니다. 야유 소리가 커지고 독재타도와 범죄자 처형이라는 함성이 커지자 차우셰스쿠가 건물 안으로 피신했다는 소식이 앞에서 뒤로 전해졌습니다.

얼마간의 시간이 흐른 오후 5시경. 진압경찰과 군인, 장갑차와 탱크가 나타났습니다. 총소리가 들리기 시작했죠. 젊은이들과 시민은 해산을 요구하는 군인과 경찰을 피해 골목길로 흩어졌다가 다시 모이는 숨바꼭질을 밤새도록 했다고 합니다. 이날 밤 대학 광장과 공화국 광장에서는 실탄사격으로 시민의 희생이 많았습니다.

22일 아침, 다시 공화국 광장으로 나갔습니다. 오전 9시경인데도 많은 시민이 광장을 채웠습니다. 대학 광장과 로제티 광장에선 발포가 시작됐다는 이야기도 들렸죠.

군인이 시위대에 합류했다는 소식도 들렸습니다. 국방장관이 발포명령을 거부하다 사살됐다는 소식도 전해졌습니다. 시민들이 흥분하기 시작하면서 공산당 청사 진입을 시도했어요. 그때부터 당사에서 총소리가 나기 시작했죠. 솔직히 그 다음부터는 피하느라 잘 알 수 없었습니다. 광장 건물 여기저기서 총격전이 벌어졌습니다. 정오 무렵, 헬기가 공산당 청사 옥상에 내렸다가 떠났습니다. 차우셰스쿠가 타고 갔다는 소문에 시민들은 더욱 흥분했죠.

당사로 몰려갔고 군인과 경찰은 막지 않았습니다. 헬기가 떠난 뒤부터 총격전은 더 심해졌어요. 탱크와 장갑차에서도 사격이 시작됐죠. 도서관에서 검은 연기가 나오기 시작했고 미술사박물관에도 총탄이 날아들기 시작했습니다. 너무 무서워 자리를 피했어요. 제가 본 것은 그게 전부입니다.

차우셰스쿠가 부쿠레슈티를 떠난 이날 밤, 시내 곳곳에서 군인·경찰과 비밀 경찰 사이에 총격전이 벌어졌습니다. 로제티 광장의 국영TV 방송사 건물도 벌집처럼 총탄세례를 받았죠.

23일은 확실히 시민의 날이었습니다. 차우셰스쿠와 공산당 간부들이 늘 있었던 공산당 청사 발코니에는 시민들로 가득했습니다. 시민들은 광장을 떠날 줄 몰랐죠.

수천 명의 사망자와 부상자가 발생했다는 소문도 돌았습니다. 저는 솔직히 어떤 세상이 올까 두려웠어요. 익숙하지 않은 세상이 불안하기 때문이었습니다. 제가 바라는 세상은 배고픔과 추위를 면하는 것이에요. 우리가 자리 잡을 때까지 부자나라가 좀 도와주면 좋겠습니다. 우리에게 자유라는 말은 아직은 사치처럼 여겨집니다.

독재자의 폭정과 학정의 고리를 끊은 것은 두 가지로 정리됐습니다. 하나는 배고픈 국민이 목말라하는 생활수준의 개선과 자유를 갈구하는 시민이었습니다. 이것이 충분한 이유이기는 하지만 성공을 보장하는 것은 아니었죠. 확실한 것은 군이 국민과 함께한 것입니다. 밀레아 후임으로 임명된 국방장관은 확실하게 국민 편이었습니다.

후임 국방장관이 뒷날 민주정부에서 고백한 내용을 보면 두 가지 옵션을 가졌다. 하나는 국민 편에서 독재정권에 저항하는 것이었고 다른 하나는 권력 편에서 진압하는 것이었다. 그는 첫 번째 옵션을 선택했다.

© 최맹호

유혈혁명에서 숨진 시민들을 위해 긴급히 조성된 묘역을
참배하는 시민들이 생나무와 조화를 바치고 있다.

　새 정부가 들어선 1993년 8월, 루마니아 정부는 혁명 기간에 희생
자는 746명이며 부상자는 3천여 명이라고 공식 발표했다. 1990년대
후반에 발표된 자료는 혁명 때 사망자가 1,017명이라고 수정했다.
당시 시민이나 언론은 사망자만 3천여 명이라고 보도했다. 소문이라
도 사실인 것처럼 인식될 수 있었다. 두렵거나 흥분한 상태에서 총
이나 몽둥이에 맞아 쓰러지는 사람은 모두 숨진 것으로 생각하기 쉽
기 때문이다. 피를 흘리는 모습은 더더욱 그렇다.
　차우셰스쿠가 도망간 22일부터 일주일간 총격전이 벌어진 곳이 9개
도시였으며 부쿠레슈티는 6개 지역이었다고 발표됐다.

구국위원회를 이끈
미르차 디네스쿠

작가연맹 사무실은 고색창연한 건물의 3층에 있었다. 1990년 1월 6일, 혁명 직후라 어수선한 분위기였다. 사무실은 몰려든 방문객의 떠드는 소리와 전화하는 소리로 시장바닥 같았다. 청바지 차림에 40대로 보이는 미르차 디네스쿠(Mircha Dinescu)는 눈빛이 형형했다. 구국위원회 평의회에 참석하고 돌아오는 그는 "멀리서 온 귀한 손님"이라며 나를 먼저 맞이했다.

그는 불과 1주일, 그것도 마지막 5일의 유혈 혁명 기간을 "오로지 신이 보살펴 주실 것으로 믿었다"며 눈시울을 붉혔다.

18세 때 작가로 등단한 그는 스무 살 때인 1970년 차우셰스쿠를 비판했다가 투옥되면서 가시밭길을 걷기 시작했다. 1989년 6월 프랑스의 〈리베라시옹〉(Libération) 신문에 '가족독재와 그의 경제정책들'이라는 장문의 글을 기고한 다음 날부터 가택연금을 당했고 18명의 비밀경찰의 감시하에 살았다고 했다. 12월 초순에는 차우셰스쿠 앞으로 체제비판 공개서한을 보내면서 집밖으로도 나올 수 없었다.

"12월 22일에 감시 중이던 비밀경찰이 갑자기 사라졌죠. 시내로 나왔는데 시민들이 나를 장갑차에 태우고 총격전이 벌어지는 TV방송국으로 밀고 갔습니다. 그때 시민들과 생명을 같이하기로 결심했습니다. 시민들은 '우리의 영웅 디네스쿠가 여기에 있다'며 함성을 질렀습니다. 저는 총탄을 피해 방송국 건물 안으로 들어가 '루마니아 국민이여, 자유를 찾자'고 말했습니다. 이때가 오후 1시 30분경이었습니다. 차우셰스쿠가 달아난 두 시간 뒤였죠. 첫 방송이고 이 말이 전부였습니다. 교전이 계속되었기 때문에 긴말 할 수가 없었죠."

당시의 극적인 상황을 설명하며 "루마니아가 고통이 따르고 시간이 걸리겠지만 기필코 시민사회를 만들어야 한다. 국민을 위한 민주적 가치의 실현과 정책이어야 하지 일부를 위한 민주주의가 되어서는 안 된다"고 강조했다.

그해 12월 초순 독일의 〈프랑크푸르터 알게마이네 차이퉁〉에 기고한 글을 이야기하자 반가운 표정을 지었다. 당시 그는 "루마니아에는 2백만 명당 1명꼴로 반체제 시민이 있다"며 비관했다. 그 점을 이야기하자 "혁명 기간에 2천만 국민 모두가 반독재였다는 것을 알았다. 참으로 행복했다. 그때는 내가 잘못 생각했다. 국민은 생명의 위험을 무릅쓰고 TV라디오 센터를 장악해 지식인에게 목소리를 내게 했다. 그 큰 힘이 우리의 자산이라 생각한다."

차우셰스쿠의 독재체제도 이렇게 설명했다.

"세계에서 유례없는 아주 특이한 체제였죠. 스탈린식의 공포정치와 남미식 독재에 가족독재가 조합된 마피아식 파시즘이었습니다. 정부, 의회, 문화 등 모든 것이 가족독재의 수단이었고 차우셰스쿠 가족만이 국가를 이끌었습니다. 이런 체제를 외국에서는 정말 이해하기 어려울 것입니다."

디네스쿠는 독재치하의 삶을 이렇게 이야기했다.

"차우셰스쿠 치하의 24년간 지식인은 물론 국민도 철저히 비인간화를 강요당했습니다. 폴란드, 헝가리, 체코의 지식인은 그래도 서유럽의 직간접 지지를 받아왔죠. 그러나 루마니아에서는 반체제 지식인이 존재할 수 없었습니다. 탄압과 감시가 극심해 어떤 조직도 구성하지 못했습니다. 작가들도 철저히 파괴되었죠. 무엇보다 비판적인 작가와 지식인을 가난하게 만들었습니다. 비판은 금지당했고 양심에 반하는 옹호의 글만 쓰게 되었습니다. 저도 공산당원이었고 26세 때 작가동맹에 가입했습니다. 차우셰스쿠의 부인 엘레나 부통령이 가끔 작가들과 모임을 했죠. 이 자리에서 비판적 발언이 자주 나오자 부인은 이런 모임 자체를 아예 없애버렸습니다.

비판적인 작가는 시골로 강제이주당했고 작품은 출판과 판매가 금지됐습니다. 집 밖 외출도 금지됐고 방문객도 없었으며 친구도 찾아오지 못했죠. 집이 감옥이었습니다. 정말 눈과 귀, 입이 없었어요. 차우셰스쿠 치하의 루마니아는 모든 국민에게 가장 긴 감옥생활이었습니다.

그래도 용기 있는 작가는 꾸준히 작품을 써서 외국으로 몰래 내보내 우리의 실상을 알리려고 노력했습니다. 그런 방식으로 외국에서 출판된 작품은 81권이나 되죠. 제가 쓴 시집도 있는데 지난 2일 동안 서독에서 팔린 것이 1만1천 부라는 이야기를 들었습니다. 서유럽 언론이 작품들을 소개하고 우리 대신 비판해주기도 했습니다."

개인 이야기도 물어봤다.

"1950년생으로 아버지는 광부였습니다. 저도 광부를 희망했으나 고등학교 때 쓴 시가 입선되면서 시인으로 인정받고 작가가 되기로 결심했습니다. 18세 때였죠. 21세 때 첫 시집을 냈고 대학을 졸업하고 기자를 했습니다. 26세 때 작가동맹 회원이 되고 4차례나 작품상을 받으면서 중앙위원으로 선출되는 등 잘 나가는 작가였습니다.

그러나 1983년부터 차우셰스쿠가 작가동맹의 리더가 되는 것을 세 차례나 반대해 미운털이 박혔죠. 작가동맹에서 퇴출당하고 직장에서 쫓겨난 뒤부터 직업을 가질 수 없었습니다. 친구들의 도움으로 간신히 생활해야 했어요. 지하출판물을 만들어 외국으로 내보냈다는 이유로 여러 차례 감옥에 갔습니다."

그는 혁명이 성공하면서 축출당했던 작가동맹의 임시의장으로 선출됐고 임시정부인 구국위원회 11인 집행위원회 의장까지 맡았다.

그는 1시간가량 인터뷰를 마치고 사인을 부탁하자 다음과 같이 한 문장을 써주었다. 이 메시지는 1990년 1월 15일 자 〈동아일보〉 3면에 실렸다.

"우리는 이제 자유롭게 숨 쉬는 나라가 됐다."

가슴에 진하게 남는 메시지였다. 나도 언론자유가 극도로 위축됐던 시대를 경험했기 때문이었다.

족벌독재의 흔적

임시정부인 구국위원회가 당시 현지 취재 중인 외신기자들을 안내했다. 독재의 흔적들이었다. 언덕에 8년째 건축 중인 인민대궁전과 사회주의 거리, 차우셰스쿠 부부의 저택이었다.

3곳 모두 현역군인들이 직접 설명했다. 인민대궁전은 시내 전체가 내려다보이는 스피리 언덕에 1983년부터 매일 2만5천여 명이 동원되

306

어 건축 중인 건물로 가로 350m, 세로 250m, 높이 20～25m, 12층 높이에 연건평 165ha(약 50만 평)의 초대형 건물이었다. 차우셰스쿠는 지구상 가장 큰 건물인 미국의 국방부 펜타곤보다 더 크게 지으라고 명령했다. 이 지역에 살던 3만여 명의 주민이 쫓겨나고 19개의 교회도 파괴되었다.

말이 인민대궁전이지 사실은 대리석으로 만드는 대통령 궁이었다. 대통령 집무실, 부인인 엘레나 부통령 집무실, 의전용인 무라니아 홀, 연회장인 유니온 홀이 핵심이었다. 차우셰스쿠 집무실은 약 330㎡(약 1백 평)로 이란에 특별주문 했다는 길이 50m 폭 20m의 카펫이 깔렸고 출입문짝 하나가 30만 달러나 하는 장미목이라 했다. 부인의 집무실은 화려했다. 금으로 도금된 3개의 응접세트가 나란히 놓여있었고 특수 목재의 벽면은 손으로 조각한 문양으로 채워졌다.

루마니아 홀과 연회장은 길이 80m, 폭 45m, 높이 18m로 1톤짜리 대형 크리스털 샹들리에가 6개나 달렸고 벽에는 백 개의 크리스털 조명을 달았다. 천장도 이 나라 전통문양으로 만들었고 벽도 밑에서 3분의 1까지는 문양조각에 금으로 도금되어 홀 전체가 노란빛을 띠었다. 대리석 기둥은 마로니에 나뭇잎을 조각했고 기둥 하나의 공사비만도 6백만 달러라고 했다. 같이 간 프랑스 여기자는 "금물이 줄줄 흐르는 방"이라고 했다.

건물에 사용된 벽돌은 특수 제작한 것으로 개당 250레우(약 2천 원), 안내와 설명을 담당한 게오르규 대령은 "벽돌 10개면 우리 한 달치 월급"이라고 했다. 그는 또 "두 홀에 쓰이는 전기는 5MW로, 30W만 사용토록 허가된 농촌 지역 16만 가구가 하루에 쓸 수 있는 양"이라며 씁쓸해 했다.

2000년에 다시 이곳을 찾았을 때는 건물이 완공됐으나 행정기능은 보이지 않았다. 의회가 들어오기로 되어있다고 했다. 건물도 일부 축소했고 방도 1천1백 개나 되지만 어떻게 쓸지도 결정되지 않았다는 것이다. 14년에 걸친 공사의 건축비용은 40억 달러나 됐다고 했다.

더욱 참담한 것은 사회주의 승리를 기념하기 위해 조성한 '사회주의 거리'였다. 인민대궁전에서 시작해 동쪽으로 쭉 뻗은 대로는 폭 120m에 길이는 3km였다. 바닥은 컬러타일을 깔았다. 얼어붙은 눈을 파헤쳐야 보였다. 대로변 양쪽은 5층 건물 3천 가구를 배치해 3년 전 완공했으나 대부분 빈 아파트였다. 차우셰스쿠 정부는 이 거리를 조성하기 위해 주택 10만 채를 강제철거하고 주민들을 농촌으로 추방했다.

대통령의 저택은 방송센터 빌딩 뒤편 프리모베리(봄이라는 뜻)에 있었다. 기자의 여권을 일일이 대조한 뒤 입장시켰는데 사진촬영은 금지했다. 나는 미수교국 기자라서인지 전화로 통화한 뒤 입장시켰다. 관저는 2층 건물에 방이 12개, 응접실은 6개였다. 국가원수의 관저치고 큰 집은 아니었다. 그러나 일반 시민의 삶과 비교하면 화려했다. 방과 응접실에는 중국산 실크카펫, 18세기 루마니아 저명화가 그리고레스쿠의 작품이 수십 점이나 됐고 로마시대의 대리석 조각상들이 배치되었다. 진열장 6개에는 고미술품, 조각품, 자기그릇, 도자기 꽃병으로 그득했다. 부부가 사용하는 침실과 화장실의 금속은 전부 금도금 제품이었다. 부인과 딸의 방에 붙은 옷장에는 실크잠옷을 비롯한 고급의상 수십 벌이 주인을 기다렸다.

저택에 달린 정원은 9.9ha(약 3만 평), 저택 앞의 호수에는 6척의 대형요트가 얼어붙어 있었다. 주변의 단독주택들은 공산당 간부용이라고 했다.

308

부쿠레슈티 교외의 차우셰스쿠 일가족과 공산당
고위간부를 위한 비밀 농장 한쪽의 가축 사육장.   ⓒ 최맹호

　혁명 직후 부쿠레슈티 시내에 생필품을 파는 상점은 찾아보기 어
려웠다. 그러나 이듬해 6월 선거 때는 상점이 여기저기 들어섰고 육
류와 채소, 식료품을 팔았다. 독재정권 시절 수출만 하던 육류제품
의 시판이 허용됐기 때문이다.
　"고기를 마음대로 살 수 있고 자동차 연료를 가득 채우는 것을 상
상조차 못했다. 채소를 사기 위해 줄을 서지 않아도 되는 것을 상상
이나 했겠나?"
　시민들은 그렇게 피의 혁명 대가로 나온 삶의 질을 즐기고 있었다.
　루마니아는 1980년대 들어서면서 경제사정이 악화일로였다. 1970년
대 중반 차우셰스쿠는 소작농 제도를 폐지하고 작은 농지까지 전부 국
유화했다. 당시 소작농은 전체 경작지의 12%에 불과했지만 이 나라
전체의 우유 45%, 고기 47%, 과일 55%, 채소 49%를 생산했다.
　공산권 국가 대부분이 농지를 국유화하면서 생산성이 폭락했는데
루마니아도 마찬가지였다. 국유지에서 생산된 농산물은 외채상환용

으로 사용됐고 국민에게는 배급제를 시행했다. 산업도 침체를 벗어나지 못했다. 혁명 이전 10년간 첨단기계를 단 한대도 수입한 적이 없었고 컴퓨터를 통한 커뮤니케이션에 두려움을 느껴 관련 산업에 대한 투자도 없었다. 적어도 2010년까지 컴퓨터 생산 공장은 계획조차 없었다고 했다.

타자기와 복사기도 신고해야

안내원으로부터 차우셰스쿠 시대의 삶을 이야기해줄 사람을 소개받았다. 전직 공무원이었다는 50대 남성은 자신의 이름을 밝히지 않았다. 안내원 역시 이름을 이야기해주지 않았다. 아직은 신분을 밝히고 정권을 비판하는 데 위험이 있다는 이유에서였다. 그는 자신이 겪고 들었던 1980년대 루마니아의 상황을 이야기했다.

지난 10여 년간 루마니아는 빈곤의 나라였습니다. 사실상 전 국민이 굶주려야 했고 추위에 떨어야 했죠.

공산품은 국제경쟁력이 없기에 농산물과 광물자원이 부채를 갚는 유일한 품목이었습니다. 그나마 개인영농을 허용하지 않았기 때문에 식료품의 여유가 없었습니다. 빵과 밀가루, 설탕이 배급되기 시작한 게 1980년대 초반부터였죠. 우유와 버터나 고기를 사려면 무진 고생해야 했어요. 무엇보다 늘 부족했기 때문이었습니다. 제가 해고된 것도 수출용 쇠고기를 빼돌린 사실이 발각됐기 때문이었습니다. 영양실조에 걸린 두 딸과 아내를 살리기 위해서였어요. 제가 사는 동네에서도 어린이가 굶어 죽었습니다.

시골에 친인척이 있는 집은 그래도 채소와 달걀이라도 가끔 얻어먹을 수 있었지만 저 같은 도시 출신에게는 다른 방법이 없었습니다. 시내에 유제품과 고기를 파는 상점이 드문드문 있지만 제품은 없는 날이 더 많았죠.

식량도 모자랐지만 1984년부터인가는 에너지 절약정책도 강화했습니다. 가정당 전기도 40W 한 등만 허용됐고 실내온도는 16도 이하로 맞춰야 했습니다. 추운 겨울, 영양부족의 시민들이 콘크리트 집에서 살아가기 위해서는 한 방에서 온 가족이 같이 생활해야 했습니다. 햇볕이 나는 낮에는 집보다 바깥이 더 따뜻했어요. TV시청도 하루 2시간으로 제한했습니다. 가로등도 수도인 부쿠레슈티에만 허용됐고 지방은 켜지 못하게 했습니다. 자가용 승용차가 자취를 감추기 시작했죠.

인민대회당 건설에 동원된 근로자의 주거지는 비참했습니다. 가구당 면적은 16㎡(약 5평)이었고 20가구당 4개의 수도꼭지와 2개의 샤워시설뿐이었으며 취사장도 공동으로 사용했습니다. 하루 근무시간이 12시간이었고 배급되는 식량도 한 끼에 턱없이 부족했습니다. 주택과 식량에 대해서는 말도 못 하게 했어요. 그래도 월평균 소득은 2천7백~3천 레우(약 25달러)였습니다.

1980년대 후반에 들어서면서 크고 작은 시위가 발생했습니다. 그중에서도 1987년 브라소프 시위가 가장 컸습니다. 당시 공산당 전국대회가 예정된 도시였어요. 그에 앞서 시의원 선거가 있었죠. 관리들은 100% 투표에 100% 찬성이라는 충성경쟁을 벌였습니다. 강제동원된 근로자가 식량공급과 근로조건 개선을 요구하는 시위가 발생했고 경찰이 진압하자 공산당 지부에 불을 질렀습니다. 시민들이 가세하면서 시위군중은 '차우셰스쿠 타도하자!', '공산당을 타도하자!', '빵과 자유를 달라!'는 반정부 구호가 처음으로 터져 나왔습니다. 당시 일자리를 찾아 그곳에 갔던 저는 그 소식을 들었고 소문은 입을 통해 전국으로 알려지게 됐다. 생활이 어려워질수록 정권의 탄압은 더 심해졌습니다. 비밀경찰이 수시로 개인의 집을 방문했죠. 정부 지시를 따르는지 여부와 함께 불온분자인지를 감시하기 위해서였습니다.

1980년대 초반인데 개인이 가진 타이프라이터와 복사기를 등록하라는 명령도 있었습니다. 새로 구입하는 사람은 그 이유와 설치장소를 경찰에 신고하고 허가증을 받아야 가능했습니다. 공공질서와 국가안보 저해를 막기 위한 조치라는 설명이 있었죠. 이 조치는 반정부 유인물을 막기 위한 수단이었습니다. 공산권에서 정보는 이른바 사미즈다트라고 불리는 지하출판물을 통해 알려지기 때문이었습니다.

제 8부

폐쇄된 빈곤국
알바니아

Republic of
Albania

유럽의 고도

스위스 취리히를 출발한 스위스항공의 여객기가 알바니아의 수도인 티라나(Tirana)에 위치한 국제공항에 착륙하기 위해 고도를 낮추면서 창문을 통해 바깥을 본 나는 공군기지에 내리는 줄 알았다. 활주로 주변에 수많은 방공호와 20여 대의 소련제 미그전투기와 대공포가 정렬했고 순찰 및 경비 중인 군인, 끝없이 이어진 크고 작은 시멘트 참호 때문이었다. 국제공항이라기보다는 중무장한 군사기지 같았다.

공항 청사는 우리나라 시골의 기차역 정도였다. 목조건물 단층에 입국심사도 일일이 장부에 기록하고 명단을 대조했다. 컴퓨터는 물론 없었다. 입국절차에 한 사람당 30분은 걸렸다. 출국할 때도 마찬가지였다. 탑승권도 손으로 쓴 종이였다. 원시적인 출입국 현장일 것이다.

공항에서 20㎞ 떨어진 시내를 오가는 대중교통은 2시간마다 다니는 버스가 있다는데 보지를 못했다. 명색이 국제공항인데 시내로 가는 지하철이나 철도는 물론 택시도 없었다. 며칠 뒤에야 알았지만 개인에게 자가용 소유를 금지했고 택시도 전국에 50대뿐이었다. 때문에 티라나 시내에 들어가는 가장 빠른 방법은 큰 길로 걸어 나가 지나가는 차량에 편승하는 것이라고 했다. 실제로 공항에서 대책 없이 기다리는 나에게 시민들은 그렇게 조언해주었다. 일부 승객은 짐 가방을 끌면서 걸어 나갔다. 믿어지지 않겠지만 1991년 2월의 현장이었다.

알바니아 역사를 다룬 자료를 보면 1919년 전국에 자동차는 3대뿐으로 그것도 1차 대전 후 연합군이 버리고 간 차량이었다. 1927년도 의료 관계자는 의사 백 명, 치과의사 21명, 약사는 59명이었으며 1939년 전체 인구 중 산업종사 근로자는 1.5%에 불과했다고 기록한다.[1]

알바니아로 가는 길은 참 멀었다. 동유럽 공산국가가 모두 민주 체제로 전환된 뒤 마지막 남은 나라가 알바니아였다. '유럽에서 가장 가난한 나라, 세계에서 가장 심한 은둔국가'라는 별명이 있었다. 당시 빈에 있던 나는 오스트리아나 독일에서 발행되는 신문에서 알바니아 기사를 거의 볼 수 없었다.

영국의 BBC와 〈파이낸셜 타임스〉, 주간지인 〈이코노미스트〉(*The Economist*)가 알바니아 소식을 짧은 기사로 가끔 전했다. 정치·경제 개혁과 사회적 탄압을 완화했다는 뉴스가 실렸다. 빈에는 알바니아 대사관도 없었다. 취재를 하고 싶은데 갈 방법이 없었다.

궁하면 통하는 법이라 했던가! 독일의 본에 사는 박광우朴光雨 한인회장의 도움으로 비자를 받을 수 있었다. 한국 기자 최초로 알바니아 입국 비자를 받게 된 것을 축하한다는 알바니아 대사관의 메시지도 함께 전해주었다. 외교관계가 없기 때문에 코오롱 상사 독일주재원 자격이었다. 독일 국민인 박 회장은 알바니아의 국영기업 부지 사장과 친해 그를 통

---

1 R. J. Crampton, 1997, *Eastern Europe in the Twentieth Century and After*, London: Routledge, p. 144.

해 비자문제를 해결해주었다. 부지 사장은 내가 알바니아에 머무르는 동안 만나주지는 않았지만 호텔예약과 취재지원을 아끼지 않았다.

공항에서 지루하게 기다리기를 2시간. 매연을 뭉게구름처럼 피우며 승용차가 도착해 나를 찾았다. 운전자는 "차량이 오다가 고장이 나 수리하고 오는 길"이라고 늦은 이유를 설명했다. 시내로 들어가는 길은 크고 작은 시멘트 참호가 구릉을 따라 끝없이 이어졌다. 티라나까지 가는 동안 이런 참호선이 20여 줄이나 됐다.

수도 티라나의 최고급 호텔이자 외국인 전용인 다이티 호텔의 방은 30W 전구 하나뿐이어서 밤에는 자료를 읽기가 불편했다. 아침에 나갔다가 저녁에 돌아오면 방의 전구와 변기의 받침대도 없어졌다. 팁을 주면 다른 방의 것을 가져다주었다.

극심한 물자 부족으로 필요한 부품을 이 방 저 방 옮겨 사용했다. 호텔 방의 TV도 흑백에다 채널도 현지방송 2개뿐이었다. 그나마 방영시간은 5~7시간이라고 청소원이 귀띔했다. 아침식사도 토스트 2개와 물기가 빠진 오래된 오이, 채소 몇 조각이 전부였다. 그 흔한 달걀도 구경할 수 없었다.

46년간 집권한 노동당의 일당독재와 국가 영웅으로 우상화된 엔버 호자(Enver Hoxa)의 1인 독재체제가 가져다준 공포정치와 소련과 중국과도 외교관계를 단절하면서 시작한 철저한 고립주의의 산물이었다.

입국도 라미스 알리아(Ramiz Alia) 대통령 주도로 정치민주화를 비롯해 개혁·개방을 막 시작하던 때였기에 가능했다. 알리아 대통령은 1988년에 경제 부문에서 대외무역과 소규모 사유농지를 허용하고 정치인과 지식인에 대한 탄압을 완화했으며 고립주의도 탈피해 개방을 점진적으로 확대하는 정책을 시행하기 시작했다. 그러나 비밀경찰인 시그무티와 이 기관을 실질적으로 조종하는 호자의 미망인 에미야 여사 때문에 획기적인 내정개혁을 못하는 중이었다.

라디오 방송국으로 가 통역 겸 취재를 도와줄 안내인을 구했다. 이름이 이코노미, 국제담당기자였다.

이코노미 기자는 1990년 5월의 개혁조치는 상당히 의미 있는 조치라고 설명했다. 중앙집권적 경제체제를 완화해 기업경영의 자율성과 외자도입을 허용하고 반국가사범의 범위를 축소했으며, 여성에 대한 사형 폐지 등 인권신장조치와 소비재생산을 위한 경공업을 장려하는 등 자유화 정책을 시행했다.

통제와 압박이 느슨해지면서 자연히 시위가 확대되자 1990년 1월에는 25개 항에 달하는 개혁프로그램을 발표했다. 그해 12월 공산당 권력독점을 폐기하면서 이듬해 3월에 자유총선거를 시행하는 개혁 일정이 발표됐다. 다당제가 허용되어 야당이 4개나 생겨났고 종교의 자유와 외국인과의 대화가 허용됐다. 티라나 시내에는 2차 대전 후 처음으로 시행되는 선거를 알리는 입간판이 띄엄띄엄 서 있었다.

야당 신문인 〈릴린디아 데모크라티크〉(민주주의의 부활)의 1면 머리기사 제목은 "스탈린의 유령이 아직도 하늘을 덮고 있다"였다. 용감한 기사였다.

민주당 지도자 살리 베리샤(Sali Berisha) 교수, 아젬 하이다리, 그라모즈 파스코(Gramoz Pashko) 엔버호자대학 교수, 이마미(Arben Imami) 영화배우, 프로크 쿠퍼 언론인 등 내가 만난 야당의 지도급인사는 알바니아 공산체제를 "국가가 아닌 사실상의 감옥"이라고 표현했다.

티라나 시내 공원의 젊은이들. 일자리도 없고
갈 곳도 없어 공원을 찾는 것이 유일한 즐거움이다.

이튿날부터 안내인은 두 사람으로 늘어났다. 이코노미 기자와 같
이 나타난 젊은이였는데 성명도 밝히지 않았다. 그렇다고 두 사람이
서로 아는 사이도 아닌 것 같았다. 아마 감시역할을 하는 정보기관
요원 같았다. 안내인도 구태여 부인하지 않았다.

그래도 이코노미 기자는 "지난 1년은 엄청난 변화였다"고 설명했
다. 외국인에 대한 1 대 1 감시가 없어졌고 언론자유도 약간은 보장
됐다"고 말했다.

그의 안내로 찾아간 민주당 중앙당사는 간판도 없는 허름한 2층
건물에 선거벽보나 플래카드 하나 걸려있지 않았다. 마침 선거대책

회의를 하던 중이라 6인 집행위원 중 4명을 한꺼번에 만났다. 3월 31일 첫 자유총선거를 앞두고 창당된 지 2개월에 불과한 민주당은 "당원조직 겸 선거운동을 병행하는 데 어려움이 많고 정부의 방해와 폭력이 계속된다"고 폭로했다. 중앙당과 전국 28개 지구당을 합쳐 자동차 4대, 전화기 10대가 전부이며 공산당은 신문용지 배급을 제한해 주 2회, 한 번에 수천 부 인쇄가 고작이라고 했다.

이른 봄철이라 그런지 시내 모습은 을씨년스럽기 그지없었다. 중심지를 지나는 차량들은 헝가리제 버스, 중국제 트럭, 소형버스가 어쩌다 지나가면서 매연을 내뿜었다. 중앙광장을 벗어나면 지나가는 차량을 구경조차 쉽지 않았다. 택시운전사 알리아 씨는 "알바니아에 버스는 2백 여 대, 택시는 54대로 그나마 국가가 운영한다"고 말했다. 정말 그럴까했지만 5일 동안 있으면서 택시를 제대로 보기 힘들었다.

시내를 둘러보면서 가장 심각하게 느껴지는 것이 식량난이었다. 수도인 티라나와 50km 정도 떨어진 제2도시인 두레스(Durres), 그 사이에 있는 시골마을 어디를 둘러봐도 식료품을 파는 가게를 찾을 수 없었다. 얇은 밀가루 빵을 파는 간이식당 앞에서 수십 명이 줄을 서서 기다렸다. 농산물 간이판매점 서너 개가 눈에 띄었다. 그나마 1990년 9월에 바뀐 경제개혁안의 덕분이라고 했다.

티라나는 생기 없는 도시였다. 영양부족으로 푸석하고 무표정한 얼굴의 시민들, 어쩌다 지나가는 차량의 시커먼 매연, 움푹 파여진 도로와 허름한 건물들이 서글프게 어우러져 활기라고는 느껴볼 수가 없었다. 목탄차라는 것을 티라나에서 처음 봤다. 연통으로 나오는 검은 연기가 연막탄처럼 도로를 뒤덮었다.

엔버 호자 동상이 서 있던 중앙광장인 스캔드버그 광장에는 평일인데도 아침부터 쏟아져 나온 시민과 젊은이가 벤치에 앉아 무료한 시간을 보냈다. 나도 그 틈에 앉아 취재했다. 한 대학생은 "우리가 가진 것이라고는 아무것도 없다"면서 "이해하기 어려우면 달걀 한 개, 병아리 한 마리까지도 국가가 관리했다고 생각하면 된다"며 처연한 표정을 지었다. 그는 개혁·개방 바람에 대해 "재산이든, 자유의 가치든 가진 것이 없어 잃어버릴 것도 없는데 변화를 두려워할 이유도 없다"며 기대하고 있었다.

엔버 호자 동상이 있었던 자리에는 기단만 남아있었다. 지난 2월 20일 성난 시민들이 호자의 동상을 끌어내렸다고 했다. 동상은 수모를 당한 뒤 화물차에 실려 사라졌다는 것이다.

오전인데도 얼굴이 붉은 사람도 있었다. 아침부터 술을 마시는 게 풍속이란다. 인터뷰를 위해 사무실을 방문하면 술도 같이 나온다. 독한 알바니아산 코냑과 에스프레소 커피와 과일주스가 함께 나오지만 코냑을 들면서 건배하자는 바람에 꼼짝없이 마셔야 했다.

티라나 교외의 판잣집촌은 그때까지 동유럽을 다니면서 본 가장 가난한 동네였다. 움막집, 판잣집, 구멍이 난 텐트가 어지럽게 들어선 지역으로 나무판자를 바닥에 깔고 살아가는 모습이었다. 전기와 상하수도 시설은 물론 없었고 요리는 텐트 밖에서 나무토막으로 불을 때어 만들었다. 때마침 저녁시간이라 식사로 밀가루 죽을 쑤는 모습이 여기저기 눈에 띄었다.

안내원은 성녀聖女 테레사 수녀가 태어난 곳이라며 이곳을 안내했다. 생가라는 출입문 위에는 '테레사 수녀 사랑의 선교회'(MOTRAT E NANE TEREZES' missionaries of Charity) 라는 나무현판이 붙었다. 테레사 수녀의 공식 기록에는 출생지가 마케도니아의 수도인 스코페(Scopje)로 되었다. 수녀의 아버지는 알바니아인이다. 수녀도 알바니아를 무척 좋아했다는 기록이 있다. 안내인은 테레사 수녀가 도와준 이곳을 생가라고 착각한 것 아닌가 생각한다. 이곳이 테레사 수녀의 고향이라면 그녀는 인도에 가지 말고 알바니아에 있어야 했다는 생각이 들 정도였다.

배고픈 축제,
자유선거

한 달이 지나 은둔 국가 알바니아를 다시 방문했다. 알바니아 역사
상 1991년 3월 31일 처음으로 다당제하에 치러지는 자유선거를 취재
하기 위해서였다.

분위기는 당시보다 더 혼란스러웠다. 선거가 임박한 것도 이유지
만 생활고 때문에 살길을 찾아 그리스로, 이탈리아로 무작정 떠나려
는 수천 명이 항구와 육로로 탈출을 시도하기 때문이었다. 첫 방문
때 인사를 나누었던 청년은 3월 초순 이탈리아로 탈출했다며 빈에
있던 나에게 전화로 "도와줄 방법이 없느냐?"고 하소연했다.

그리스로 들어간 수천 명은 다시 쫓겨 왔다. 선거 분위기를 타고
쏟아지는 희망은 봇물을 이루고 언론인도 비교적 자유롭게 의견을
이야기하곤 했다. 한 달 차이인데도 분위기는 훨씬 자유로웠다.

티라나 라디오 건물을 찾아가 로시(Roshi) 보도국장과도 이런저런
이야기를 나누었다.

"선거결과는 예측하기 어려워요. 관료와 기득권층의 완고함 때문

이죠. 도시지역 시민은 자유롭고 급진개혁을 바라지만 농민은 그걸 두려워합니다."

야당인 민주당 중앙당사는 전에 봤던 그 건물 그대로였다. 선거를 사흘 앞둔 28일 야당 지도자 살리 베리샤의 내외신 기자회견장에는 마이크도 없었다. 통역은 대변인 겐코 폴로가 맡았다. 다음 날 알리아 총리의 첫 외신기자 회견장과는 너무 대조적이었다.

베리샤는 공산당의 세포조직과 비밀경찰을 해체하고 대외 완전개방을 주장했다. 민주당의 공약은 자유민주국가, 시장경제를 내세우며 군을 비롯한 국가기관의 탈정치화와 집단농장의 즉각 사유화를 내걸었다.

야당 지도부는 어려울 것이라고 예측했다. 조국의 자유선거를 보기 위해 파리에서 온 유명 작가 이스마일 카다레 씨는 "야당의 승리를 믿지 않는다. 감시가 너무 심하다"고 설명했다.

뿐만 아니라 인구 3백만 명의 65%가 농촌 지역에 살았다. 농촌지역은 당과 정부가 완벽하게 장악했다. 농민은 급격한 변화를 두려워했다. 농촌지역 유권자의 환심을 사기 위한 것으로 보였다. 노동당(공산당) 공약에는 "땅을 나누어주고 소 1마리와 염소 몇 마리도 분양할 것"이라는 내용도 있었다. 이미 중국제 트랙터 1천 대를 구입해 집단농장에 배치한 것도 자랑했다.

노동당은 집권당의 이점을 최대한 이용했다. 250개 전 지역구에 후보를 냈다. 야당은 도시와 일부 농촌지역에 후보를 내면서 "공산당이 행정조직을 이용한다"고 비난했다.

유럽연합에서는 자유선거 참관단을 15명이나 파견했다.

선거운동 기간에 만난 에드몬드라는 티라나 대학의 역사학과 학생은 우려스런 전망을 했다.

"(공산당인) 노동당이 승리할 것이고 그러면 티라나, 두레스, 스코드라(Shodër) 등 큰 도시에서 긴장이 높아질 것입니다. 젊은이의 미래는 더욱 암담해질 것이고 4~5년을 더 기다리는 것보다 살길을 찾아 떠나려는 국민이 많아질 거예요."

그 학생의 걱정은 그대로 나타났다.

선거결과는 공산당인 노동당이 66%, 민주당이 27%, 나머지 7%는 군소정당이 차지했다. 현직 대통령 알리아는 티라나 시 218선거구에서 출마했으나 36.25%의 득표로 낙선했다. 의원선거와는 별개로 대통령직은 유지했다. 호자 정권에서 12년간 농림부장관을 지낸 토마이 후보도 사무실에서 커피를 직접 날라주며 "노동당의 승리"라며 자신의 낙선을 자위했다.

공산당이 승리했지만 국민의 선택이었다. 자유에 대한 희망은 가지게 됐다. 그러나 생활고의 무게는 정치보다 무거웠다. 국민은 좌절감에 빠져들었고 티라나와 스코드라에서는 시위가 벌어진다는 뉴스를 뒤로하고 알바니아를 떠났다.

극심한 생활고를 겪으면서도 변화를 갈망했던 사람들은 지중해의 보트피플이 되어 이탈리아로, 산맥을 넘어 그리스로 탈출하는 대탈출이 다시 시작됐다는 보도가 한동안 계속됐다.

안내원 이코노미 기자는 헤어지면서 알바니아의 민주화를 이렇게 표현했다.

"46년간의 공산지배가 끝나면서 민주주의가 승리했습니다. 어둠이 물러나고 빛이 들어온 순간부터 우리는 눈뜨기 힘들었습니다. 알바니아 국민은 티라나의 스캔드버그 광장에서 배고픈 축제를 해야 했습니다."

　동유럽 현장을 다니면서 들은 말 중에 가슴에 가장 오래 남았던 슬픈 소감이었다. 그 후 몇 차례 편지를 보냈지만 답장은 오지 않았다.

쇄국정책으로
경제파탄

40년에 걸친 철저한 고립정책은 국내산업의 몰락을 초래했다. 파시코 교수는 "우리 국민의 영양수준은 우유 한 컵 정도의 칼로리이며 경제분야는 더 잃을 것이 없을 정도로 철저히 붕괴됐다"면서 "알바니아 역사상 이런 정치·역사·경제적 경험해 본 적이 없다"고 비통해 했다.

상공회의소 리고르 다모 의장은 "경제는 처음부터 새로 시작해야 한다. 무엇보다 식품산업 재건이 가장 시급한 과제"라고 했다. 협동농장이 423개로 농업생산의 77%를 담당하지만 식량부족이 갈수록 심해졌다. 공산당 정치국이 경제계획의 중심이라는 코미디 같은 현실 때문이라고 비꼬았다.

1989년도 정부가 발표한 공식 무역규모는 7억 달러로 수출이 3억2천만, 수입이 3억8천만 달러였다.

먹고 사는 것도 문제지만 더욱 심각한 것은 정신적 공황이었다. 지시에 따라 살아왔는데 세월은 변하고 있어 뭘 해야 할지 모르는 무기력과 방황이 보편적인 심리상태였다. 변화를 두려워하고 누군가에게 자기의견을 말하는 것을 피했다.

민주당 대변인인 겐코 폴로는 "얼마 전까지만 해도 변화요구는 죽음으로 가는 고속도로였으며 심지어 국가에 도움을 요청하면 돌아온 것은 몽둥이질이었다"며 "우리 민족은 반세기를 그렇게 살아왔기에 변화를 피하고 무력하게 지켜보는 정도"라고 설명했다. 티라나 라디오의 로시 보도국장도 "은둔국 입장에서 모든 것이 후퇴했다. 사회주의는 게으름만 양산했다"고 비꼬았다.

1944년에 집권한 엔버 호자는 소련의 스탈린과 비밀경찰인 KGB의 협조를 받아 스탈린식의 독재통치 체제를 확립하고 1945년 '세계 최초의 사회주의 완성'이라는 목표 아래 모든 농지를 몰수하고 전 국토와 산업을 국유화했다. 그때만 해도 스탈린과 가까웠다. 남쪽 항구 사잔(Sazan)을 소련의 잠수함기지로 제공했다. 이 사실을 포착한 미국과 영국은 지중해의 안전을 확보하기 위해 제3국에 있는 알바니아인을 모집해 특수훈련을 시킨 뒤 3백여 명을 투입했으나 전원 체포되어 처형당했다는 기록도 있다. 그 유명한 영국과 소련의 이중간첩 킴 필비(Kim Philby)가 KGB에게 명단을 넘겨주었기 때문이었다.

그러나 1956년 소련공산당 서기장 흐루쇼프의 스탈린 비판에 반발해 국교를 단절하면서 소련의 원조가 중단됐고 중국도 마오쩌둥의 사망 후 덩샤오핑이 개혁·개방 정책으로 돌아서자 사회주의의 배신자라며 관계를 끊었다. 개인숭배의 벤치마킹 대상이었던 스탈린과 마오에 대한 격하와 비판이 자신에게도 돌아올 것을 우려한 호자는 1976년 헌법을 개정해 외국차관을 불허하고 원조도 받지 않았으며 심지어 외국자본의 국내투자까지 금지하면서 완벽한 고립주의 정책을 시행했다.

그해 1991년 3월 27일, 자유총선거를 취재하기 위해 외신기자와 유럽연합 참관단을 합해 외국인 2백여 명이 방문했을 때 "역사상 전후무후한 일"이라는 촌평이 나왔을 정도였다.

　1967년 무종교 국가를 선언하면서 모든 성당과 사원을 폐쇄하고 재산을 몰수했다. 서구문화의 유입과 외국인의 출입국을 금지하는 등 완벽한 고립주의를 채택했다. 심지어 턱수염을 기르는 것도 금지했다. 이슬람 문명의 영향을 우려해서였다.

　한편으로는 호자의 우상화가 극치를 이루었다. 정치적 반대자는 비밀경찰을 이용해 무자비하게 탄압했다. 민주화 이후 밝혀진 내용이지만 호자 집권 40년 동안 정적으로 처형된 숫자가 5천에서 2만여 명까지라고 보도됐을 정도였다. 1990년 내무장관 시몬 스테파니가 밝힌 양심수만 3,850명이었다.

　학생이 반드시 외워 불러야 하는 노래는 "산맥처럼 웅장하고…, 빛처럼 중요한 …"이라는 가사의 엔버 호자를 칭송하는 노래였다. 아쉽게도 안내자는 "혐오스러운 내용"이라며 그 이상은 들려주지 않았다.

　광장 옆 문화궁전 건물 상단에는 호자가 활약했던 젊은 시절의 모습이 벽화로 그려졌고, 죽은 뒤에 건축된 옆 건물인 기념관에는 나치 치하의 레지스탕스 활약상과 사회주의 개혁, 독자노선의 필요성, 사망에 이르기까지 그의 '위대한 업적'이 일목요연하게 정리되었다. 두레스를 다녀오면서 본 바위산 자락에 'ENVER'라는 대형글자를 봤다. 호자의 첫 이름이었다. 안내인은 한 글자당 가로세로 길이 15m의 크기로 돌에 새겨 흰색 페인트를 칠한 것이라고 설명했다. 우상화의 우스꽝스러운 모습이었다.

　그나마 1990년 5월부터 종교활동의 자유가 25년 만에 허용되면서 심리적 안정을 찾으려는 교인이 늘고 있다. 중앙광장의 기념물로 되었던 이슬람 사원에는 하루 수백 명의 신도가 참배하고 티라나 시 외곽에 있는 이 나라의 유일한 성당에도 1월부터 미사가 집전되기 시작했다. 성당에 나온 한 노인은 "평생 답답하게 살아왔는데 늙어서 마음의 평온을 얻을 기회가 주어져 그나마 행복하다"며 미소 지었다.

시멘트 벙커로
중무장한 나라

시멘트 벙커는 독재자 엔버 호자의 어두운 유산이었다. 항구도시 두레스를 다녀오는 길에 호기심으로 벙커를 찾아봤다. 널린 것이 벙커여서 아무 곳이나 들어가 볼 수 있었다.

종류도 다양했다. 작은 벙커는 직경 3m 정도, 큰 벙커는 8~10m 정도로 작은 벙커를 여러 개를 내려다볼 수 있는 언덕에 있었다. 큰 벙커는 1개 분대 10여 명의 병력이 배치되어 기관총이나 박격포까지 사용할 수 있도록 되었다. 물론 작은 벙커는 3~4명 정도가 사용가능한 크기였다.

이미 용도가 폐기된 것이어서 그런지 마을 부근에 있는 벙커는 방치되었고 큰 것은 양을 키우는 마구간으로 사용되었다.

시멘트 벙커는 수도 티라나 시내에도 많았다. 아파트 단지 안에도, 공공건물 옆에도, 주택가와 큰 도로 옆에도 여러 군데 눈에 띄었다. 두레스의 해변에도, 돌아오는 길에 보이는 시골촌락이나 포도밭, 과수원, 산악지대 어디서나 크고 작은 벙커가 눈에 띄었다.

나중에 확인한 내용이지만 시멘트 벙커는 알바니아 전역에 75만 개나 만들어졌다. 인구가 3백만 명이었으니 4명에 한 벙커, 즉 한 집마다 1개의 벙커를 만든 셈이었다. 독재정권은 소련과의 외교관계 단절, 인근 유고와의 인종갈등, 그리스와의 국경분쟁을 겪으면서 이들 국가의 침략에 대비한다는 이유로 1967년부터 호자가 사망한 다음해인 1986년까지 건설했다.

특히 수도 티라나를 둘러싼 벙커는 50겹으로 그 숫자는 수천 개라고 했다. 국민의 주택건설과 도로개설 등 사회간접자본에 쓰일 엄청난 양의 시멘트와 철근이 독재자의 권력유지에 이용됐다. 벙커 건설에 반대하는 자는 처형됐다고 한다. 1974년 베키어 발루쿠(Beqir Balluku)라는 국방장관이 벙커의 군사적 무용론을 제기했다가 처형당했다. 1981년 12월에는 메메트 세후(Mehmet Shehu) 전 알바니아 총리의 아들 바시킨(Bashkin) 교육부 장관도 시멘트 벙커 문제를 제기했다가 정부전복 혐의로 체포되어 처형됐다. 이는 호자 대통령이 직접 발표한 내용이라고 야당인사들이 말했다.

둘러본 벙커는 사실 병사의 옥쇄를 요구하는 시설이지 군사용으로는 무용지물이었다. 병력재배치나 군수품의 보급, 전투지휘를 위한 통신 방법 등은 전혀 고려되지 않은, 여기저기 널린 저항 장소에 불과했다.

안내자는 알바니아 국민은 남녀를 불문하고 12세 때부터 군사 훈련을 받는다고 했다. 한 달에 두 번 정도, 한 번에 2~3일씩 벙커에 투입되어 훈련받는다는 것이다.

변혁의 주인공

살리 베리샤와 그라모즈 파스코

민주당 중앙당사를 찾아간 시간은 마침 선거대책회의가 막 끝난 직후였다. 미리 약속했기에 50대로 보이는 두 노신사가 반갑게 맞았다. 더 늙어 보이는 신사는 살리 베리샤(Sali Berisha), 마찬가지로 나이 들어 보이는 신사는 그라모즈 파스코(Gramoz Pashko)라고 했다. 그들의 실제 나이는 46세, 36세이지만 나이보다 더 늙어 보였다. 겐코 폴로라는 젊은 대변인이 동석했다.

베리샤와 파스코는 당시 알바니아 민주화를 이끄는 실질적 지도자였다. 두 사람 모두 엔버호자대학 교수로 베리샤는 의과대학, 파스코는 경제학부였다.

베리샤는 "내가 감옥에 갔던 것은 나를 위해서가 아니라 나와 우리 국민의 미래를 위해서였다"고 말했다. 독재정권에서 민주화로 가는 과도기여서인지 그는 자신감에 차 있었다. "전 세계의 사회주의 공산당이 사라지는 시점에서 알바니아도 변해야 한다. 우리는 국가의 민주화를 위해 노력해야지 누구를 미워하지는 말자"며 오는 첫 자유선거에서 야당이 반드시 승리할 것이라고 자신감을 보였다.

베리샤는 의과대학 심장내과 교수였다. 그는 유럽연합의 의과학 연구 집행위원이기도 했다. 그만큼 알아주는 학자이자 실력 있는 의사였다.

그는 작가동맹기관지의 인터뷰에서 사상과 표현의 자유, 여행의 자유를 요구하고 고립주의정책을 개방주의로 바꾸라고 주장했다가 검속에 걸려 구속됐다. 석방된 그는 1990년 8월 알리아 총리가 주재하는 국민연석회의에서 헌법 제3조에 규정된 노동당의 권력독점조항 폐기를 요구했다. 알리아 정부가 머뭇거리자 그해 12월 대규모 시위를 직접 이끌었고 결국 독점조항이 폐기되고 정당 설립이 허용되면서 자유선거의 길을 열었던 인물이었다.

그들이 이끄는 민주당은 1991년 3월 총선거에서는 집권에 실패했지만 1년 뒤인 1992년 3월 22일 시행된 선거에서는 승리했다. 베리샤는 의회에서 대통령으로 선출되어 1997년까지 알바니아 대통령으로 지냈으며 21세기 들어서도 2005년부터 2013년까지 총리를 맡았던 인물이다. 직접 만나 인터뷰한 동유럽 국가 민주화 지도자 중 후일 국가원수가 된 4명 가운데 1명이 됐다.

파스코 교수는 "40년 이상 계속된 극단적인 스탈린주의와 개인숭배, 자급자족이라는 명분하의 쇄국정책이 모든 것을 파괴했다. 유럽에서 가장 가난한 나라가 됐다. 산업기술 분야는 1950년대에서 단 한 발자국도 진전되지 못했다. 더는 잃을 것이 없는 상황"이라고 했다.

그는 "진실이 곧 신神이므로 반정부 활동을 시작했고 독재의 폐해와 후유증을 후손에게 물려주지 않기 위해 남은 생애를 민주주의와 시장경제 구축에 바치기로 했다"며 줄담배를 피웠다. 그는 무엇보다

"시민들이 무기력에서 벗어나 생기를 찾고 의욕을 갖도록 해야 하는데 정부나 야당이나 그들에게 당장 해줄 것이 아무것도 없다"며 눈물을 글썽였다.

라미즈 알리아(Ramiz Alia)는 엔버 호자의 후계자로 1985년에 취임한 알바니아 공산당 서기장이었다. 재임 6년 만에 당 서기장직에서 물러났지만 대통령직은 유지하면서 유혈 없는 민주혁명에 이바지했다. 그러나 1992년 4월 시행된 총선거에서 알바니아 민주당이 압승하면서 대통령직도 사임해야 했다.

그는 1993년에 국고유용과 권력남용혐의로 체포되어 징역 9년을 선고받았다. 항소심과 상고심을 거치면서 3년으로 줄었으며 1995년에 석방됐다. 그는 재임 중 저지른 인권범죄혐의로 1996년에 다시 체포되어 수감됐다가 당시 무정부상황에서 풀려나 은둔생활을 하다가 2011년에 사망했다.

제 9 부

중세의 건축미를 간직한
발트 3국

Baltic
States

독립의 몸부림

모스크바에서 저녁 8시에 출발한 기차는 다음 날 아침 9시경에야 리투아니아의 수도 빌뉴스(Vilnius)에 도착했다. 불과 260㎞의 철길을 13시간이나 달린 셈이었다. 1960년대 우리나라가 그랬다. 서울역에서 밤 9시 기차를 타면 대구는 새벽 5시, 부산은 아침 8시에 도착하던 때가 생각났다.

2월이라 매서운 추위가 계속됐지만 열차 객실은 난방이 되지 않았다. 침대칸이지만 입은 옷 그대로 침대에 들어가도 너무 추워 수시로 잠이 깼다. 동행한 시도로프 기자는 이런 추위에 익숙한 듯 웃옷을 모두 벗고 잘도 잤다.

기차는 객차마다 난방용 화덕이 별도로 설치되었다. 출발할 때는 분명 내가 탄 객차의 화덕에 연탄이 타고 있었다. 그러나 자정 무렵 너무 추워 가봤더니 출입문은 잠겨있고 불은 꺼져있었다. 시도로프에게 그 모습을 전해주었더니 웃으면서 대꾸했다.

"소련에서는 다 그래. 누군가 빼돌렸을 거야."

1990년 2월 하순이었다.

격변의 1989년 하반기를 넘기고 새해로 들어서면서 빈의 외신기자들은 농담 삼아 "올해 가야 할 취재현장은 어디일까?"라는 말을 주고받았다. 서방 언론이야 나라별로 특파원이나 프리랜서를 두지만 우리나라는 그렇지 않았다. 독일은 통합과정에 들어섰고 소련도 고르바초프의 리더십이 흔들리긴 했지만 큰 혼란이 있을 것 같지는 않았다.

발트 3국에서는 독립운동이 꾸준히 전개되었다. 발트 3국이란 발트해를 끼고 있는 3개의 조그마한 나라로 리투아니아, 라트비아, 에스토니아를 지칭한다. 3개국 모두 소연방의 구성공화국이었다. 무엇보다 탈소脫蘇독립이 민감한 사안이었다. 고르바초프의 개혁·개방 정책으로 탈소련 움직임이 15개 공화국 중 가장 적극적이고 빠르게 진행되었다. 이미 리투아니아가 1989년 12월 독자노선 선언과 함께 1당 독재를 폐지하고 다당제를 선언한 데 이어 2월에는 자유총선이 예정되었다. 다른 2개국도 3월 중에 자유선거를 시행하는 방향으로 움직였다.

이 3개국이 독립할 수 있느냐의 여부는 중앙아시아의 3개 공화국과 소련과 사이가 좋지 않은 우크라이나의 연방탈퇴로 이어질 수 있어 소연방 해체라는 엄청난 정치적 격변이 발생할 수 있는 발화점이기도 했다. 더구나 소련 해군의 발트함대 기지와 대서양 레이더기지 등 중요한 군사시설과 상당한 병력이 주둔하는 전략요충지이기도 했다. 소련이 과연 이들 국가의 이탈을 허용할까? 추운 겨울이지만 가봐야 할 현장이었다.

빌뉴스에서 라트비아의 수도 리가(Riga), 리가에서 에스토니아의 수도 탈린(Tallinn)으로 이동하는 기차도 느려터지긴 마찬가지였다.

발트 3개국은 서유럽의 영향권이어서 중세의 건축물과 문화, 시민의식이 슬라브 민족과 달랐다. 철학자 임마누엘 칸트(Immanuel Kant)

ⓒ 최맹호

자택에서 새벽 1시에 인터뷰한 리투아니아공화국의 반체제 단체인
사유디스의 란스베르기스 의장. 훗날 대통령에 당선됐다.

의 고향도 발트 해안이었다. 모스크바보다 상점도 많이 보였고 판매하
는 식료품과 생필품의 품질도 좋았다.

빌뉴스는 조심스럽다는 분위기가 느껴졌다.

독립운동을 이끄는 사유디스(Sajudis)의 지도자인 비타우타스 란스
베르기스(Vytautas Landsbergis)와의 인터뷰가 그랬다. 란스베르기스
는 동유럽을 취재하면서 인터뷰한 민주화 운동가 중 알바니아의 살리
베르샤와 함께 후일 대통령이 된 사람이었다. 그의 인터뷰는 새벽 1시
에 자택에서 이루어졌다. 탈소련 노선을 일방적으로 선언하고 선거를
통해 의회까지 구성하고 의장에 당선됐지만 모스크바의 반대로 KGB
의 감시를 받았다.

그래서인지 자정을 넘겨 간첩 접선하듯 그가 보낸 안내인을 따라

차를 타고 먼 곳까지 가 내린 뒤 골목길을 한참이나 걸어 자택에 들어섰다. 그는 "중요한 회의는 늘 밤늦게 한다"며 새벽에 나를 맞은 이유에 대해 양해를 구했다. 2시간가량 만난 뒤에 든 그에 대한 느낌은 독립에 대한 각오와 열정으로 똘똘 뭉쳐진 사람이었다.

그는 "1940년 스탈린에 의해 소련으로 강제합병된 것은 국제적 사기로 당연히 무효"라고 강조하고 "공산주의에 의해 파괴된 민주적 구조와 참다운 인간정신을 회복하는 데 온 국민이 동참한다"고 자신감을 보였다.

그는 탈소련 과정에 발생할 수도 있는 유혈사태 방지와 소련의 경제보복으로 인한 어려움을 극복하는 것이 당면과제라고 걱정했다. 그의 우려대로 1991년 1월 소련군은 독립의식을 고취시키는 빌뉴스의 TV방송국과 시위현장을 강제진압하면서 수십 명의 사상자가 발생했다.

사유디스 사무실은 시내 중심에서 약간 떨어진 3층 건물이었다. 입구에는 노란색 바탕에 파란색 햇살모양의 로고가 붙었고 사무실에는 직원 5명이 근무 중이었다. 남자 직원은 사유디스가 1988년 6월에 출범했으며 그해 10월부터는 소련 국기를 내리고 독자적인 국기國旗와 국가國歌를 만들어 사용하고 있다고 일러줬다. 그 직원은 "3월에 다시 오라"고 부탁했다. 3월 11일에 있을 독립선언을 취재해달라는 내용이라는 것을 나중에 알았다.

시내 어디에도 낫과 망치와 별이 그려진 소련 국기가 보이지 않았다. 간판에도 러시아어는 없었다. 러시아어는 필수과목에서 제1외국어로 격하됐다. 시내 한 곳에는 소련군 징집에 반대하는 캠페인이 벌어졌다. "피점령 지역 국민은 점령국의 군대에 근무할 수 없다"는

1949년 제네바협정에 따른 것이라고 했다.

리가와 탈린의 거리에는 정당 현수막이 수십 개씩 붙어있었다. 다당제 아래 처음으로 시행되는 3월의 자유선거를 앞두고 정당이 수십 개나 된다고 리가의 〈이즈베스티야〉의 기자 레오니드가 귀띔했다. 인구 150만 명에 불과한 에스토니아의 경우 수도 탈린 시내에는 전통 국기가 가로등마다 걸려있었다. 창당한 지 3개월이라는 기민당과 사회당이 허름한 건물의 지하실 방 한 칸을 같이 쓰고 있었다. 소련과 공산당을 욕하는 표현의 자유를 만끽하며 선거가 무엇인지 모르는 사람이 대부분으로 민주화의 축제가 끝나면 좌절감 또한 클 것으로 전망했다.

독립 움직임에 대해 탈린의 사회학자인 레인 루트소 씨는 "아이디어는 거창하지만 희망은 적다"며 독립의 확실한 기회는 "소비에트 연방이 붕괴하는 경우"라고 단언했다.

탈린의 인민전선 의장인 야니스 슈카라스 씨는 "우리는 들어보지 못한 주장에 열광하고 민주화가 모든 것을 해결해주는 만능열쇠라고 믿는데 자유의 책임 또한 그 대가가 있을 것"이라고 조심스러워했다.

약소국의 비운

발트 3국은 국토의 크기나 인구, 국력 면에서 약소국이었다. 근대에 와서는 독일과 러시아 또는 소련이란 강대국 틈바구니에서 큰 피해를 당한 나라들이었다. 출장을 준비하면서 빈대학 도서관에서 이들 나라에 대한 기초자료를 모았다.

가장 큰 리투아니아도 면적이 남한의 3분의 2정도인 6만5천㎢에 인구는 3백만 명에 불과하다. 라트비아 역시 6만4천㎢에 인구는 2백여만 명, 에스토니아는 가장 작은 나라로 남한의 절반인 4만5천㎢에 인구는 130여만 명에 불과하다. 흥미로운 점은 에스토니아는 전체인구의 3분의 1이, 라트비아는 3분의 2가 러시아인이었다. 리투아니아의 러시아인 비중은 10%에 불과했다.

이 3개국은 1차 대전 후 민주국가로 독립했으나 1939년 8월 23일 소련과 독일 간에 비밀리에 맺은 '몰로토프-리벤트로프조약'에 따라 핀란드와 에스토니아, 라트비아는 소련으로 리투아니아는 독일로 편입기로 합의했다. 히틀러가 2차 대전의 시작인 폴란드를 침공하기 불과 1주일 전이었다. 한 달 후인 9월 28일 추가의정서에 따라 핀란드는 독립국으로 남기는 대신 리투아니아를 소련으로 강제편입했다. 폴란드의 2차 분할도 이때 결정된 것으로 스탈린은 히틀러의 폴란드 침략을 눈감아 주었다.

스탈린은 히틀러의 정책에 의심을 품고 1940년 6월 발트 3국에 군대를 진주시키고 8개 항項의 식민정책을 추진하면서 리투아니아 30만, 라트비아 20만, 에스토니아 13만 명을 중앙아시아의 불모지와 시베리아의 노동수용소로 강제이주시켰다. 대신 러시아인을 이 지역으로 대거 이주시켜 인구공백을 메꾸었다. 소련의 핵심 군사기지가 있는 에스토니아와 라트비아에 러시아인이 많은 이유도 여기에 있다.

2차 대전이 끝난 후 스탈린은 이 지역에 산업의 국유화, 농업의 집단화, 제도와 의식의 소비에트화를 추진하면서 처형, 추방 등 공포정치를 시행했다. 강제이주에 이은 강압정치로 인해 3개 민족이 갖게 된 반소감정은 동유럽과 마찬가지로 높았다.

전쟁 말기, 소련군의 점령이 예상됨에 따라 수만 명이 패주하는 독일군을 따라갔고 점령 후에는 붉은 군대에 대한 게릴라전을 펴다가 전멸된 아픈 역사도 있다.

막상 현장을 취재하면서 소련에 대한 경제의존도가 절대적인 상황에서 독립이 순조로울지 의구심이 들었다. 소련이 1989년 1월 1일자로 경제 부문에 자치를 허용했지만 모스크바의 영향력이 절대적이어서 진전을 보지 못하고 있었다. 탈린에서 만난 안트 아만 씨는 그 이유를 "에스토니아의 경제 90%를 모스크바에서 관리하기 때문"이라고 말했다. 탈린에서 50㎞ 교외에 15ha의 농장을 가꾸는 그는 생필품 실상을 "4개월간 1인당 비누는 1개, 세제는 5백g이고 차와 커피는 구경하기 어렵고 오렌지, 바나나는 아주 귀하며 담배조차 공급이 수시로 중단된다"고 털어놓았다.

작은 나라이지만 각오는 다부지다는 느낌을 받았다. 소련, 나아가 러시아의 오랜 지배에서 벗어나 서유럽의 일원이 되는 것이 국민적 희망이었다. 라트비아의 소설가인 알렉산드르 알렉세이비치는 "콧바람만 불어도 대서양 위로 날아갈 조그마한 나라들이 자존감은 엄청 높다"면서 "우리 정신문화의 뿌리는 유럽인데 슬라브 곰에게 오랫동안 억눌려왔다"고 말했다.

발트 3국은 소연방이 해체되면서 완전 독립이라는 소원을 이루었다. 아울러 민주주의 정치제도와 시장경제 체제로 전환했다. 독자적인 화폐도 발행했다. 소련의 영향을 견제하기 위해 1992년 전격적으로 북대서양조약기구와 평화협정을 체결하고 나토의 평화유지군 6백 명을 받아들일 정도로 독립국가 수호에 안간힘을 쏟았다. 독립 후 서방투자의 장애요인이었던 소련군도 1994년에는 모두 철군했다. 명실상부한 독립을 이룬 것이다.

발트 호박

발트 해는 '호박해안'(*amber coast*)으로 불린다. 독일의 철학자인 임마뉴엘 칸트의 고향인 쾨니히스베르크(Königsberg, 현재는 칼리닌그라드. 본래 독일의 영토였다가 2차 대전 후 소련으로 편입되며 지명이 바뀌었다)의 호박궁전과 상트페테르부르크 궁의 호박궁전도 발트 해에서 나온 호박으로 꾸며졌다.

특히 칼리닌그라드(Kaliningrad) 삼비아 반도는 전 세계 호박생산량의 90%를 생산하는 곳이다. 발트 해 호박은 4천4백만 년 전 시생대에 만들어진 최고급품이 많은 지역으로 소문났다.

라트비아의 수도 리가의 유르말라(Jurmala) 해변, 방풍림의 소나무가 빽빽하게 들어섰고 시내에는 호박을 파는 가게도 많았다. 소설가인 알렉산드르 알렉세이비치는 좋은 호박을 고르는 방법을 알려주었다. 투명한 것이란다. 특히, 투명도가 높고 호박 안에 개미나 벌 등 곤충이 든 것이 매우 값나가는 것이라고 했다.

그는 소련 국영회사가 호박을 채취, 가공, 판매를 독점한다고 말했다. 우리 자원인데 슬라브 곰이 다 차지한다는 푸념도 했다. 기념으로 호박 목걸이 3개를 20달러에 샀다. 탈린 시내에도 호박가게가 많았다. 모스크바 가게에서 비슷한 제품을 보니 1개에 30달러로 적혀있었다.

아마 25년이 지난 지금은 훨씬 비쌀 것이다.

제 10 부

러시아의 축소판
불가리아

Republic of
Bulgaria

소리 소문 없이
개혁 추진

동유럽 국가 중에서 소리 소문 없이 민주화, 개혁·개방이 추진된 나라가 불가리아이다. 동독의 호네커, 헝가리의 카다르, 체코의 야노스 등 장기집권 독재자가 연쇄적으로 축출되는 과정을 지켜본 토도르 지프코프 서기장은 1989년 11월 10일 조용히 권좌를 떠났다. 공산당 지도부는 11월 초순 시민 5천 명이 소피아 시내에서 민주화를 요구하며 시위를 벌이자 공산당 지도부는 사임형식을 빌려 그를 쫓아냈다. 일종의 궁정쿠데타였다.

그는 소피아 경찰국장에서 공산당지도부로 진입한 뒤 1954년부터 서기장을 맡아 자리에서 물러나기까지 35년간 동유럽과 소련을 포함해 가장 오랫동안 권좌에 재임했던 인물이다. 그는 일찌감치 자영농을 허용하고 시장을 활성화하는 등 자유화 조치를 취했다. 대신 오스만 제국(Osman Türk)의 지배를 5백여 년간 받은 데 대한 보복으로 터키에는 강경노선을 택했다. 불가리아 거주 터키인에게 불가리아 이름을 강요했으며 1989년 봄에는 모든 터키인에게 출국을 강요해 30만여 명의 터키인이 돌아가야 했을 정도였다.

소피아 시내의 성 넵스키 사원. 예수상을 보면 병이 낫는다는 소문이 난 후로 시민들이 줄지어 기다린다.

© 최맹호

　그가 축출되고 한 달 뒤, 1당 독재가 폐지되면서 당과 국가의 역할이 분리되고 법치국가의 기틀을 확립하며 자유총선거의 길이 마련됐다. 새 정부가 들어서면서 지프코프는 체포되어 7년형이 선고됐으나 지병으로 가택연금 도중 1998년 86세로 사망했다.

　발칸 반도라는 지정학적 위치와 공산권에서 차지하는 비중이나 정치적 역학관계상 크게 주목받지 못한 탓도 있었지만 뉴스의 초점이 될 만한 일도 없었다.

　처음 불가리아를 찾은 것은 1989년 7월, 아직은 공산정권이지만 소피아에 KOTRA 지사가 막 개설되던 시기로 제 2의 도시 플로브디프(Plovdiv)에서 열린 국제박람회를 취재한다는 명분으로 입국이 허가됐다. 체코나 동독, 루마니아 같은 긴장감 없이 아늑하고 평온한 느낌을 받았다. 공산주의 국가라고는 느껴지지 않았다.

그러나 어쩌면 이렇게 소련의 축소판일까 하는 생각이 들었다. 거리 명칭에 모스크바, 러시아 이름이 많이 붙어있다. 성聖소피아 성당(Hagia Sophia)에서 소피아대학에 이르는 러시아길 주변은 소련의 영향과 흔적을 많이 볼 수 있다. 보행자만 허용되는 '9월9일 광장'은 모스크바의 붉은 광장과 흡사하다. 이 광장은 1944년 이날 소련의 도움으로 나치 지배에서 벗어나 공산혁명을 이룩한 것을 기념하는 곳이다. 광장 오른편에 있는 디미트로프의 묘는 레닌 묘의 완벽한 축소형이다. 공산화 이후 초대수상이었던 그의 묘 형태나, 경비병 2명의 부동자세, 화환이 놓인 위치가 꼭 같았다. 다른 점은 참배객이 많지 않다는 것이었다.

대학 쪽으로 걸어가다 보면 불가리아 최대인 알렉산드르 넵스키 성당이 금빛 나는 돔을 이고 있다. 5백 년간 이어진 오스만 제국의 지배로부터 독립한 기념으로 러시아가 지어준 성당이었다. 의사당 앞에는 러시아 황제였던 알렉산드르 2세의 말 탄 모습의 동상이 위용을 보여준다. 특히 눈길을 끄는 것은 불가리아 독립운동가들이 러시아 황제의 기마상 말발굽 아래에 조각된 모습이다. 1382년 오스만 제국에 점령당한 후 1878년 러시아와 터키의 전쟁에서 러시아가 승리하면서 독립할 수 있었다. 알렉산드르 러시아 황제의 도움으로 독립한 은혜가 있지만 조각상은 너무 심하다는 생각이 들었다.

성당 대각선에 있는 역사박물관에서도 같은 맥락의 전시물과 불가리아를 해방시킨 러시아에 대한 찬사와 러시아군의 용맹성을 그린

그림과 안내문이 그랬다.

사실 소련은 불가리아의 은인이다. 2차 대전 후에도 완벽한 친親소련 정책을 수행했다. 서유럽 국가들이 불가리아를 '소련의 16번째 공화국'이라든지 '소련 최고의 우등생'이라고 비아냥거릴 정도였다. 에너지는 소련에 100% 의존하고 무역의존도는 60%나 됐다.

닮은꼴은 그뿐만 아니었다. 지폐인 '레프'의 크기도 소련의 루블화와 똑같았다. 1970년대까지는 동전 크기도 같았다고 한다. 문자도 키릴문자권이지만 세르비아어와 달리 불가리아어는 어미변화와 알파벳의 일부 모양만 다를 뿐 러시아어와 매우 닮았다.

불가리아 국민도 당시 소련에 대해 크게 저항감을 갖지 않았다. 친형제국가처럼 생각하고 러시아를 큰형님처럼 따랐을 뿐이었다. 오죽하면 러시아 혁명기념일까지 불가리아 국경일로 지정해 기념행사를 해왔을까!

소피아는 그래도 참 평온한 도시였다. 시내 앞쪽에는 해발 1천1백m의 비토샤 산이 웅장한 모습으로 서 있고 산기슭에는 아담한 정원을 가진 고급주택이 즐비했다. 일찍이 자영농을 허용했기 때문에 돈을 번 시민이 사는 집이었다. 나를 태운 운전사 게오르기 씨는 모은 돈으로 330㎡(약 1백 평)짜리 땅을 사고 3층 건물을 지어 2층은 방 4개의 민박숙소로, 1층은 식당으로 운영했다.

자영농이 지탱하는
불가리아 경제

다른 동유럽 국가들이 농산물과 생필품 부족으로 극심한 곤란을 겪을 때 불가리아는 그나마 여유가 있었다. 소피아 시내를 돌아보면 그래도 식료품과 고기를 파는 개인상점을 군데군데 볼 수 있었다. 물론 양과 질을 따질 수는 없지만 다른 동유럽 국가에서 쉽게 볼 수 없는 모습이었다. 소피아에서 발행되는 한 신문이 농림부의 니클로프 수석차관의 자료를 분석한 기사를 보면 농업국가의 전통이기도 하지만 자영농지가 62만ha로 전체 경작지의 13%나 되며 농업인구도 120만여 명이다.

전체 생산량 중 자영농지에서 나오는 생산품은 채소가 41%, 달걀이 51%, 과일 46%, 우유 25%를 차지하며 돼지는 31%, 닭은 34%가 자영농지에서 길러졌다.

프레스센터 소속으로 안내를 맡은 인나 블라세바(Inna Vlasseva)는 170㎝의 큰 키에 금발 미인이었다. 그녀는 자영농 시장과 농지를 자상하게 안내했다.

소피아 시내에서 가장 오래된 자영농 시장인 키르코프 거리. 1㎞ 정도의 길 중앙과 양편에 손수레 크기만 한 판매대 수천 개가 설치되었고 그 위에 싱싱한 채소와 양파, 오이 감자 등을 팔았다. 70대 노파가 연 노점의 가격표는 감자 1kg에 60전, 파 한 묶음이 50전이었다. 하루에 사용료 2레프(Lev, 약 3백 원)를 낸다. 텃밭에서 키운 농산물을 파는 덕분에 생활에 큰 도움이 된다고 했다.

한 중년 남성은 임신한 부인을 위해 꿀 1통 10레프, 체리 한 상자 15레프를 주고 사갔다. 이곳 협동조합 직원인 이안 씨는 "이 시장은 공산화 이전부터 생겨난 50년 역사를 가졌으며 주말이면 수만 명이 이곳을 찾는다"고 자랑했다. 실제로 소피아 교외나 터키의 이스탄불로 통하는 트링켄 고속도로 주변의 마을에는 텃밭이 넓게 경작되고 크고 작은 축사도 보였다. 소피아 시내에는 이 같은 상설 자유시장이 7개라고 했다.

소피와 교외와 프리모디프 부근의 크리모보 지역의 자영농지를 둘러봤다. 이 동네에 사는 마린 씨는 60대 후반으로 30년 넘게 자영농을 해온 농부였다. 집 옆에 있는 3천3백㎡(약 1천 평)의 임대토지에는 배추, 마늘 등 채소와 카네이션 등의 꽃이 어우러졌고 165㎡(약 50평) 규모의 비닐하우스 두 군데에는 꽃과 관상수 모종이 싹을 틔우는 중이었다.

협동농장에서 은퇴한 그는 "채소를 재배해오다 수익이 많은 꽃으로 바꾸었다"며 연 수입은 1만6천 레프(약 450만 원) 정도라고 했다. 이는 불가리아인 연평균 수입 3천 레프의 5배에 해당하는 고소득자이다. 2층 단독주택에 아들 내외와 생활하며 재배는 그가 하지만 시장에 가서 파는 것은 아내 몫이라고 했다. 판매는 여성이 낫기 때문이라고 농담했다.

또 알렉산드르 카랴초바노프 씨는 시 의회 부의장으로 축산이 보조수입원이다. 집 옆 축사에는 말, 영양, 염소를 키우고 옆에는 벌통도 16개나 됐다. 텃밭도 1천㎡(약 3백 평)이나 됐다. 여기서 나오는 연평균 소득은 약 8천 레프(약 250만 원), 배터리 기사인 자신의 월급과 은행에 20년째 다니는 부인의 소득을 합하면 상당한 액수로 체코, 러시아, 루마니아를 여행했을 정도로 여유 있는 삶을 누렸다.

"부모와 두 딸, 우리 부부 등 가족 6명이 부업에 참여한다"면서 뿌듯해 했다. 차를 마시자며 끌고 들어간 그의 집안은 동구권 가전제품이 많았고 두 딸의 방은 서유럽 유명 연예인 사진으로 도배하다시피 했다.

개방되면서 자영농도 시들해진다고 했다. 곳곳에 버려진 땅은 잡초투성이고 유휴지도 곳곳에 보였다. 중공업 정책에 따른 농업 부문에 대한 투자부족과 영농기술의 낙후 등으로 농촌을 떠나는 젊은이가 급증한다는 것이었다.

자영농지에서 만난 농업전문가도 농촌의 황폐화, 일손부족, 농기구 수리기술 부족, 젊은이의 이농離農이 큰 문제라고 말했다.

불가리아 정부도 1990년 초 경제개혁조치를 단행해 그중에는 임대토지를 지역에 따라 5천㎡~1.5ha(약 1천5백~4천5백 평)으로 늘리고 임대기간도 5~50년까지 대폭 확대하며 지원금액도 1만4천 레프까지 융자키로 했다. 그만큼 농산물 증산을 위해 안간힘을 썼다.

옆집 아저씨 같은 대통령
젤류 젤레프

인터뷰를 위해 집무실이 있는 건물에 들어서면서도 이곳이 정말 현직 대통령이 근무하는 곳인가 미심쩍을 정도였다. 오후 시간인데도 실내가 침침했다. 경호도 검색대만 통과하는 것으로 끝이었고 경호원은 안내원처럼 친절했다.

대기실에서 잠시 기다리자 키가 자그마하고 허름한 옷을 입은 시골의 자상한 할아버지 같은 초로의 신사가 들어와 악수를 청했다. 수행비서가 대통령이라고 말해주어서야 젤류 젤레프(Zhelyu Zhelev: 1935. 3 ~ 2015. 1) 대통령인줄 알았다. 그만큼 소탈한 표정과 입성이었다.

사전에 인터뷰 시간은 30분이라는 설명을 들었으나 한국에서 온 기자에게 그 시간이라도 할애해준 것에 대해 고맙다는 인사부터 했다. 그랬더니 "친한 친구 중의 한 사람이 한국인이고 당신도 이미 만난 사람"이라고 말해 깜짝 놀랐다. 그 친한 친구가 북한 출신으로 불가리아에 유학을 왔다가 망명한 최동준 씨였다.

젤레프 대통령의 인터뷰는 소피아 주재 KOTRA의 이종태 관장이 주선했는데 이 관장이 젤레프와 아주 친한 최동준 씨에게 부탁해 이루어진 것을 뒤늦게 알았다. 최동준 씨는 젤레프 대통령이 1995년 한국을 방문할 때 수행원으로 오기도 했던 인물이다.

젤레프 대통령은 소피아대학에서 철학을 공부한 철학박사이다. 공산당원이 되었으나 비판적 성향이라는 이유로 1966년 당에서 제명당하고 시골로 유배당했다. 취업도 금지됐다. 그렇지만 공산 체제에 대한 비판은 계속했다.

그가 1981년에 쓴 《파시즘》(*За Фашизма*)이라는 책은 출판 즉시 판매가 금지되고 수거 목록에 올랐으며 이른바 불온서적으로 지정되어 그 책을 갖고 있거나 읽었다는 이유만으로 처벌됐다. 그는 자신의 이력을 이처럼 소개하면서 나치정권과 이탈리아 무솔리니의 파시스트, 스페인의 프랑코 정권과 공산주의 정권이 무엇이 다르냐고 반문했다.

파시즘은 파시스트 정권의 사실만을 기초로 5가지를 분석하는 내용이었다. 개인우상화와 1당 체제, 당과 국가기구의 통합 및 동일화, 상호고발, 검열, 비밀경찰을 이용한 탄압의 구조적 시스템을 비판한 것이었다. 공산주의 정권이 이들 정권과 다르지 않다는 점을 신랄하게 비유하고 풍자한 내용이었다.

25년간 반체제 활동을 하다가 이젠 국정 최고책임자가 된 소감부터 물어봤다.

"굉장한 차이가 있죠. 전에는 자유롭지 못했으나 지금은 엄청 자유롭지요. 반체제 활동을 할 때는 말도 못하게 했는데 이젠 내 생각대로 이야기할 수 있어요. 어느 경우든 말을 한다는 것은 책임을 지는 일이어서 비판할 때보다도 책임감이 훨씬 무겁습니다."

그는 소연방이 붕괴되고 동유럽이 변혁을 겪으면서 불가리아에 닥친 가장 큰 어려움은 수출시장의 80%를 잃어버린 경제 부문이라면

© 최맹호

필자와 인터뷰하는 젤류 젤레프 불가리아 대통령.

서 "경제개혁과 성장이 시급한 과제"라고 말했다.

한국 자본도 꼭 들어와 주길 기대한다면서 기회가 되면 투자유치를 위해 한국도 찾을 것이라며 웃었다.

젤레프 대통령은 공산치하에서 민주세력동맹 의장을 맡아 민주화 운동을 이끌었으며 1990년 8월 의회에서 대통령으로 선출됐다. 거듭되는 극심한 정치적 혼란에 다시 헌법이 개정되어 임기 5년의 대통령 직선제로 바뀌었다. 그는 1992년 이 헌법에 따라 시행된 선거에서 임기 5년의 대통령으로 선출되었다.

젤레프 대통령은 인터뷰를 마치고 떠나는 나를 엘리베이터 앞까지 배웅해주었다. 유례없는 배웅을 받았다. 그의 보좌관은 건물 1층 출입문까지 안내해주며 대통령의 소탈한 면을 귀띔해주었다.

"의회에서 대통령으로 선출됐지만 한동안은 재야 시절의 삶을 그대로 유지했습니다. 관저가 있지만 살던 셋집에 그대로 살았고 정부가 제공하는 국가원수 전용차량도 마다하면서 개인 승용차를 사용했죠. 이제는 격식과 품위를 갖춰야 하는 자리여서 그렇지는 않지만 그는 지금도 국민이 살기 힘든데 대통령이라고 편하게 살 수는 없는 법이라는 신념을 고집한답니다."

정말로 소탈하고 서민적이었다. 작은 키, 주름진 얼굴에 평안한 웃음, 헝클어진 반백의 머리칼, 조용한 말투, 소탈함이 몸에 밴 지도자였다.

소탈한 인간미는 1991년 5월 소피아에서 열린 '한국의 날' 행사에서도 그대로 드러났다. 2시간가량 진행된 행사에서 젤레프 대통령은 끝까지 자리를 함께했다. 마지막에는 갑자기 경품의 추첨자로 무대에 오르기도 했다. 현직 대통령을 축사도 아닌 경품의 추첨자로 모신 것은 아무리 생각해도 지나친 결례였다.

토도르 지프코프

토도르 지프코프(Todor Zhivkov)는 35년간 불가리아의 공산당 서기장을 지낸 동유럽 국가 중 최장수 집권자였다. 1989년 11월 9일 베를린 장벽이 무너진 다음 날 서기장 직위에서 축출됐다. 이듬해 1월 당원 자격을 박탈당하면서 국유재산 유용, 사기 및 엽관주의 인사혐의로 체포되어 징역 7년을 선고받았다. 그러나 그는 장기집권임에도 불구하고 유례없는 정치·경제적 안정을 추구했고 특히 농업, 경공업, 무역에 중점을 둔 경제정책으로 국가발전에 기여한 점, 나이와 건강을 고려해 징역 대신 가택연금 상황에서 살아오다 1998년 사망했다.

가난한 장수촌

흔히들 요구르트의 원산지 혹은 유제품하면 불가리아와 관련해 떠오르는 상품이 있다. 그런데 유제품 외에도 불가리아를 대표할 만한 게 하나 더 있다. 바로 세계 최고의 장수촌이다. 세계적인 장수촌의 분포 지역은 공통적 특징이 있다. 해발 7백m 안팎의 온대지방에 위치하고 있다.

격변의 시기에는 여유가 없어 찾지 못했지만 10년 후인 2000년에 다시 불가리아를 방문했을 때 장수촌을 찾았다. 수도 소피아에서 동남쪽으로 260km 떨어진 스몰랸(Smolyan) 지역의 신골마을이었다.

나는 그 지역의 모길리차 마을을 목적지로 택했다. 공보처에서 그 마을을 추천해주었다. 타고 가던 차량이 고장이 나서 고치고 좁고 험한 산길을 달려 겨우 목적지에 도착했다. 통신시설이 없어 연락할 방법이 없었다.

예정시간보다 3시간이나 늦었다. 장수촌이라 해서 사는 환경이 어떤지, 무엇을 먹고 생활습관은 어떤지, 무엇이 건강한 장수인지 궁금해 당일치기로 현장을 둘러보고 오기로 하고 마을로 향했다.

장수촌을 방문한 우리 일행을 위해 전통민속을 공연하는 고등학생들.

그런데 현장은 그게 아니었다. 어떤 지시를 받았는지 안내받은 학교에 들어서자 초등학생을 포함한 공연단이 우리 일행을 위해 2시간짜리 축제 프로그램을 준비하고 기다린다는 설명에 무척 난감했다.

전통의상을 입고 오랜 시간 기다리다 지친 공연단, 특히 어린 학생들을 실망하게 만들 수는 없었다. 우리도, 안내원도 이런 행사를 준비한다는 사실도 몰랐다. 분명 누군가로부터 우리의 방문을 미리 연락받았음이 틀림없으나 책임자인 듯한 노신사는 웃음으로 대신했다.

어린 학생들의 민속공연은 너무나 깜찍했다. 시간을 조정해 한 시간 동안 공연을 관람했다. 공연까지 본 마당에 차마 그냥 올 수가 없어서 가지고 있던 현금 3백 달러를 기부금으로 줬다.

학교공연을 보고난 후 마을구경에 나섰다. 띄엄띄엄 서 있는 집을 합해 50여 가구가 사는 조그마한 마을이었다. 주민은 450명, 이 중 80세 이상이 70명이라고 했다. 소문대로 장수촌이었다.

울창한 삼림 지역 중간중간 들어선 낡은 집은 금방이라도 무너질 것

불가리아 장수촌 스몰랸 지역의 한 마을 모습. 두메산골에
생활수준은 낮지만 주민은 건강한 행복에 만족을 느꼈다.

© 최맹호

같았다. 5월이지만 해발이 1천m나 되고 산골인 데다 비까지 내려 쌀쌀
한 날씨였다. 양과 소를 키우고 텃밭에는 채소를 재배했다. 서너 시간
을 있어도 버스나 택시는 1대도 구경하지 못했다. 어쩌다 보이는 집
앞에 세워진 승용차는 시동이 걸리는지 의문이 들 정도로 낡았다. TV
도 없고 라디오가 고작이었다. 전파를 잡기 위해 거미줄처럼 만든 안테
나가 집마다 걸려있었다. 우리나라 1950년대와 1960년대 초반이 그랬
다. 주민은 일찍 자고 일찍 일어나 농사일을 하는 것이 운동이란다.

노인들은 건강한 모습이었다. 현장 안내를 맡은 노신사는 자신도
70대라는데 60대 초반으로 보일 정도로 건강하고 젊어 보였다. 그는
이곳 사람들이 "건강하지 않을 이유가 없다"며 "공기 좋고 신선한 채

364

소와 우유, 양젖으로 만드는 요구르트와 치즈가 매일 먹는 음식이라고 했다. 당뇨병 고혈압을 모르고 소박한 생활이 장수의 비결이라고 강조했다.

그러나 어쩌다 보이는 노인의 모습에서 영양부족과 비타민 부족현상이 눈에 보였다. 마른 몸매에 푸석한 얼굴이며 이가 빠지고 잇몸이 내려앉은 모습인데 이는 비타민 부족에서 생기는 각기병이었다. 생활환경이 잘 정비되고 삶에 대한 주민의 정신적, 육체적 건강과 활력이 보이는 장수촌이 아니라 두메산골에 자리한 빈곤한 장수촌이었다.

4시간가량 장수촌을 둘러보고 떠나면서 이런 환경과 여건에서 백세를 산다는 것에 대해 곰곰이 생각해 보았다. 삶의 질과 오래 사는 것 그리고 무엇이 행복인지 참 많은 생각을 갖게 하는 현장이었다.

고향이 너무 그리운
동포 4가구

1990년 5월 불가리아의 두 번째로 큰 도시인 플로브디프에서 열린 박람회에 한국관을 찾아온 동양인이 있었다. 한국 기업이 처음으로 참가한 박람회였다. 최동준崔東俊이라고 자신을 소개한 초로의 사내는 우리 동포였다. 그는 부인과 고등학생인 딸, 초등학생인 아들과 함께 80㎞나 떨어진 스타나자고라라는 마을에서 왔다. "말로만 듣던 조국의 모습을 여기서라도 보기 위해 왔다"면서 4명의 가족이 상기된 모습으로 들어섰다. 이 먼 나라에 우리 동포가 있으리라고는 생각지도 못했다. 박람회에 우리 기업참가를 주선한 KOTRA 직원들도 놀라기는 마찬가지였다.

최 씨는 불가리아에 사는 동포가 4가족이나 된다며 설명했다. 이곳에는 자신과 목재가공기사인 이장직 씨, 화학기사인 최대인 씨가 살고 소피아에는 이상종李尙鍾 씨가 있다고 했다. 4명 모두 1950년대에 유학생으로 왔으며 이제는 자기 분야의 전문가로 불가리아에서 상당한 업적과 능력을 인정받으며 국가로부터 좋은 대우를 받는다고 했다.

최 씨는 함흥에서 신흥고를 졸업한 1957년 유학생으로 이곳에 와

소피아대학의 광산지질대학을 졸업하고 현재 플로브디프의 수도국에
서 수문지질 설계기사로 근무한다. 조국을 떠난 지 30년이 넘어 우리
말 표현이 서툴기는 하지만 이해는 가능했다. 그는 "밥과 국수를 제일
먹고 싶다"고 했다. 기자가 "김치는…"하고 물었더니 잊었던 기억을
살려낸 듯 "아…"하고 말을 잊지 못했다.

경주가 고향이었는데 온 가족이 1945년 함흥으로 왔으며 유학을
온 뒤 귀국을 거부해 그때부터 지금까지 가족과도 연락이 두절됐다
고 했다. 고향을 떠난 뒤 한국 사람을 처음 만나고 우리말도 처음 사
용해 본다며 상기된 표정이었다. 〈자유유럽방송〉을 듣다가 박람회에
한국 기업이 참가한다는 소식에 "꿈같은 일이 찾아온 것 같았다"고
했다. 한국의 발전상은 라디오와 소련 잡지가 많이 소개해 잘 알며
꼭 고향에 한번 가보는 것이 꿈이었다.

농업과학대학원 연구원으로 있는 부인 스토얀가 에네바 씨도 남편
이 잠을 못 잘 정도로 흥분했다면서 "남편이 고향을 너무 그리워한다"
고 귀띔했다. 부인은 "우리 집에 된장 고추장도 있고 별장도 있으니
꼭 놀러와 남편의 그리움을 조금이라도 줄여 달라"고 부탁했다. 출장
기일을 연장해야 하고 다음 기회가 있을 것으로 생각해 그 부탁을 들어
주지 못했다. 결국 그 후에도 그를 다시 보지 못해 아쉬움으로 남았다.

이상종 씨는 최동준 씨로부터 이야기를 들었다며 소피아의 호텔로
찾아왔다. 처음에는 우리말이 서툴렀으나 두세 시간이 지나자 불편함
이 없을 정도였다. KBS 해외방송을 들으며 고향에 대한 그리움을 달
랬다. 이 씨는 나와 KOTRA 직원을 집으로 초청해 저녁을 하면서 "평
생 가슴이 이렇게 뛰기는 처음"이라고 말했다. '나의 살던 고향은 꽃피
는 산골'을 부르다 끝내 울음을 터트렸다. 부인이 눈물을 닦아주었다.

소피아 주재 KOTRA 사무실로 찾아온 교포 이상종 씨.
(오른쪽부터 필자, 이상종 씨, 이종태 관장, KOTRA 직원)

ⓒ 최맹호

　고향은 함경남도 여흥군 진평면이라고 했다. 1956년 스무 살 때 고향을 떠나 불가리아에 온 뒤 소피아대학의 화학공업대학을 졸업하고 지금은 국립화학연구소 3급 연구사로 근무 중이라고 했다. 부인도 같은 분야에서 일하며 딸은 아버지를 닮겠다며 화학을 공부한다.

　외롭고 가족이 보고 싶을 때는 공부와 일에 몰두하는 방법으로 이겨냈으며 그 덕에 단백질효모생산과 유기화학 분야에서 큰 성과를 냈다고 한다. 과학이론은 세계적 수준이지만 실험은 기계가 낡아 못한다고 했다. 서울올림픽이 보도되면서 주변사람의 태도가 달라졌으며 이젠 어딜 가도 존경받는다며 웃었다. 아쉽게도 이장직 씨와 최대인 씨는 만나지 못했다.

　사실 이들은 국비유학생으로 왔다가 귀국을 거부하고 망명했다. 최 씨는 내게 불가리아에 살게 된 과정을 설명하면서도 쓰지는 말라

368

달라고 했다. 당시만 해도 북한의 심기를 건드리지 않으려는 생각 같았다. 그는 1차 유학이 끝나고 귀국한 뒤 다시 3년 더 공부하라는 특혜를 받아 소피아대학에서 공부하던 중 1962년 귀국명령을 받았다. 당시 유학생 4명과 함께 북한공관원에 붙들려 강제송환되던 중 공항에서 극적으로 탈출했다. 이들은 북한의 감시를 피해 30여 년간 지방에서 생활하면서 대학에서 공부한 전공을 살려 새 삶의 길을 찾았다고 했다.

이상종 씨는 그 후 소피아를 방문하는 한국 사람에게 나를 만난 사실을 늘 자랑스럽게 이야기하곤 했다는 말을 들었다.

우리 동포 말고도 특이한 일본인도 있었다. 30년째 소피아에서 산다는 카즈오 테라타世田和夫 씨. 상사주재원으로 나왔으나 본사의 현지화 전략에 따라 귀국을 시켜주지 않아 10여 년을 혼자 있다가 하는 수 없이 불가리아 여성과 결혼해 산다. 그렇게 한 본사의 방침이나 그 지시에 순응한 카즈오 씨나 모두 일본 정신을 보여준 사례였다.

대신 그는 공산권 경제 체제에 대해 나름의 견해를 설명했다. 제품의 생산과 생산가격을 고려하지 않으며 필요에 따라 국가가 일방적으로 결정하고 가격도 책정한다. 공산권 간의 역내교역도 불리한 줄 알면서 개선을 못하는데 이는 소련이 불가리아의 수출입 물량을 결정하기 때문이라고 했다.

공산권 국가가 그렇듯 중공업산업에 국가역량을 치중하며 생필품과 식량난, 주택난이 심각하고 인구가 도시로 몰리면서 농촌 지역의 낙후성이 가중된다고 진단해주었다.

제 11 부

인종청소의 비극,
유고 연방

Federal
Republic of
Yugoslavia

독립전쟁의 현장

공산국가의 민주화 이후 후유증으로 예상된 것 중 하나가 민족문제
였다. 이 문제는 이데올로기로 묶였던 시절에는 강력한 중앙통치력
으로 잠복했지만 연방이 해체되면서 징후가 드러나기 시작했다. 발
트 3국이 독립하고 체코와 슬로바키아가 분리된 것도 민족문제였다.
발칸 반도의 민족문제도 그중의 하나였다.

1991년 6월 23일 유고 연방 크로아티아의 수도 자그레브(Zagreb)에
서 밤에 전화가 걸려왔다. 정부대변인인 마리오 노빌로(Mario Nobilo)
씨였다. 25일 밤에 크로아티아와 슬로베니아가 독립을 선포하기로 했
다는 소식이었다.

다음 날 자그레브로 날아갔다. 25일 오후 6시에 두 공화국이 각기
독립을 선언키로 협의했다는 소식을 들었다. 독립선언 날짜와 시간
을 맞춘 것이다. 자그레브 시내는 평온했다. 독립이라는 들뜬 분위
기는 찾아볼 수 없었다. 공보처의 한 관리는 "전략적 차원에다 상황
이 미묘해 토의가 거듭된다"고만 밝혔다.

투즈만(Franjo Tudman) 대통령도 "분리 과정은 수개월 또는 1~2년

이 걸릴 수도 있다"며 민족 간 충돌을 우려했다. 독립움직임에 대해 연방정부는 일방적 분리는 불법이며 연방의 정상적 기능을 유지하는 데 필요한 결정과 명령을 내렸다고 공표했다. 자그레브 상공은 24일 낮부터 세르비아계가 주축인 연방군의 전폭기 2대가 저공으로 폭음을 내며 위협비행을 시작했다. 공항과 주요 거점에 병력과 탱크를 전진배치 중이라는 뉴스도 들렸다.

자그레브의 일간지 〈보르바〉(Borba)의 산야 모드리치(Sanja Modric) 기자는 "독립선언 후의 일정이나 기념행사는 일절 없다"고 말했다.

자그레브의 현대종합상사 지사에 근무하는 마리아 부인은 "독립은 오래 기다려온 우리의 꿈이었고 후손에게 떳떳한 주권국민으로서의 책임을 다하는 것"이라며 기뻐했으나 표정은 어두웠다. 낮 한때 시내 전체에 크로아티아 국가라는 음악이 방송됐을 뿐 독립선언을 한다는 발표 외에는 움직임이 없었다.

크로아티아와 세르비아 사이의 민족·종교·문화적으로 누적된 적대敵對 감정이 터질 수 있기 때문이었다. 두 민족은 바로 이웃했고 분쟁가능성이 컸다. 두 공화국의 문화, 종교, 문명은 완전히 다른 역사를 가졌다. 세르비아가 비잔틴 문화에 키릴문자, 오스만 제국의 지배를 받은 데 비해 크로아티아는 기독교문화권에 가톨릭, 로마알파벳, 오스트리아·헝가리 제국의 지배를 받은 역사였다. 독립을 조용히 추진하는 이유이기도 했다. 자그레브에서는 도무지 취재할 것이 없었다.

그러나 슬로베니아는 독립선언을 공식화하고 시간표까지 공개했다. 크로아티아가 완충역할을 해 민족 간의 직접적 충돌가능성이 그만큼 적기 때문에 과감히 진행하는 느낌이었다. 취재현장은 당연히 류블랴나(Ljubljana)였다.

25일 아침, 많은 기자가 기차를 타고 류블랴나로 이동했다. 나는 자그레브 현황을 간접취재하기 위해 정부의 바냐 모리츠 부대변인(여성)에게 부탁하고 떠났다. 류블랴나는 부산스러웠다. 시민들은 상기된 표정이었고 주요 건물에는 플래카드가 내걸렸다.

25일 오후 8시, 슬로베니아 의회에서 독립이 선포됐고 행사는 오후 9시부터 시작됐다. 독립선언과 축제가 밤중에 벌어졌다. 의사당 앞 혁명광장과 프레스렌 광장에는 독립을 축하하는 시민들이 쏟아져 나와 포도주잔을 들고 "사모스토이나!"(독립)를 외쳤다. 시내 곳곳에는 브라스 밴드가 음악을 연주하고 시민들이 춤을 추었다.

밀란 쿠찬(Milan Kučan) 대통령은 의장대를 사열한 뒤 "우리는 역사적으로 평화를 사랑하는 민족이었고 더는 유고 연방이 될 수 없어 독립을 선언한 것"이라며 "번영된 민주국가를 가꾸어나가자"고 축사했다.

이어 2백 명의 합창단이 새 국가를 부르고 백청적의 3색 국기가 게양되면서 박수와 함성이 울려 퍼지고 폭죽이 밤하늘을 수놓았다.

사회당 간부인 보간 드로 씨는 "1천5백 년 우리의 꿈이 이루어진 것"이라며 눈물을 보였다. 자정이 되자 차량의 경적소리와 성당의 종소리와 함성에 시민들은 스스로 감동을 받는 듯 울먹이는 사람들도 있었다. 길에서 만나 나를 안내해준 류블랴나대학의 스베트리크 교수와 그 부인은 내 양 볼을 잡고 키스를 퍼부으며 "이 의지를 한국인에게도 알려 달라"고 부탁했다.

긴장과 공포는 26일부터 급속하게 높아졌다. 연방군이 곳곳에서 군사작전에 들어갔기 때문이었다. 나도 교통수단이 없어진 시가지와 외곽을 자전거를 타고 취재했다. 인구 30만 명의 조그마한 도시라

독립선포 후 세르비아군의 공격이 시작되자 슬로베니아 국민은
수도 류블랴나로 통하는 모든 도로를 봉쇄해 대형트럭 등 차량이 갇혔다.

ⓒ 최맹호

가능했다. 시민들은 'PRESS'라는 완장을 팔에 차고 자전거를 타고
돌아다니는 이상한 동양인을 기이하게 바라봤다.

브르니크 국제공항으로 통하는 고속도로는 폐쇄됐다. 방위군의 한
장교는 공항은 이미 10여 대의 탱크와 장갑차가 외곽에 포진했으며
추가병력과 탱크가 공항으로 이동 중이라며 잔뜩 흥분했다. 시내로
통하는 모든 도로에는 화물트럭과 유조차, 버스 등 대형차량으로 완
벽하게 바리케이드를 만들었다. 이탈리아로 통하는 고속도로에는 탄
약을 가득 실은 2대의 연방군 트럭과 수송병력 20여 명이 방위군에
잡혔는데 인솔 장교는 망연자실한 표정으로 길바닥에 앉아있었다.
시민들이 수도 사수 총력전에 들어간 것이다.

슬로베니아 정부는 시내 중심가에 있는 산카레브 문화원에 프레스

센터를 설치하고 연방군과 방위군의 교전 및 대치 상황을 실시간으로 브리핑했다. 이 건물은 슬로베니아가 자랑하는 작가 이반 산카(Ivan Cankar)의 기념관이었다. 이따금 전투기의 굉음과 공습사이렌, 대공포 발사 소리가 밤하늘을 갈랐다. 멀리서 나는 폭발음도 들렸다. 분쟁의 한복판에서 야릇한 긴장감이 느껴졌다. 3백여 명에 달하는 기자는 이 건물이 폭격대상이 되지 않을까 걱정하기도 했다.

　시민들의 얼굴은 굳어있고 긴장은 높았지만 혼란스런 모습은 없었다. 주유소에도 기름을 넣으려는 차량이 줄지었고 차 1대당 30 L로 제한했어도 불평하는 사람이 없었다.

30개 국경 지역 중 27개소에서 교전

28일은 가장 긴박했다. 정부대변인은 1시간마다 상황을 설명했다. 30개 국경지역 중 27개소에서 교전이 계속되고 이날 하루에만 1백여 명의 사상자가 발생했다. 또 브르니크, 키름, 마리보, 체리카, 신텔리예 등 5개 공항이 연방군의 공습을 받았다. 지대지 미사일을 탑재한 6척의 구축함이 해상경계선에 접근했다. 방위군의 활약상도 눈부셨다. 중요지점을 사수하며 연방군을 격퇴 혹은 저지한다는 내용이었다.

　밤 10시, 갑자기 긴장이 높아졌다. 슬로베니아 정부가 "전투 상황에 대비해 시민들은 정부 지시에 따라 달라"는 성명을 발표하면서 "모든 외국인은 신속히 도시를 떠나라"고 권고했다. 공항이나 고속도로가 폐쇄된 것은 물론 각종 바리케이드로 완전히 봉쇄된 도시를 빠져나갈 방법은 없었다. 전투의 경험이 있는 나도 두려워지기 시작했다.

30일부터 유럽연합의 중재와 당사자 간의 협상이 진행되는 가운데
에도 전투는 계속됐다. 유고 연방군은 각 공화국의 세르비아인에게
동원령을 내렸고 슬로베니아와 크로아티아의 중요 거점과 공항에 대
한 공습과 탱크를 앞세운 지상군 공격을 계속했다. 서유럽 국가들은
대체적으로 두 공화국의 독립을 인정하는 편이었다. 영국의 허드 외
무장관과 독일의 겐셔 장관은 "두 공화국의 자치권은 당연하다"는 발
표까지 했다.

  10일간의 전쟁에서 연방군은 사망 44명, 부상 146명, 4천7백 명
이 포로가 되고 탱크 31대, 장갑차 22대, 헬기 6대가 파괴됐다. 슬
로베니아 측 희생은 전사 18명 부상 182명이었다. 외국인 사망자도
12명이나 됐는데 대부분 종군기자였다.

  7월 7일, 유럽연합의 중재로 간신히 휴전이 성립됐지만 불씨가 꺼진
것은 아니었다. 류블랴나에서 같이 취재했던 현지 언론인 비쉬글레니
기자는 "보스니아헤르체고비나, 크라이나, 세르바 지역은 지정학적
이유로 통제불가능한 지역이 될 것"이라고 우려했다. "세르비아와 크
로아티아가 서로 절대 포기할 수 없는 곳이기 때문"이라고 전망했다.

공항에서 8시간

1988년 12월 14일, 헝가리 취재를 마친 나는 아침 7시 부다페스트 공항에서 베오그라드로 가는 비행기에 몸을 실었다. 물론 비자도 없이 그냥 들어가는 배짱이었다. 이미 '동유럽 순회특파원'으로 지상발령이 난 상태라 어느 국가든 들어가서 취재해보자는 생각이었다. 무작정 들어가는 것이 무모하지만 범죄자도 테러리스트도 아니기에 최악의 상황으로 추방이나 며칠간의 구금도 각오했다.

그러나 두 가지 점에서 입국에 기대를 걸었다. 하나는 유고 연방 북부의 슬로베니아의 수도 류블랴나에 KOTRA 지사가 개설되어 있었다. 그만큼 한국을 인정한다는 뜻이기도 했다. 또 하나는 유고는 티토의 집권 시절부터 소련과는 다른 길을 걸었다. 소련이 주도한 군사기구인 바르샤바 조약기구와 경제협력기구인 코메콘에도 가입하지 않았다. 비동맹 중립국의 길을 추구했기 때문에 다른 동유럽 국가보다는 유연하리라고 예상했다.

입국심사에서 걸렸다. 별실로 안내된 나는 2명의 관리로부터 심사를 받았다. 그들은 내 가방을 열어 소지품을 샅샅이 뒤져봤고 개인의 경력은 물론 회사의 역사와 성격, 정부나 당의 기관지인지 아니면 독립신문인지부터 헝가리에서의 취재내용과 투숙호텔, 항공권 구입경로와 비용으로 지불한 화폐의 종류, 현재 가진 화폐까지 조사했다. 조사를 마친 뒤 어디론가 한참이나 통화를 하더니 웃으면서 입국이 허가됐으니 잘 여행하라고 보내주었다.

공항을 나오니 이미 어둠이 내리기 시작한 오후 5시. 무려 8시간이나 대기하며 조사를 받은 셈이지만 그래도 입국에 성공했으니 다행이라 여겼다. 그전까지 유고에 입국한 한국인은 정부 관계자나 스포츠 선수 또는 각종 국제대회에 참석한 경우뿐이었기 때문이었다.

다음 날 유고의 국영통신사인 탄유그를 방문했다. 박행웅 KOTRA 관장이 미리 섭외해둔 꼬르코 델로비치 기자를 만나 인사를 나누고 그의 안내로 정치, 경제 데스크를 만나 개략적 현황을 취재할 수 있었다. 안내인으로 베오그라드대학의 학생인 알렉산더 군을 소개받았다. 베오그라드는 회색도시였다. 시가지가 그렇고 삶에 힘겨워하는 시민들의 표정에다 겨울이라 그 느낌이 더했다. 피부로 느껴지는 것은 살인적인 인플레였다. 물건 가격은 아침과 저녁이 달랐다.

알렉산더 군은 대형 전시장에 차려진 할인행사장으로 안내했다. 10㎞ 거리인데도 체증 때문에 승용차로 2시간이나 걸렸다. 5개의 대형 돔을 연결한 건물에는 "프리($при$: 와라), 비지($вижи$: 봐라), 쿠피($купи$:사라)"라는 간판이 걸려있었다. 마침 크리스마스를 앞둔 주말이라 시민들이 몰려 움직이기조차 힘들었다. 물건 값은 시내보다 30%가량 저렴했다. 동행한 탄유그 통신의 자니치 기자는 "올해 인플레는 350~400%정도로 국민이 감당하기 어렵다"고 말했다.

ⓒ 최맹호

ⓒ 최맹호

을씨년스러운 1988년 12월의 베오그라드. 진눈깨비가 내리는
중앙역 광장(위)과 시내에서 가장 번화한 밀로슬라브 거리(아래).

시내의 번화가로 알려진 밀로슬라브 거리에서 만난 블라소프 씨는 "지금이 2차 대전 후 가장 심각한 위기"라며 "뜸해진 민족분규가 재발되면 유고사태는 걷잡을 수 없을 것"이라고 우려했다.

물가고는 1988년 6월 정부가 시장경제를 지향하면서 임금과 물가 자유화 조치를 발표한 뒤부터 폭등하기 시작했다. 알렉산더 군은 "국민이 극도의 내핍으로 물가고를 견디는데 정부의 대책은 보이지 않는다"고 비판했다. 유고 연방의 경제 체제로 운영해오는 '자주관리 제도'도 효율성을 잃었다고 지적했다. 티토 사후 민족별 대표로 구성한 집단지도 체제의 통치력이 작동하지 않기 때문이었다.

인플레는 그 후에도 계속되어 1991년 봄에는 1천%를 넘어서기까지 했다. 베오그라드를 찾았을 당시 인플레는 살인적이었다. 맥주 한 병에 5~6백만 디나르(약 3달러), 하룻밤 호텔비로 3억 디나르(약 150달러)를 지불했다. 내 인생에서 가장 큰 금액을 신나게(?) 써본 기억이 새롭다. 1990년 1월에 1만 대 1로 평가절하했지만 옛날 돈이 통용되기 때문이었다.

인종·역사·종교·문화적으로 상이한 민족이 한 국가로 묶어 40년간 유지해온 것은 그나마 티토의 신화적 권위와 강력한 통치 때문이었으나 그의 사후 그 빛이 바래지고 있었다.

베오그라드에서 류블랴나까지 탑승기

베오그라드에서 일정을 마치고 슬로베니아의 수도 류블랴나까지 기차여행을 선택했다. 항공편으로 편하게 갈 수 있지만 뭣보다 현지 사람들의 생생한 삶과 숨결을 취재하기 위해서였다. 또 KOTRA 지사가 있어 유고 현황에 대한 보충취재도 필요했다.

다뉴브 강 지류인 사바(Sava) 강변에 있는 베오그라드 중앙역이 출발지였다. 아침 6시인데도 기차역은 승객으로 만원이었다. 대합실 구석구석에는 잠에서 깬 여행객들이 짐 보따리를 꾸리고 있었다. 승객 대부분은 중장년층으로 허름하면서 두툼한 옷차림에 2~3개의 가방을 들고 기차에 올랐다.

나도 그 틈에 끼여 지정된 좌석을 찾았다. 3명씩 마주 보는 일등석 객실이었다. 시선이 일제히 나에게로 쏠렸다. '웬 동양인이냐?'는 호기심이었다. 아마 그 열차에서 동양인은 내가 유일했을 거다. 한국인으로 류블랴나까지 가는 여행객이라고 말하자 남한이냐 북한이냐 물었고 '유즈나야 까레야'(Южная Корея: 남한이라는 의미)에서 왔다고 하자 고개를 끄덕였다.

영하 10도의 날씨인데도 안개가 짙게 끼어 앞이 잘 보이지 않았다. 추위 때문만은 아닌 듯 생기를 찾아보기 어려웠고 삶에 지친 듯한 무표정한 얼굴에 행색도 초라했다.

무려 36량의 객차를 단 기차는 예정시간보다 40분 늦은 7시 40분경에 출발했다. 일등석인데도 난방이라고는 전혀 느낄 수가 없어 옷을 두껍게 입어야 했다.

이등석 객실은 다니기가 불가능할 정도로 초만원이었고 넘쳐나는 승객이 일등석 객실로 몰려와 6명 정원에 8명이 끼여 앉아야 했다. 입석승객으로 빈자리가 없기는 복도도 마찬가지였다.

기차는 지평선만 보이는 눈 덮인 평원을 느린 속도로 달리기 시작했다. 정거장에 설 때마다 비좁은 객실로 사람들이 올라탔다. 5번째 역인 슬로벤스키 역부터는 초만원이었다. 승무원은 식당 칸을 아예 폐쇄했다. 이젠 화장실 갈 여유조차 없을 정도였다.

승객 대부분은 겨울 한 철 서유럽 국가에 임시 일자리를 찾아가는 유고 연방 사람이었다. 스위스와 오스트리아의 스키장이 인기라고 했다.

옆자리 앉은 니크 씨는 "우리는 이 열차를 '취업기차'라고 부른다"고 말했다. 농사일이 끝난 겨울 한철 동안 해외취업으로 서유럽에서 일하면 1천 달러 정도의 목돈을 모을 수 있다고 했다. 월평균 소득 150달러의 6배 정도이니 큰돈이다. 그는 파리의 '스미그' 신세라고 했다. 처음 들어보는 단어라 스미그라는 말이 무슨 뜻이냐고 묻자 "외국인 근로자에게 적용되는 최저임금 육체노동자로 월 4천5백 프랑(약 50만 원)"이라고 설명했다. 막노동꾼이라는 말이었다.

두 아이의 엄마라는 다니아 씨는 "월 70만 디나르(약 140달러)로는 생활이 안 돼 스위스의 취리히 부근 스키장에 일하러 간다"며 "몇 달간 아이들을 못 보는 게 가장 슬프다"고 했다.

점심은 앞과 옆 좌석의 승객들이 도와주었다. 덩어리 빵과 햄, 치즈, 살라미, 홍차를 얻어먹었다. 치즈와 햄은 엄청나게 짰다.

기차는 13개 역을 거쳐 520km의 거리를 달려 9시간 만에 목적지에 도착했다.

노동자 자주관리제도

"혹 유고 연방을 취재하게 되면 노동자 자주관리제도를 잘 살펴보고 오게."

1988년 12월 출장을 앞두고 〈동아일보〉 이채주 선배가 주신 취재 지시 중의 하나였다. 공산국가의 계획경제와는 또 다른 형태의 경제

운영 시스템이어서 생소한 제도였다. 더구나 경제분야에 문외한인 나로선 어려운 숙제였다.

이 제도는 노동자와 경영자가 의사결정에 공동으로 참여하는 공기업 운영 시스템이었다. 경제모델은 '시장 사회주의'(market socialism)로 노동자의 경영참여가 핵심이었다. 즉, 노동자는 피고용인이 아니라 파트너이며 노동자위원회가 사실상 경영의 전권을 행사하는 제도였다. 시장이라는 개념을 포함해 이익을 공유하기 때문에 생산성이 높으면 더 많은 보상을 해주는 제도이다. 그래서 중앙집중식의 계획경제보다는 생산성이 훨씬 높았다.

이 제도는 1950년 작가인 밀로반 질라스(Milovan Gilas)가 기초한 개념으로 티토는 1953년에 이 제도를 연방에 도입했다. 이 덕분에 유고 연방은 1960년대와 1970년대에 다른 동유럽 국가에 비해 상당한 경제발전을 이룩하기도 했다.

더구나 자주관리협약은 법률보다 우선시되면서 국가기능이 상대적으로 축소되었고 사회질서의 구축체제로 확대되면서 기업은 물론 교육과 문화 전반에 걸쳐 획일화와 함께 막강한 영향을 갖게 되었다.

그러나 1980년대 후반 유고에서 만난 기업가나 학자는 이미 이 제도가 현실경제에 맞지 않는다고 입을 모았다.

자그레브 석유회사의 노동자 위원이라는 페트라셉스키 씨는 "제도가 공산주의 체제보다 훨씬 다양하고 민주적이며 노동자에겐 이상적 형태였으나 경직성 때문에 실패했다"고 진단했다.

베오그라드 상공회의소에서 우연히 만난 티토의 아들이라는 알렉산더 미로 브로즈(안내인은 3번째 부인의 아들이라고 귀뜸해줬다)는 "기업의 본질인 이윤과 생산성, 재투자보다는 노동자 우선 원칙 때문에 새로 도입된 자유시장경제 체제와는 맞지 않는다"고 단정했다. 그리고 나와의 개별 인터뷰는 단호히 거절했다.

〈류블리아나 델로〉(*Lyubljana Delo*) 신문의 다닐로 기자도 "인간이나 조직을 획일화시키면서 책임을 지지 않도록 한 것이 가장 큰 문제"라고 지적했다.

뿌리 깊은
증오의 역사

유고 연방의 수도인 '베오그라드'는 러시아어로는 '하얀 도시'(*белый город*)라는 의미이다. 영어로는 'white city'. 아름다운 명칭에 영어울리지 않는 느낌을 주었다. 공산권의 공통적 특징인 우악스러운 건물이 많고 도시 전체가 우중충한 잿빛이었다. 시 관광책자는 '하얀 도시'라는 애칭이 로마제국 시절 흰 대리석으로 지은 건물이 많았다는 데서 유래한다고 소개했다. 유고 연방은 지금은 해체되어 7개의 독립국가로 재편됐지만 1990년까지도 유고는 6개 공화국과 2개의 자치주로 구성된 연방국가였다.

연방이라는 하나의 국가로 묶인 배경에는 요셉 브로즈 티토(Joseph Broz Tito)라는 걸출한 인물 때문이다. 크로아티아의 수도 자그레브에서 80㎞ 떨어진 쿰로베츠(Kumrovec)라는 마을이 있다. 여기에서 태어난 티토는 1차 대전 때 참전했다가 포로로 잡혀 러시아로 끌려가 공산주의자가 되고 러시아 10월 혁명에도 참가했다.

히틀러가 유고를 침략하자 인민해방군을 조직해 반反나치 활동을 이끌었으며 1945년 11월 총리로 취임하면서 연방국가를 창설한 것이 유고 연방의 역사이다. 그는 "형제애와 단합"정책으로 민족적 감정을 철저히 눌러 안정을 이룩했다. 하지만 1980년 그의 사후부터는 민족 간 감정이 경쟁적으로 분출되기 시작했다.

베오그라드에서 인종문제를 물으면 "2000년대의 유럽은 10개국이 다. 동유럽과 서유럽 그리고 8개의 유고국가"라는 대답을 듣는다. 8개 는 6개의 구성공화국과 2개의 자치주를 의미한다. 또 다른 표현으로는 "1개 국가, 2개 자치주, 3개의 언어, 4개의 종교, 6개의 민족으로 이 루어진 연방"이라고 했다. 그만큼 민족적·종교적·문화적·역사적 배경이 이질적인 지역을 사회주의라는 이념으로 묶은 데서 오는 불협 화음으로 해석된다.

1991년 6월, 유고 연방의 북부인 슬로베니아와 크로아티아가 전격 적으로 독립을 선언하면서 시작된 연방이탈은 다른 공화국으로 번지 면서 '인종청소'라는 이름의 민족분쟁이 벌어졌다.

특히, 민족·종교·문화가 상이하고 질서와 반목이 역사적으로 누 적된 보스니아헤르체고비나 지역에서는 1992년 4월부터 인종청소라 는 명분의 참혹한 전쟁이 벌어졌다.

그때부터 5년간 3년 반 동안 계속된 내전으로 2만여 명의 사망자와 20만 명의 부상자 및 3백만 명의 피난민을 만들었다. 이 지역은 유고 연방 전체에서 철광석이 80%, 석탄이 25%, 수자원 28%, 삼림자원 30%를 보유한 자원보고이기에 더욱 욕심내는 지역이었다. 이 전쟁 은 유엔과 NATO가 본격적으로 개입한 1995년 가을에야 겨우 총성이 멎었다.

19세기 초반 발칸 반도의 평화회담을 베를린에서 중재한 비스마르크 당시 프러시아 외무장관은 이 지역을 "한낱 새의 뼛조각만큼도 못한 곳"이라고 표현했다. 지정학적 중요성이 적으면서도 피비린내 나는 싸움이 계속되어온 곳이기 때문이다. 발칸 반도는 몽고지배가 끝난 다음부터 20세기 말까지 6백여 년간 인종·문명·종교 간의 극심한 대립으로 반목과 증오가 얽힌 곳이다.

1990년 가을이었다. 유고 연방정부가 빈 주재 특파원들을 사라예보 (Sarajevo)로 초청했다가 취소해 아쉬움이 진하게 남았다. 사라예보는 세계탁구선수권대회가 열린 곳이고 이에리사 등 우리나라 선수들이 우승한 도시라 더욱 그랬다.

독일에서 발행되는 주간지 〈슈피겔〉이 보도한 발칸 반도 관련 자료를 보면서 세르비아 민족에게 전설로 내려오는 코소보(Kosovo)에 얽힌 역사가 있다. 코소보는 현재 알바니아인이 대부분인 자치주이지만 세르비아 민족에게는 성지와 같다. 세르비아 사람은 6월 28일을 잊지 못한다. 오스만 제국과 백여 년 동안 싸워오던 세르비아족은 1589년 이날 지금의 코소보 수도인 프레스티나에서 10만 병력이 궤멸당했다.

암젤펠트 전투라 불리는 이 전투에서 생겨난 '요비치 어머니의 죽음의 노래', '천사 암젤펠트의 처녀'라는 가사는 영웅서사시로 내려온다. 전설의 내용은 다음과 같다.

요비치 부인은 이 전투에 남편과 아들 9명이 참전한 후 생사를 알지 못해 애태

우다가 신에게 독수리의 눈과 백조의 날개를 달라고 간청했다. 소원을 이룬 그녀
가 전장에 갔을 때 세르비아군은 전멸한 뒤였고 처참하게 찢긴 남편과 자식들의
주검만 보게 됐다. 요비치 부인은 9년에 걸쳐 부리로 흙을 날라 무덤을 만들었
다. 그 후 10개의 무덤에 빨간 야생 장미가 피어났다.

이 이야기에 나오는 9는 세르비아인에게는 아주 의미 있는 숫자로
간주하였다. 후세 왕은 평민가정에서 태어난 9번째 아들을 왕자로
대우했고 유고 연방을 창설한 티토 대통령도 이 전통을 이어받아 9번
째 어린이에게는 직접 대부 역할을 했다고 역사는 전한다.

6월 28일은 또 1차 대전의 도화선이 된 오스트리아·헝가리 제국
의 페르디난드 황태자가 사라예보에서 세르비아 청년에게 저격당한
날(1914)이고 세르비아 헌법이 최초로 공포된 날(1921)이며 소련에
반기를 들었다는 이유로 스탈린이 티토에게 최후통첩을 보낸 날
(1948)이기도 했다. 1989년에는 밀로세비치 세르비아 대통령이 이날
을 기해 '대大세르비아 공화국 건설'을 주창하면서 이 전투의 영웅 라
자르 장군의 뼈를 성대히 이장해 코소보 통치의 정당성과 민족주의
의 불길을 당겼다.
이 전투에서 패한 세르비아는 4백 년 동안 오스만 제국의 혹독한
지배를 받는다. 지식인은 처형되고 청년은 징집됐으며 일반 국민은
노예취급을 받는다. 17세기 합스부르크 제국은 회교권의 북상을 저
지하기 위해 크로아티아를 내세워 세르비아와 맞서게 했다. 러시아
가 지역 확대를 꾀하자 오스트리아는 1908년 보스니아(Bosnia) 지역
을 합병한다. 이에 자극받은 세르비아 극우파는 '검은 손'이라는 테
러단체를 조직해 사라예보를 방문 중이던 페르디난드 황태자를 암살

한다. 1차 대전이 시작된 총성이다.

1차 대전이 끝나고 알렉산더 왕이 집권하면서 대大세르비아 건설을 추진하자 이번에는 크로아티아의 극우세력이 '우스타샤'(Ustaše)라는 극우민족단체를 만들어 1943년 프랑스의 마르세유(Marseille)를 방문 중이던 알렉산더를 암살한다.

두 민족이 극도의 증오심으로 대결한 것은 2차 대전 때로 나치의 괴뢰정권이었던 크로아티아는 우스타샤를 앞세워 세르비아인을 유대인과 같이 취급해 대대적인 인종청소작업을 벌였다. 세르비아 측 자료에는 자그레브에 설치된 강제수용소에서 하룻밤에 1,370명이 살해됐으며 다른 지역에서는 부녀자와 어린이, 심지어 유아까지 수천 명을 잔인하게 학살했다. 이에 대해 세르비아는 파르티잔 운동과 '체트니크'(Chetnik)라는 단체를 만들어 크로아티아에게 보복전을 펼쳤다.

에필로그

19세기 후반부터 20세기 초반, 공산주의 사상가는 가장 이상적인 사회로 공산주의 국가를 꼽았다. 이를 건설하는 실천은 레닌이 주도한 볼셰비키 혁명이었다. 그들은 칼 마르크스가 1848년 《공산당 선언》에서 주장한 대로 러시아에서는 유토피아의 세계를 이룰 수 있을 것으로 예측했다. 볼셰비키 혁명이라는 그 자체도 사실은 사기詐欺였다. 대중을 선동하기 위해 소수가 주도하는 것을 다수가 참여한다는 식으로 위장한 전술 용어였다.

마르크스레닌주의라는 공산이데올로기는 유럽과 아시아를 비롯해 전 세계로 퍼져나갔다. 특히, 동유럽은 소련이 주도하는 공산사회 건설의 강제실험장이었다. 동유럽 공산주의자들은 소련이 추구하는 이상사회의 모델을 충실히 따랐다. '태양이 모스크바에서 뜨는 이유'이기도 했다. 동유럽 국가들은 1차 대전이 끝난 후 공산당을 불법화했다.[1]

---

1 헝가리, 폴란드가 1919년, 불가리아, 루마니아, 에스토니아가 1924년, 알바니아는 1939년에 공산당을 불법화시켰다(R. J. Crampton, 1997, *Eastern Europe in the Twentieth Century and After*, London: Routledge, p. 156).

이 국가들은 2차 대전에서 소련군 점령지가 되면서 공산국가가 됐고 일등공신이 히틀러였다. 강제로 추진된 공산사회의 건설은 45년이 지난 1980년대 후반에 실패로 끝났다.

동유럽 국가의 탈공산주의, 특히 탈소련이라는 역사의 격변 현장을 온몸으로 부딪히면서 민주화 이후 과도기적 혼란과 국민의 힘든 삶을 보기도 했다. 민주적 제도의 도입과 시장경제로의 전환, 개방 확대라는 시스템을 전면적으로 새로 구축해야 했고, 한편으로는 비밀경찰해체, 당의 지도적 역할 폐지 등 공산주의 정권의 잔재를 청산해야 했다. 나라를 새로 세우는 일이었다.

경제 부문에서 동유럽의 주 시장이었던 코메콘이 해체됐으며 세계시장에서 동유럽 국가의 상품경쟁력은 사라졌다. 기업도산과 실업자 급증, 생활수준의 급락, 복지혜택 급감, 치솟는 인플레 등으로 사회적 긴장이 높아졌다. 폴란드에서는 1992년에 인플레는 450%나 됐고 루마니아도 200%, 유고 연방도 560%였다.

과거처럼 전체주의 체제로 회귀하리라고 보지는 않았지만 새 국가건설이 실패할 경우를 우려하는 시각은 간간이 나타났다. 특히, 경제 부문에서 실패할 경우 수백만 명의 난민이 서유럽으로 몰려들 것을 우려했다. 예일대학의 브루스 애커만(Bruce Ackerman) 교수는 1992년 "혁명의 미래"라는 논문에서 "대량이주와 이로 인한 민족적 갈등이 유럽의 새로운 위험일 수도 있다"고 진단했다.

민족갈등은 소연방과 유고 연방의 민족별 구성공화국이 독립하면서 연방이 해체되고 특히 유고의 경우 세르비아와 크로아티아 민족 간에 '인종청소'라는 비극이 4년간이나 계속됐다. 또 슬로바키아 민족이 체코슬로바키아에서 탈퇴해 독립했다.

민주화는 이뤘지만 공산세력이 하루아침에 사라질 수는 없었다. 자유총선거에서 패배한 공산당은 제 2, 혹은 제 3당으로 의회에 진출했으며 자유민주주의 정부의 정책적 혼선과 정치사회적 혼란을 은근히 즐기기도 했다.

이념으로서 공산주의는 사라지지 않을 것이다. 인간세상에서 그만한 지상낙원이 없기 때문이다. 지금도 서유럽과 지구촌 일부에서 공산주의를 바라는 공산당이 정당으로 엄연히 존재한다. 하지만 자유의 가치와 인간의 존엄성을 바탕으로 하는 정치활동이라는 점에서 과거의 공산당과는 차원이 다르다.

폴란드의 지식인이자 바르샤바의 〈비보르차〉 신문 편집인인 아담 미흐니크(Adam Michnik)는 "공산주의자들이 민주주의라는 게임을 이용해 정부의 요직을 차지하려 하는데 볼셰비키의 마음을 가진 반공주의자들을 경계해야 한다"면서 민주자유를 회복하기 위해서는 국민의 인내와 끈기를 요구했다.

폴란드에서는 민주화 초기 공산당 계열이 하원의 60%를 장악해 구체제의 청산이 어려웠다. 바웬사도 당시 "책임져야 하는 구체제의 관료를 정리해야 하며 잘못된 공산주의 통치는 조속히 배척해야 한다"며 총리를 압박해 동지 사이가 정적으로 바뀌었다.

루마니아도 전 공산당 간부들이 과도정권을 이끌면서 체제청산 미흡과 전국적으로 발생한 파업으로 한동안 혼란을 겪어야 했다. 루마니아의 수필가 미르챠 미헤이어스(Mircea Mihaies)는 공산당 간부였다가 자유총선으로 총리직에 오른 일리에스쿠 등을 빗대 "민주혁명 2년 동안 체코는 나라를 청소했지만 루마니아는 집안청소도 제대로 못했다"고 비판했다.

불가리아의 젤레프 대통령은 나와의 인터뷰에서 "자유가 이기주의,

폭력, 부정부패로 연결되어서는 안 된다"는 점을 강조했다.

　과거를 정리하면서 당시에 가봐야 할 곳을 놓친 현장이 한두 군데가 아님을 아쉽게 여긴다. 뿐만 아니라 좀더 다양한 사람을 만나고 정치 체제가 일반 시민에게 삶의 측면에서 어떤 영향을 주었는지 깊이 들여다보지 못했다. 보고 겪은 현장의 폭과 깊이가 너무 좁고 얕다는 생각도 든다. 독자에게 충실한 이해를 돕지 못할 것이기 때문이다.

　독일의 통일과 내적 통합과정을 지켜보면서 우리나라도 통일될 경우 독일처럼 정치·외교적 역량과 시민의 성숙된 공동체 정신으로 하나의 민족, 하나의 국가로 순조롭게 발전해갈 수 있기를 기대해 본다.

　내 인생의 40년을 언론인으로 보내면서 역사의 현장을 취재하는 기회를 준 〈동아일보〉에 대해 감사하다는 표현이 부족할 정도로 고마움을 느낀다. 또 이 책을 쓰는 데 시간적·공간적 여유를 주신 〈동아일보〉 김재호 사장께 감사드린다.

　세상이 바뀐 지 4반세기가 지난 시점에서 이 책을 쓸 필요가 있을까 고민하는 내게 "당시 상황과 실정을 기록으로 남겨놓을 의무가 있다"며 용기를 준 언론계 선후배, 김석동 전 금융위원장, 이태식, 최승호 전 대사, 손위수 전 공사, 신현웅 전 문화관광부 차관, 나남출판의 조상호 회장과 고승철 사장에게 감사드린다. 이 책을 쓰는 데 귀중한 참고자료를 찾아준 이인석 전 KOTRA 베를린 관장, 독일과 체코의 최근 사진을 제공해준 김진순 씨에게 감사드린다.

　또 졸고를 꼼꼼히 정리하고 편집하는 데 고생한 방순영 편집장과 김민교 씨에게 고마움을 드린다.